NAPOLÉON BONAPARTE

ŒUVRES
LITTÉRAIRES

Il a été tiré de cet ouvrage 60 exemplaires sur papier de Hollande, tous numérotés, au prix de 7 fr. 50.

Imprimerie générale de Châtillon-sur-Seine. — A. PICHAT.

NAPOLÉON BONAPARTE

ŒUVRES LITTÉRAIRES

PUBLIÉES

D'APRÈS LES ORIGINAUX ET LES MEILLEURS TEXTES

AVEC UNE

INTRODUCTION, DES NOTES HISTORIQUES ET LITTÉRAIRES ET UN INDEX

PAR

TANCRÈDE MARTEL

TOME TROISIÈME

Portrait de l'*Empereur Napoléon*, dessiné par TH. BÉRENGIER.

PARIS

NOUVELLE LIBRAIRIE PARISIENNE
ALBERT SAVINE, ÉDITEUR
18, RUE DROUOT, 18

1888

Tous droits réservés.

SEPTIÈME PARTIE

(SUITE)

HARANGUES ET DISCOURS

1. *Discours républicains et consulaires.*
2. *Discours impériaux* *.
3. *Conversations célèbres.*

* Les *Discours* font partie de notre tome deuxième.

III

CONVERSATIONS CÉLÈBRES

I

CONVERSATION AVEC DECRÈS [1].

(Sur les grandes actions.)

Aux Tuileries, le 3 décembre 1804.

Je suis venu trop tard, Decrès ; il n'y a plus rien de grand à faire... Oui, j'en conviens, ma carrière est belle, j'ai fait un beau chemin ; mais quelle différence avec l'antiquité ! Voyez Alexandre : après avoir conquis l'Asie et s'être annoncé aux peuples comme fils de Jupiter, à l'exception d'Olympias, qui savait à quoi s'en tenir, à l'exception d'Aristote

---

[1]. Reproduite par M. Jules Barni. (*Napoléon I*er*, page 90, Germer-Baillière, édit.) Decrès était ministre de la marine.

et de quelques pédants d'Athènes, tout l'Orient le crut. Eh bien, me: · je me déclarais fils du Père éternel, et que j'a... ca e que je vais lui rendre grâces à ce titre, il n'y a pas de poissarde qui ne me sifflât sur mon passage. Les peuples sont trop éclairés aujourd'hui : il n'y a plus rien de grand à faire.

II

CONVERSATION AVEC MURAT, JUNOT ET CAULAINCOURT [1].

(Sur l'expédition d'Egypte [2].)

Devant Austerlitz, soirée du 1er décembre 1805.

Si je m'étais emparé d'Acre, je faisais mettre de grandes culottes à mon armée, je ne l'exposais plus qu'à la dernière extrémité, j'en faisais mon bataillon sacré, mes immortels. C'est par des Arabes, des Grecs, des Arméniens, que j'eusse achevé la guerre contre les Turcs. Au lieu d'une bataille en Moravie, je gagnais une bataille d'Issus, je me faisais empereur d'Occident, et je revenais à Paris par Constantinople.

1. Le général Rapp et le capitaine Philippe de Ségur assistaient aussi à ce curieux entretien. Voyez notre introduction, tome Ier, p. XIX.
2. Texte publié dans les *Mémoires* du général Ph. de Ségur.

III

CONVERSATION AVEC FONTANES [1].

(*Sur la composition du Conseil de l'Université.*)

Saint-Cloud, le 19 septembre 1808.

Dans une première formation, tous les esprits diffèrent. Mon opinion est qu'il ne faut pas nommer pendant plusieurs années les conseillers ordinaires. Il faut attendre que l'Université soit organisée comme elle doit l'être.

Trente conseillers dans une première formation ne produiraient que désordre et qu'anarchie.

On a voulu que cette tête opposât une force d'inertie et de résistance aux fausses doctrines et aux sys-

---

[1]. Louis, marquis de Fontanes, né à Niort en 1757. Il débuta dans les lettres par une tragédie, *OEdipe chez Admète*, et collabora à l'*Almanach des Muses* à partir de 1778. Compromis sous la Terreur, il réussit à sauver sa tête, fut nommé, en 1797, membre de l'Institut national et professeur de littérature à l'École Centrale. Déporté après le coup d'État du 18 fructidor, il rentra en France en 1799, devint l'admirateur, puis l'ami du général Bonaparte, qui le chargea de composer l'éloge funèbre de Washington. Attaché au ministère de l'intérieur sous Lucien Bonaparte, député, président du Corps législatif de 1804 à 1810, Fontanes avait été nommé par Napoléon grand-maître de l'Université en 1808. Sénateur, puis membre de la chambre des Pairs, il est mort en 1821.

tômes dangereux. Il ne faut donc composer successivement cette tête que d'hommes qui aient parcouru toute la carrière et qui soient au fait de beaucoup de choses. Les premiers choix sont en quelque sorte faits comme on prend des numéros à la loterie. Il ne faut pas s'exposer aux chances du hasard : dans les premières séances d'un Conseil ainsi nommé, je le répète, tous les esprits diffèrent; chacun apporte sa théorie et non son expérience. On ne peut être bon conseiller qu'après une carrière faite.

C'est pourquoi j'ai fait moi-même voyager mes conseillers d'État avant de les fixer auprès de moi. Je leur ai fait amasser beaucoup d'observations diverses avant d'écouter les leurs.

Les inspecteurs, dans ce moment, sont donc vos ouvriers les plus essentiels. C'est par eux que vous pouvez voir et toucher toute votre machine. Ils rapporteront au Conseil beaucoup de faits et d'expérience, et c'est là votre grand besoin. Il faut donc les faire courir à franc étrier dans toute la France, et leur recommander de séjourner au moins quinze jours dans les grandes villes. Les bons jugements ne sont que la suite d'examens répétés.

Souvenez-vous que tous les hommes demandent des places.

On ne consulte que son besoin, et jamais son talent.

Peut-être même vingt conseillers ordinaires, c'est

beaucoup : cela compose la tête du Corps d'éléments hétérogènes. Le véritable esprit de l'Université doit être d'abord dans le petit nombre. Il ne peut se propager que peu à peu, que par beaucoup de prudence, de discrétion et d'efforts persévérants.

Fontanes, savez-vous ce que j'admire le plus dans le monde? C'est l'impuissance de la force pour organiser quelque chose.

Il n'y a que deux puissances dans le monde : le sabre et l'esprit.

J'entends par l'esprit les institutions civiles et religieuses... A la longue, le sabre est toujours battu par l'esprit [1].

---

[1]. « O vous tout-puissants, qui vous croiriez forts sans l'es» prit, rappelez-vous toujours qu'en ses heures de miracle, » entre Iéna et Wagram, c'est ainsi que le sabre a parlé. » (Sainte-Beuve, *Portraits littéraires*, tome II, p. 267.) Nos politiciens actuels, qui affichent tant de dédain pour les choses de l'esprit, et qui rendent si dure la condition des véritables gens de lettres (un ministre de l'instruction publique, M. Faye, les a même chassés des bibliothèques publiques en 1888) ne feront pas mal de méditer ces remarquables paroles de Sainte-Beuve.

IV

CONVERSATION AVEC ROEDERER [1].

(Sur la situation de Joseph, roi d'Espagne.)

Aux Tuileries, mars 1809.

Il est bon que vous alliez près de mon frère ; il continue à faire des choses qui mécontentent l'armée ; il fait juger par des commissions espagnoles les Espagnols qui tuent mes soldats. Il ignore que partout où sont mes armées, ce sont des conseils de guerre français qui jugent les assassinats commis sur mes troupes... Il veut être aimé des Espagnols, il veut leur faire croire à son amour. Les amours des rois ne sont pas des tendresses de nourrices ; ils doivent se faire craindre et respecter. L'amour des peuples n'est que de l'estime... Le roi m'écrit qu'il veut revenir à Morfontaine [2] ; il croit me mettre dans l'embarras ; il profite d'un moment où j'ai, en effet, as-

---

1. Rœderer, comte de l'Empire, né en 1754. Journaliste, il défendit Louis XVI dans le *Journal de Paris*. Sénateur en 1802, administrateur du grand-duché de Berg, Grand-Aigle de la Légion d'Honneur. Mort en 1835. Auteur de *Mémoires*.
2. Morfontaine, aujourd'hui *Mortefontaine*, dans l'arrondissement de Senlis (Oise). Château et parc célèbres. Propriété particulière du roi Joseph.

sez d'autres occupations... Il me menace, quand je lui laisse mes meilleures troupes, et que je m'en vais à Vienne seul avec mes petits conscrits, mon nom et mes grandes bottes... Il dit qu'il veut aller à Morfontaine plutôt que de rester dans un pays acheté par du sang injustement répandu. C'est une phrase des libelles anglais. Eh! qu'est-ce donc que Morfontaine ? C'est le prix du sang que j'ai versé en Italie. Oui, j'ai versé du sang, mais c'est le sang de mes ennemis, des ennemis de la France. Lui convient-il de parler leur langage ? Si Joseph est roi d'Espagne, c'est qu'il a voulu l'être. S'il avait voulu rester à Naples, il pouvait y rester. Quand je lui laisse mes meilleures troupes, de quoi peut-il se plaindre ?

Il croit me mettre dans l'embarras; il se trompe fort; rien ne m'arrêtera; mes desseins s'accompliront : j'ai la volonté et la force nécessaires. Rien ne m'embarrasse. Je n'ai pas besoin de ma famille: je n'ai point de famille, si elle n'est française !

J'aime le pouvoir, moi ; mais c'est en artiste que je l'aime... je l'aime comme un musicien aime son violon. Je l'aime pour en tirer des sons, des accords, de l'harmonie ; je l'aime en artiste. [1] Le roi de Hol-

---

1. On remarquera l'originalité, la vivacité, le pittoresque, de toute cette conversation. Comme toujours chez Napoléon, la parole ne nuit pas à la beauté de la forme littéraire, au style en un mot. Comment refuser les titres d'orateur et de grand écrivain à un tel causeur!

lando[1] parle aussi de la vie privée... Celui des trois qui serait le plus capable de vivre à Morfontaine, c'est moi. Il y a en moi deux hommes distincts, l'homme de tête et l'homme de cœur. Je joue avec les enfants, je cause avec ma femme, je leur fais des lectures, je leur lis des romans... [2]

V

CONVERSATION AVEC CAULAINCOURT [3].

(*Sur l'abdication de Louis, roi de Hollande.*)

Paris, le 4 juillet 1810.

Abdiquer sans me prévenir ! Se sauver en Westphalie, comme s'il fuyait un tyran !... Mon frère me nuire au lieu de m'aider ! Ce Louis que j'ai fait élever sur ma solde de lieutenant, Dieu sait au prix de quelles privations ! Je trouvais le moyen d'envoyer de l'argent pour payer la pension de mon jeune frère. Savez-vous comment j'y parvenais ?... C'était en ne mettant jamais les pieds, ni au café, ni dans le

---

1. Louis-Napoléon.
2. Texte publié dans les *Mémoires* du comte Rœderer. Reproduit par Sainte-Beuve dans les *Causeries du Lundi*, tome II, p. 138-139.
3. Citée par M. Imbert de Saint-Amand. Reproduite par M. le général Iung. (*Bonaparte*, tome Ier, p. 73-74.)

monde ; c'était en mangeant du pain sec, en brossant mes habits moi-même, afin qu'ils durassent plus longtemps propres. Pour ne pas faire tache parmi mes camarades, je vivais comme un ours, toujours seul dans ma petite chambre, avec mes livres, alors mes seuls amis. Et ces livres, pour me les procurer, par quelles dures économies faites sur le nécessaire, achetai-je cette jouissance ! Quand, à force d'abstinence, j'avais amassé deux écus de six livres, je m'acheminais avec une joie d'enfant vers la boutique d'un libraire qui demeurait près de l'évêché. Souvent j'allais visiter ses rayons avec le péché d'envie; je convoitais longtemps avant que ma bourse me permît d'acheter ! Telles ont été les joies et les débauches de ma jeunesse !... Tout petit garçon, j'ai été initié à la gêne et aux privations d'une nombreuse famille. Mon père et ma mère ont connu de mauvais jours ! Huit enfants !...

VI

CONVERSATION AVEC SÉGUR.[1].

(*Sur le discours de réception de Châteaubriand à l'Académie.*)

Paris, le 20 avril 1811 [2].

Et depuis quand, monsieur, l'Institut se permet-il de devenir une assemblée politique ? Qu'il fasse des vers, qu'il censure les fautes de la langue, mais qu'il ne sorte pas du domaine des Muses ; ou je saurai l'y faire rentrer. Est-ce bien vous, monsieur, qui avez voulu autoriser une pareille diatribe [3] ? Que

---

1. Louis-Philippe, comte de Ségur, né en 1753. Auteur d'un *Abrégé de l'histoire universelle*, il entra à l'Académie, servit le Premier Consul, et accepta de lui le poste de conseiller d'État. Grand-Maître des Cérémonies de l'Empire en 1804, Grand-Aigle de la Légion d'Honneur, membre du Sénat. Mort en 1830. Père du général Philippe-Paul de Ségur.
2. Texte publié par Las Cases. (*Mémorial.*)
3. Châteaubriand entra à l'Académie française, qui se nommait alors *Classe de langue et de littérature*, en remplacement de Marie-Joseph Chénier. « M. de Châteaubriand, dit Las » Cases, s'écartant de la route battue, consacra une partie de » son discours à flétrir les principes politiques de M. Chénier, » son devancier, et à le proscrire comme régicide. Ce fut un » vrai plaidoyer politique, où il discutait la restauration de » la monarchie, le jugement et la mort de Louis XVI. » L'empereur interdit le discours. Quant à M. de Ségur, il essuya le

M. de Châteaubriand ait de l'insanité ou de la malveillance, il y a pour lui des petites-maisons ou un châtiment ; et puis peut-être encore est-ce son opinion, et il n'en doit pas le sacrifice à ma politique, qu'il ignore, comme vous qui la connaissez si bien. Il peut avoir son excuse : vous ne sauriez avoir la vôtre, vous qui vivez à mes côtés, qui savez ce que je fais, ce que je veux. Monsieur, je vous tiens pour coupable, pour criminel ; vous ne tenez à rien moins qu'à ramener le désordre, la confusion, l'anarchie, les massacres. Sommes-nous donc des bandits, et ne suis-je qu'un usurpateur ? Je n'ai détrôné personne, monsieur ; j'ai trouvé, j'ai relevé la couronne dans le ruisseau, et le peuple l'a mise sur ma tête : qu'on respecte ses actes !

Analyser en public, mettre en question, discuter des faits aussi récents, dans les circonstances où nous nous trouvons, c'est rechercher des convulsions nouvelles, c'est être l'ennemi du repos public. La restauration de la monarchie est et doit demeurer un mystère ; et puis qu'est-ce que c'est que cette nouvelle proscription prétendue des conventionnels et des régicides ? Comment oser réveiller des points aussi délicats ? Laissons à Dieu à prononcer sur ce qu'il n'est plus permis aux hommes de juger ! Se-

feu pour avoir été partisan de ce discours, au sein de la commission académique devant laquelle Châteaubriand l'avait lu le 19 avril 1811.

Le discours figure au tome V des *Mémoires d'outre-tombe*.

riez-vous donc plus difficile que l'Impératrice ? Elle a bien des intérêts aussi chers que vous peut-être, et bien autrement directs ; imitez plutôt sa modération, sa magnanimité ; elle n'a voulu rien apprendre ni rien connaître.

Hé quoi ! l'objet de tous mes soins, le fruit de tous mes efforts serait-il donc perdu ? C'est donc à dire, que, si je venais à vous manquer demain, vous vous égorgeriez encore entre vous de plus belle ?

Ah ! pauvre France ! que tu as longtemps encore besoin d'un tuteur !

J'ai fait tout au monde pour accorder tous les partis : je vous ai réunis dans les mêmes appartements, fait manger aux mêmes tables, boire dans les mêmes coupes ; votre union a été l'objet constant de mes soins : j'ai le droit d'exiger qu'on me seconde...

Depuis que je suis à la tête du gouvernement, m'a-t-on jamais entendu demander ce qu'on était, ce qu'on avait été, ce qu'on avait dit, fait, écrit ?... Qu'on m'imite !

On ne m'a jamais connu qu'une question, qu'un but unique : *Voulez-vous être bon Français avec moi ?* et, sur l'affirmative, j'ai poussé chacun dans un défilé de granit sans issue à droite ou à gauche, obligé de marcher vers l'autre extrémité, où je montrais de la main l'honneur, la gloire, la splendeur de la patrie [1] !

1. Le lendemain, toute cette grande colère était passée. M. de

VII

CONVERSATION AVEC LES DÉLÉGUÉS DES CHAMBRES DE COMMERCE [1].

(Sur les conséquences du Blocus Continental.)

Paris, Tuileries, 1811.

J'ai l'oreille ouverte à ce qui se dit dans vos comptoirs, et je sais les propos que vous tenez dans vos familles et entre vous sur ma politique, sur mes lois, sur ma personne. « Il ne connaît que son métier de » soldat, répétez-vous souvent, il n'entend rien au » commerce, et il n'a personne autour de lui pour » lui apprendre ce qu'il ignore. Ses mesures sont » extravagantes, et ont causé notre ruine actuelle. »

Ségur, homme d'une grande délicatesse, s'était cru dans l'obligation de demander une audience à Napoléon afin de lui remettre sa démission, la mercuriale ayant été trop vive. L'audience fut accordée; mais dès que l'empereur aperçut Ségur. *Mon cher, dit-il, vous venez pour la conversation d'hier : elle vous a affligé et moi aussi. Mais c'est un avertissement que j'ai voulu donner à plusieurs. S'il produit quelque bien, ce doit être notre consolation à tous deux. Qu'il n'en soit plus question!* Dans son *Histoire de l'Académie*, M. Paul Mesnard attribue à Fontanes le rôle joué par M. de Ségur. C'est une erreur. C'est bien Ségur qui reçut les reproches de l'empereur.

1. Texte reproduit par A. Thiers. (*Histoire de l'Empire.*)

Vous qui dites tout cela, c'est vous qui n'entendez rien au commerce et à l'industrie. D'abord la cause de votre ruine présente, ce n'est pas moi, c'est vous. Vous avez cru qu'on pouvait faire sa fortune en un jour comme on la fait quelquefois à la guerre en gagnant une bataille. Mais il n'en est pas ainsi dans l'industrie : c'est en travaillant toute sa vie, en se conduisant sagement, en ajoutant aux produits de son travail les accumulations de son économie, qu'on devient riche. Mais, parmi vous, les uns ont voulu spéculer sur les brusques variations de prix des matières premières, et ils s'y sont trompés souvent ; au lieu de faire leur fortune, ils ont fait celle d'autrui. D'autres ont voulu fabriquer dix aunes d'étoffe quand ils n'avaient des débouchés que pour cinq, et ils ont perdu là où ils auraient dû gagner. Est-ce ma faute à moi si l'avidité a troublé le sens à beaucoup d'entre vous ? Mais avec de la patience on répare jusqu'à ses propres erreurs, et en travaillant plus sensément on recouvre ce qu'on a perdu. Vous avez commis des fautes cette année, vous serez plus sages et plus heureux l'année prochaine. Quant à mes mesures, que savez-vous si elles sont bonnes ou mauvaises ? Enfermés dans vos ateliers, ne connaissant les uns que ce qui concerne la soie ou le coton, les autres que ce qui concerne le fer, les bois, les cuirs, n'embrassant pas l'ensemble des industries, ignorant les vastes rapports des États entre eux, pouvez-vous savoir si les moyens que j'emploie contre l'Angleterre sont efficaces ou nuisibles ? Demandez cependant à ceux d'entre vous qui sont allés furtivement à Londres pour s'y livrer à la contrebande, demandez-leur ce qu'ils y ont vu ? Je sais leur langage comme le vôtre, car je suis informé de tous vos actes et de tous vos discours. Ils sont revenus étonnés de la détresse de l'Angleterre, de l'encombrement de ses magasins, de la baisse croissante de son change, de la ruine de son commerce, et beaucoup à leur retour ont dit de moi et de mes mesures : « *Ce diable d'homme* pourrait bien avoir raison ! » Eh bien ! oui, j'ai raison, et plus vite que je ne m'en étais flatté, car l'Angleterre en est arrivée à un état presque désespéré beaucoup plus tôt que je ne l'aurais cru. Elle a saturé de ses produits les colonies de l'Espagne, les siennes, les vôtres pour je ne sais combien d'années. On n'a pas pu la payer, ou bien, quand on l'a pu, on lui a donné en payement du sucre, du café, du coton, dont j'ai détruit la valeur dans ses mains. Sur ce sucre, ce coton, ce café, les négociants tirent des lettres de change qui vont à la Banque, et qui s'y convertissent en papier-monnaie. Le gouvernement, pour solder ses armées, sa marine, tire aussi sur la Banque, et cause de nouvelles émissions de ce papier-monnaie. Que voulez-vous que cela devienne après un peu de temps ? Il faut bien que cet édifice s'écroule. En sommes-nous là ? Non. Je vous ai débarrassés du papier-monnaie, et à peine s'il reste quelques rentes pour placer les économies des petits rentiers. L'Europe m'a fourni en numéraire près d'un milliard de contributions de guerre ; j'ai encore 200 millions en or ou argent dans mon trésor, je touche par an 900 millions en impôts bien répartis, et qui s'acquittent en numéraire, et vous avez le continent entier pour y écouler vos produits. La partie n'est donc pas égale entre l'Angleterre et nous. Il faut tôt ou tard qu'elle succombe. Il lui reste bien quelques issues en Suède, en Prusse, et plus loin [1] par lesquelles les produits anglais continuent à s'infiltrer en Europe. Mais soyez tranquilles, j'y mettrai ordre. Il y a des fraudeurs encore, je saurai les atteindre. Ceux qui échapperont à mes douaniers n'échapperont pas à mes soldats, et je les poursuivrai partout, partout, entendez-vous !

VIII

CONVERSATION AVEC METTERNICH [2].

(*Sur l'attitude de l'Autriche.*)

Dresde, le 26 juin 1813, neuf heures du soir.

Vous voilà donc, Metternich [3]! Soyez le bienvenu!

1. Allusion à la Russie.
2. Morceau célèbre. Reproduit par Abel Hugo (1833) et par le prince Napoléon (1887.) L'entretien eut lieu au palais Marcolini.
3. L'empereur venait de terminer la première campagne

Mais, si voulez la paix, pourquoi venir si tard? Nous avons déjà perdu un mois, et votre médiation devient presque hostile à force d'être inactive. Il paraît qu'il ne vous convient plus de garantir l'intégrité de l'empire français, eh bien! soit; mais pourquoi ne pas l'avoir déclaré plus tôt? que ne me le faisiez-vous dire franchement à mon arrivée de Russie, par Bubna, ou plus récemment par Schwarzenberg? Peut-être aurais-je été à temps de modifier mes plans; peut-être même ne serais-je pas rentré en campagne.

En me laissant m'épuiser par de nouveaux efforts, vous comptiez sans doute sur des événements moins rapides. Ces efforts hardis, la victoire les a couronnés. Je gagne deux batailles; mes ennemis affaiblis sont au moment de revenir de leurs illusions; soudain vous vous glissez au milieu de nous; vous venez me parler d'armistice et de médiation, vous leur parlez d'alliance, et tout s'embrouille. Sans votre funeste intervention, la paix entre les alliés et moi serait faite aujourd'hui.

Quels ont été jusqu'à présent les résultats de l'armistice? Je n'en connais point d'autres que les deux traités de Reichenbach, que l'Angleterre vient d'ob-

---

d'Allemagne. Il crut devoir se rendre à Dresde afin de savoir, par Metternich, quelles étaient les intentions de l'Autriche.

Clément, comte, puis prince de Metternich, né en 1773, l'un des plus grands adversaires politiques de Napoléon. Entré dans la diplomatie autrichienne, il fut nommé, en 1801, ministre plénipotentiaire de François II près la cour de Saxe. Ambassadeur à Berlin en 1803, il prépara la troisième coalition contre la France, tenir de la Prusse et de la Russie. On parle aussi d'un traité avec une troisième puissance ; mais vous avez M. de Stadion sur les lieux, Metternich, et vous devez être mieux informé que moi à cet égard.

Convenez-en : depuis que l'Autriche a pris le titre de médiateur, elle n'est plus de mon côté ; elle n'est plus impartiale ; elle est ennemie. Vous alliez vous déclarer, quand la victoire de Lützen vous a arrêtés : en me voyant encore à ce point redoutable, vous avez senti le besoin d'augmenter vos forces, et vous avez voulu gagner du temps.

Aujourd'hui, vos 200 000 hommes sont prêts ; c'est Schwarzenberg qui les commande ; il les réunit en ce moment, ici près, là, derrière le rideau des montagnes de la Bohême. Et, parce que vous vous croyez en état de dicter la loi, vous venez me trouver. La loi ! Et pourquoi ne vouloir la dicter qu'à moi seul ? Ne suis-je plus celui que vous défendiez hier ! Si vous êtes médiateur, pourquoi du moins ne pas tenir la balance égale ?

---

et devint, en 1805, ambassadeur d'Autriche à Paris. Ministre des affaires étrangères le 8 juillet 1809, il s'opposa à toute paix avec Napoléon, signa le 27 juin 1813 le traité secret de Reichenbach, dirigé contre la France, et demeura, en 1814 et 1815, l'âme de la Sainte-Alliance. Chancelier de l'empire d'Autriche pendant trente-neuf ans, il quitta le ministère, en 1848, à la mort de Ferdinand Ier, oncle de l'empereur François-Joseph. Mort en 1859. Ses *Mémoires* ne doivent être consultés qu'avec prudence. Son fils a été ambassadeur d'Autriche à Paris pendant le second Empire.

Je vous ai deviné, Metternich : votre cabinet veut profiter de mes embarras, et les augmenter autant que possible, pour recouvrer tout ou partie de ce qu'il a perdu. La grande question pour vous est de savoir si vous pouvez me rançonner, sans combattre, ou s'il vous faudra vous jeter décidément au rang de mes ennemis ; vous ne savez pas encore bien lequel des deux partis doit vous offrir le plus d'avantages, et peut-être ne venez-vous ici que pour mieux vous en éclaircir. Eh bien ! voyons, traitons, j'y consens. Que voulez-vous [1] ?

— Parlez plus clair, et venons au but ; mais n'oubliez pas que je suis un soldat qui sait mieux rompre que plier. Je vous ai offert l'Illyrie pour rester neutre : cela vous convient-il ? Mon armée est bien suffisante pour amener les Russes et les Prussiens à la raison, et votre neutralité est tout ce que je demande [2].

— Quoi ! non seulement l'Illyrie, mais la moitié de l'Italie et le retour du pape à Rome ! et la Pologne, et l'abandon de l'Espagne ! et la Hollande, et la confédération du Rhin, et la Suisse ! Voilà donc

---

1. Metternich répond en prenant la défense des États *indépendants*, c'est-à-dire qu'il proteste contre l'agrandissement de la France.

2. Le diplomate autrichien réclame alors l'Illyrie et la moitié de l'Italie. « Il faut, dit-il, que nous soyons pour vous ou contre vous. » C'est sur ces derniers mots que Napoléon le conduit dans le cabinet des cartes, où il réplique.

ce que vous appelez l'esprit de modération qui vous anime ! Vous ne pensez qu'à profiter de toutes les chances ; vous n'êtes occupé qu'à transporter votre alliance d'un camp à l'autre, pour être toujours du côté où se font les partages, et vous venez me parler de votre respect pour les droits des États indépendants ! Au fait, vous voulez l'Italie, la Russie veut la Pologne, la Suède veut la Norwège, la Prusse veut la Saxe, et l'Angleterre veut la Hollande et la Belgique. En un mot, la paix n'est qu'un prétexte ; vous n'aspirez tous qu'au démembrement de l'empire français ! Et, pour couronner une telle entreprise, l'Autriche croit qu'il lui suffit de se déclarer ! Vous prétendez, ici, d'un trait de plume, faire tomber devant vous les remparts de Dantzig, de Küstrin, de Glogau, de Magdebourg, de Wesel, de Mayence, d'Anvers, d'Alexandrie, de Mantoue, de toutes les places les plus fortes de l'Europe, dont je n'ai pu obtenir les clefs qu'à force de victoires ! Et moi, docile à votre politique, il me faudrait évacuer l'Europe, dont j'occupe encore la moitié, ramener mes légions, la crosse en l'air, derrière le Rhin, les Alpes et les Pyrénées, et, souscrivant à un traité qui ne serait qu'une vaste capitulation, me livrer, comme un sot, à mes ennemis, et m'en remettre, pour un avenir douteux, à la générosité de ceux-là mêmes dont je suis aujourd'hui le vainqueur ! Et c'est quand mes drapeaux flottent encore aux bouches de la Vistule et sur les rives de l'Oder, quand mon armée triomphante est aux portes de Berlin et de Breslau, quand, de ma personne, je suis ici à la tête de trois cent mille hommes, que l'Autriche, sans coup férir, sans même tirer l'épée, se flatte de me faire souscrire à de telles conditions ! Sans tirer l'épée ! cette prétention est un outrage ! Et c'est mon beau-père qui accueille un tel projet ! C'est lui qui vous envoie ! Dans quelle attitude veut-il donc me placer en présence du peuple français ? Il s'abuse étrangement, s'il croit qu'un trône mutilé puisse être, en France, un refuge pour sa fille et son petit-fils ? Ah ! Metternich, combien l'Angleterre vous a-t-elle donné pour vous décider à jouer ce rôle contre moi [1] ?

IX

CONVERSATION AVEC CAULAINCOURT [2].

(Sur la capitulation de Paris [3].)

Maison de poste de Fromenteau, près Juvisy,
nuit du 31 mars 1814.

Si j'avais ici l'armée, tout serait réparé ! Alexan-

---

[1]. En congédiant M. de Metternich, l'empereur insiste pour qu'on réunisse le congrès, et a soin de lui dire que la cession de l'Illyrie n'est pas « son dernier mot. »

[2]. Texte publié par A. Thiers.

[3]. A minuit, devant les fontaines de Juvisy, le général Belliard venait d'apprendre à Napoléon la nouvelle de la capitulation de Paris.

dre ¹ va se montrer aux Parisiens; il n'est pas méchant, il ne veut pas brûler Paris, il ne veut que se faire voir à cette grande ville. Il passera demain une revue, il aura une partie de ses soldats à droite de la Seine, une autre à gauche; il en aura une portion dans Paris, une autre dehors, et, dans cette position, si j'avais mon armée, je les écraserais tous. La population se joindrait à moi, jetterait ce qu'elle a de plus lourd sur la tête des alliés, les paysans de la Bourgogne les achèveraient. Il n'en reviendrait pas un sur le Rhin, la grandeur de la France serait refaite. Si j'avais l'armée! mais je ne l'aurai que dans trois ou quatre jours. Ah! pourquoi ne pas tenir quelques heures de plus?

Ah! Caulaincourt, vous ne connaissez pas les hommes! Trois jours, deux jours! vous ne savez pas tout ce qu'on peut faire dans un temps si court. Vous ne savez pas tout ce qu'on fera jouer d'intrigues contre moi; vous ne savez pas combien il y a d'hommes qui me quitteront. Je vous les nommerai tous, si vous voulez... Tenez, on prétend que j'ai ordonné de faire sortir de Paris l'impératrice et mon fils; la chose est vraie, mais je ne puis pas tout dire. L'impératrice est une enfant, on se serait servi d'elle contre moi, et Dieu sait quels actes on lui aurait arrachés! Mais oublions ces misères. Trois jours, qua-

---

1. L'empereur de Russie.

tre jours, c'est bien long! Pourtant l'armée arrivera, et si on me seconde, la France peut être sauvée.

Caulaincourt! je tiens nos ennemis; Dieu me les livre! je les écraserai dans Paris, mais il faut gagner du temps. C'est vous qui m'aiderez à le gagner... Non! c'est bien assez d'avoir hésité un instant. Non, non! l'épée doit tout terminer. Cessez de m'humilier! on peut aujourd'hui encore sauver la grandeur de la France. Les chances restent belles, si vous me gagnez trois ou quatre jours [1]!

X

CONVERSATION AVEC CAULAINCOURT [2].

(*Projets militaires de Napoléon* [3].)

Fontainebleau, le 3 avril 1814.

Ne croyez pas que la fortune ait prononcé définiti-

---

[1]. Il s'agissait de négocier avec l'empereur Alexandre sur les bases proposées à Châtillon. Caulaincourt accepta cette délicate mission et partit pour Paris, pendant que Napoléon se rendait à Fontainebleau. Mais, le 3 avril, le Sénat prononça la déchéance de l'empereur et Marmont le trahit à Essonnes.

[2]. Caulaincourt, dont la mission diplomatique auprès des alliés venait d'échouer, retourne à Fontainebleau et apprend à l'empereur que la déchéance est prononcée. Napoléon réplique.

[3]. Reproduite par M. Imbert de Saint-Amand, dans *Marie-Louise et l'invasion de 1814*.

vement. Si j'avais mon armée, j'aurais déjà attaqué, et tout aurait été fini en deux heures, car l'ennemi est dans une position à tout perdre. Quelle gloire si nous les chassions! Quelle gloire pour les Parisiens d'expulser les Cosaques, et de les livrer aux paysans de la Bourgogne et de la Lorraine, qui les achèveraient! Mais ce n'est qu'un retard. Après-demain, j'aurai les corps de Macdonald, d'Oudinot, de Gérard, et, si on me suit, je changerai la face des choses. Les chefs de l'armée sont fatigués, mais la masse marchera. Mes vieilles moustaches de la garde donneront l'exemple, et il n'y aura pas un soldat qui hésite à les suivre. En quelques heures, mon cher Caulaincourt, tout peut changer. Non, tout n'est pas fini ! On cherche à m'écarter, parce qu'on sent que seul je puis relever notre fortune. Je ne tiens pas au trône, croyez-le. Je puis redevenir citoyen. Vous connaissez mes goûts. Que me faut-il? Un peu de pain, si je vis ; six pieds de terre, si je meurs. Il est vrai, j'ai aimé et j'aime encore la gloire. Mais la mienne est à l'abri de la main des hommes. Si je désire commander quelques jours encore, c'est pour relever nos armes, c'est pour arracher la France à ses implacables ennemis.

XI

CONVERSATION AVEC NEY[1] ET MACDONALD[2].

(Avant la signature de l'Abdication.)

Fontainebleau, le 6 avril 1814.

Eh bien! puisqu'il faut renoncer à défendre plus longtemps la France, l'Italie ne m'offre-t-elle pas encore une retraite digne de moi? Veut-on m'y suivre encore une fois? Marchons vers les Alpes!

Vous voulez du repos... ayez-en donc! Hélas! vous ne savez pas combien de chagrins et de dangers vous attendent sur vos lits de duvet. Quelques années de cette paix, que vous allez payer si cher, en moisson-

---

1. Sur Ney, voyez tome Ier, p. 297.
2. Macdonald, duc de Tarente, né à Sancerre en 1765. Engagé volontaire au régiment irlandais de Dillon en 1784, sous-lieutenant, capitaine à Jemmapes en 1792, colonel d'infanterie, général de brigade sous Pichegru en 1795, général de division en 1796, armée du Nord, gouverneur de Rome en 1798, général en chef de l'armée de Naples en 1799, ministre à Copenhague en 1801, disgracié, rentré en France en 1808. Maréchal de l'Empire en 1809, commandant du 10e corps en 1812, il fit les campagnes de Saxe, d'Allemagne et de France. Nommé pair de France en 1814, il fut chargé de licencier l'armée de la Loire. Grand-Aigle, Grand-chancelier de la Légion d'Honneur de 1815 à 1831. Mort en 1840.

neront un plus grand nombre de vous que n'aurait fait la guerre la plus désespérée ! [1]

XII.

CONVERSATION AVEC BAUSSET [2].

(*Sur les caprices du Destin.*)

Fontainebleau, terrasse de la galerie François Ier, le 11 avril 1814 [3].

Je n'approuve point le parti qu'on a pris de faire quitter Paris à l'impératrice. Je sais bien que j'en avais donné l'ordre au roi Joseph ; mais les circonstances n'étaient plus les mêmes, et il fallait se décider conformément aux circonstances nouvelles.

---

1. Résultats de la rentrée des Bourbons : les maréchaux Ney et Murat, les généraux Chartran et Labédoyère, fusillés, c'est-à-dire *assassinés juridiquement*, les maréchaux Bruno et Berthier *assassinés*, le général Lefèvre-Desnouëttes, *condamné à mort*, le maréchal Grouchy, les généraux Mouton de Lobau, Cambronne, Drouot, etc. *proscrits*. Sans compter d'autres vengeances politiques ou privées !
2. Le baron de Bausset, d'une famille de vieille noblesse était parent du célèbre cardinal de Bausset. Entré dès 1804, dans la maison civile de l'empereur, nommé préfet du palais, chevalier de la Légion d'Honneur avant 1810, il prit le titre de comte et devint, en 1814, intendant de la maison de Marie-Louise à Parme. Auteur de *Mémoires* estimés.
3. Reproduite par M. Imbert de Saint-Amand.

La seule présence de Louise à Paris aurait suffi pour prévenir et empêcher la trahison et la défection de quelques-unes de mes troupes. Je serais encore à la tête d'une armée redoutable, avec laquelle j'aurais forcé les ennemis à quitter Paris et à signer une paix honorable... Je n'ai jamais cru à la bonne foi de nos ennemis. Chaque jour c'étaient de nouvelles exigences, de nouvelles conditions ; ils ne voulaient point la paix, et puis j'avais dit à la France que je n'accéderais à aucune condition que je croirais humiliante, quand même l'ennemi serait sur les hauteurs de Montmartre.

J'abdique et ne cède rien.

Voyez ce que c'est que la destinée ! Au combat d'Arcis-sur-Aube, j'ai fait tout ce que j'ai pu pour trouver une mort glorieuse [1], en disputant pied à pied le sol de la patrie. Je me suis exposé sans ménagement. Les balles pleuvaient autour de moi ; mes habits en ont été criblés, et aucune n'a pu m'atteindre. Une mort que je ne devrais qu'à un acte de mon désespoir serait une lâcheté. Le suicide ne

---

1. A ce même combat d'Arcis-sur-Aube, Thiers (tome XVI, p. 523) nous montre Napoléon s'entretenant familièrement, au milieu du feu, avec le général Sébastiani : — « Eh bien, gé-
» néral, que dites-vous de ce que vous voyez ? — Je dis que
» Votre Majesté a sans doute d'autres ressources que nous ne
» connaissons pas. — Celles que vous avez sous les yeux, re-
» prit Napoléon, et pas d'autres... »

convient ni à mes principes, ni au rang que j'ai occupé sur la scène du monde. Je suis un homme condamné à vivre.

Entre nous, on prétend qu'un goujat vivant vaut mieux qu'un empereur mort [1].

---

[1]. La Fontaine (*La Matrone d'Éphèse*, cinquième livre des *Contes*) :

    Mieux vaut goujat debout qu'empereur enterré.

Rien n'est plus commun, dans les œuvres de Napoléon, que ces citations d'auteurs classiques. Il avait beaucoup lu et beaucoup retenu. Voyez (tome IIe, lettre à Joseph, 8 février 1814) les lignes où il se souvient d'*Andromaque* et compare son fils à Astyanax.

# HUITIÈME PARTIE

PROCLAMATIONS

1. *Proclamations aux Armées.*
2. *Allocutions et Ordres du jour.*
3. *Proclamations politiques.*

I.

PROCLAMATIONS AUX ARMÉES

I

A L'ARMÉE D'ITALIE.

Albenga, le 20 germinal an IV (10 avril 1796).

Soldats ! vous êtes mal nourris et presque nus. Le gouvernement vous doit beaucoup, mais ne peut rien pour vous. Votre patience, votre courage vous honorent, mais ne vous procurent ni avantage, ni gloire. Je vais vous conduire dans les plus fertiles plaines du monde : vous y trouverez de grandes villes, de riches provinces : vous y trouverez honneur, gloire, richesses. Soldats d'Italie ! manqueriez-vous de courage et de constance ! ! !

II

A LA MÊME ARMÉE.

Chérasco, le 7 floréal an iv (26 avril 1796).

Soldats ! vous avez, en quinze jours, remporté six victoires ; pris vingt et un drapeaux, cinquante pièces de canon, plusieurs places fortes, et conquis la plus riche partie du Piémont. Vous avez fait quinze mille prisonniers, tué ou blessé plus de dix mille hommes. Vous vous étiez jusqu'ici battus pour des rochers stériles illustrés par votre courage, mais inutiles pour la patrie. Vous égalez aujourd'hui par vos services l'armée conquérante de la Hollande et du Rhin. Dénués de tout, vous avez suppléé à tout. Vous avez gagné des batailles sans canon ; passé des rivières sans pont ; fait des marches forcées sans souliers ; bivouaqué sans eau-de-vie et souvent sans pain. Les phalanges républicaines, les soldats de la liberté, étaient seuls capables de souffrir ce que vous avez souffert. Grâces vous en soient rendues, soldats ! La patrie reconnaissante vous devra en partie sa prospérité ; et si, vainqueurs de Toulon, vous présageâtes l'immortelle campagne de 1793, vos victoires actuelles en présagent une plus glorieuse encore. Les deux armées qui naguère vous attaquaient avec audace, fuient épouvantées devant vous. Les hommes pervers qui riaient de votre misère, et se réjouissaient, dans leur pensée, des triomphes de nos ennemis, sont confondus et tremblants. Mais, soldats ! il ne faut pas vous le dissimuler, vous n'avez rien fait, puisqu'il vous reste encore à faire. Ni Turin, ni Milan ne sont à vous. Les cendres des vainqueurs de Tarquin sont encore foulées par les assassins de Basseville. Vous étiez dénués de tout au commencement de la campagne, vous êtes aujourd'hui abondamment pourvus. Les magasins pris à vos ennemis sont nombreux ; l'artillerie de siège et de campagne est arrivée.

Soldats ! la patrie a droit d'attendre de vous de grandes choses. Justifierez-vous son attente ? Les plus grands obstacles sont franchis sans doute, mais vous avez encore des combats à livrer, des villes à prendre, des rivières à passer. En est-il entre vous dont le courage s'amollisse ? En est-il qui préféreraient retourner sur les sommets de l'Apennin ou des Alpes, essuyer patiemment les injures de cette soldatesque esclave? Non : il n'en est pas parmi les vainqueurs de Montenotte, de Millésimo, de Dégo, de Mondovi. Tous brûlent de porter au loin la gloire du peuple français ! Tous veulent humilier ces rois orgueilleux qui osaient méditer de nous donner des fers ! Tous veulent dicter une paix glorieuse, et qui indemnise la patrie des sacrifices immenses qu'elle a faits. Tous veulent, en rentrant dans leurs villages, pouvoir dire, avec fierté : *J'étais de l'armée conquérante de l'Italie !*

Amis ! Je vous la promets cette conquête ; mais il est une condition qu'il faut que vous juriez de remplir, c'est de respecter les peuples que vous délivrez ; c'est de réprimer les pillages horribles auxquels se portent des scélérats suscités par vos ennemis. Sans cela vous ne seriez point les libérateurs des peuples, vous en seriez les fléaux. Vous ne seriez pas l'honneur du peuple français ; il vous désavouerait. Vos victoires, votre courage, vos succès, le sang de nos frères morts aux combats, tout serait perdu, même l'honneur et la gloire. Quant à moi et aux généraux qui ont votre confiance, nous rougirions de commander à une armée sans discipline, sans frein, qui ne connaîtrait de loi que la force. Mais, investi de l'autorité nationale, fort de la justice et par la loi, je saurai faire respecter à ce petit nombre d'hommes sans courage, sans cœur, les lois de l'humanité et de l'honneur, qu'ils foulent aux pieds. Je ne souffrirai pas que des brigands souillent vos lauriers ; je ferai exécuter à la rigueur le règlement que j'ai fait mettre à l'ordre. Les pillards seront impitoyablement fusillés ; déjà plusieurs l'ont été. J'ai eu lieu de remarquer avec plaisir l'empressement avec lequel les bons soldats de l'armée se sont portés à faire exécuter ces ordres.

Peuples d'Italie! l'armée française vient rompre vos chaînes : le peuple français est l'ami de tous les peuples; venez avec confiance au devant d'elle. Vos propriétés, votre religion et vos usages seront respectés. Nous faisons la guerre en ennemis généreux, et nous n'en voulons qu'aux tyrans qui vous asservissent[1].

III

A LA MÊME ARMÉE.

Milan, 1er prairial an IV.

Soldats! vous vous êtes précipités comme un torrent du haut de l'Apennin; vous avez culbuté, dispersé tout ce qui s'opposait à votre marche. Le Piémont, délivré de la tyrannie autrichienne, s'est livré à ses

---

[1]. L'extrême jeunesse du général en chef de l'armée d'Italie donna lieu, parmi les vieux soldats, à une curieuse et touchante coutume. « Après chaque bataille, » dit M. de Norvins, « les plus vieux soldats se réunissaient en conseil et donnaient » à leur général en chef un nouveau grade. Ils le nommèrent » caporal à Lodi; plus tard ils le firent sergent à Castiglione, » et ainsi de suite. De là vient le surnom de *Petit-Caporal*, qui » depuis est resté à Napoléon. » Rappelons que la Grande Armée désignait Ney sous le surnom du *Rougeaud*, Murat sous celui du *Boucher*; et Masséna se nommait *Le Borgne*. Le colonel Détrée, écuyer de Madame Mère, était appelé par l'armée *Pommade-forte*. Voy. Paul-Louis Courier. Napoléon avait donné au général Drouot le nom de *Sage de la Grande Armée*.

sentiments naturels de paix et d'amitié pour la France. Milan est à vous, et le pavillon républicain flotte dans toute la Lombardie. Les ducs de Parme et de Modène ne doivent leur existence politique qu'à votre générosité. L'armée qui vous menaçait avec orgueil ne trouve plus de barrière qui la rassure contre votre courage ; le Pô, le Tésin, l'Adda n'ont pu vous arrêter un seul jour ; ces boulevards tant vantés de l'Italie ont été insuffisants ; vous les avez franchis aussi rapidement que l'Apennin. Tant de succès ont porté la joie dans le sein de la patrie ; vos représentants ont ordonné une fête dédiée à vos victoires, célébrées dans toutes les communes de la République. Là, vos pères, vos mères, vos épouses, vos sœurs, vos amantes, se réjouissent de vos succès, et se vantent avec orgueil de vous appartenir. Oui, soldats ! vous avez beaucoup fait... mais ne vous reste-t-il donc plus rien à faire?... Dira-t-on de nous que nous avons su vaincre, mais que nous n'avons pas su profiter de la victoire ? La postérité vous reprochera-t-elle d'avoir trouvé Capoue dans la Lombardie ! Mais je vous vois déjà courir aux armes... Eh bien ! partons ! Nous avons encore des marches forcées à faire, des ennemis à soumettre, des lauriers à cueillir, des injures à venger. Que ceux qui ont aiguisé les poignards de la guerre civile en France, qui ont lâchement assassiné nos ministres, incendié nos vaisseaux à Toulon, tremblent ! l'heure de la vengeance a sonné ; mais que les peuples soient sans inquiétude ; nous sommes amis de tous les peuples, et plus particulièrement des descendants de Brutus, de Scipion, et des grands hommes que nous avons pris pour modèles. Rétablir le Capitole, y placer avec honneur les statues des héros qui le rendirent célèbre ; réveiller le peuple romain, engourdi par plusieurs siècles d'esclavage, tel sera le fruit de nos victoires. Elles feront époque dans la postérité : vous aurez la gloire immortelle de changer la face de la plus belle partie de l'Europe. Le peuple français, libre, respecté du monde entier, donnera à l'Europe une paix glorieuse, qui l'indemnisera des sacrifices de toute espèce qu'il a faits depuis six ans. Vous rentrerez alors dans vos foyers, et vos concitoyens diront en vous montrant : *Il était de l'armée d'Italie !*

IV

A LA MÊME ARMÉE.

Le 21 brumaire (12 novembre 1796).

Nous n'avons plus qu'un effort à faire, et l'Italie est à nous. Alvinzi est, sans doute, plus nombreux que nous ; mais la moitié de ses troupes sont de véritables recrues, et lui battu, Mantoue succombe, nous demeurons maîtres de l'Italie, nous voyons finir nos travaux, car non seulement l'Italie, mais encore la paix générale, sont dans Mantoue. Vous voulez aller sur les Alpes, vous n'en êtes plus capables. De la vie dure et fatigante de ces stériles rochers, vous avez bien pu venir conquérir les délices de la Lombardie ; mais des bivouacs riants et fleuris de l'Italie vous ne vous élèveriez pas aux rigueurs de ces âpres sommets, vous ne supporteriez plus longtemps sans murmurer les neiges et les glaces des Alpes... Que ceux qui ne veulent plus se battre, qui sont assez riches, ne me parlent plus de l'avenir ! Battez Alvinzi, et je vous réponds du reste ! ! !

V

A LA MÊME ARMÉE.

Quartier général de Bassano, 19 ventôse an v (9 mars 1797).

Soldats ! la prise de Mantoue vient de finir une campagne qui vous a donné des titres éternels à la reconnaissance de la patrie. Vous avez remporté la victoire dans quatorze batailles rangées et soixante-dix combats ; vous avez fait plus de cent mille prisonniers, pris à l'ennemi cinq cents pièces de canon de campagne, deux mille de gros calibre, quatre équipages de pont. Les contributions mises sur les pays que vous avez conquis, ont nourri, entretenu, soldé l'armée pendant toute la campagne ; vous avez en outre envoyé trente millions au ministère des finances pour le soulagement du Trésor public. Vous avez enrichi le muséum de Paris de plus de trois cents objets, chefs-d'œuvre de l'ancienne et nouvelle Italie, et qu'il a fallu trente siècles pour produire. Vous avez conquis à la République les plus belles contrées de l'Europe. Les républiques transpadane et cispadane vous doivent leur liberté ; les couleurs françaises flottent pour la première fois sur les bords de l'Adriatique en face et à vingt-quatre heures de navigation de l'ancienne Macédoine, d'où Alexandre s'élança sur l'Orient ; les rois de Sardaigne, de Naples, le Pape, le duc de Parme, se sont détachés de la coalition de nos ennemis, et ont brigué notre amitié ; vous avez chassé les Anglais de Livourne, de Gênes, de la Corse. Mais vous n'avez pas encore tout achevé ; une grande destinée vous est réservée ; c'est en vous que la patrie met ses plus chères espérances ; vous continuerez à en être dignes. De tant d'ennemis qui se coalisèrent pour étouffer la République à sa naissance, l'empereur seul reste devant vous ; se dégradant lui-même du rang d'une grande puissance, ce prince s'est mis à la solde des marchands de Londres ; il n'a plus de volonté, de politique que celles de ces insulaires perfides, qui, étrangers aux malheurs de la guerre, sourient avec plaisir aux maux du continent. Le Directoire exécutif n'a rien épargné pour donner la paix à l'Europe ; la modération de ses propositions ne se ressentait pas de la force de ses armées ; il n'avait pas consulté votre courage, mais l'humanité et l'envie de vous faire rentrer dans vos familles. Il n'a pas été écouté à Vienne : il n'est donc plus d'espérance pour la paix, qu'en allant la chercher dans le cœur des Etats héréditaires de la maison d'Autriche. Vous y trouverez un brave peuple accablé par la guerre qu'il a eue avec les Turcs, et par la guerre actuelle. Les habitants de Vienne et des Etats gémissent sur l'aveuglement et l'arbitraire de leur gouvernement ; il n'en est pas un qui ne soit convaincu que l'or de l'Angleterre a corrompu les ministres de l'empereur. Vous respecterez leur religion et leurs mœurs ; vous protégerez leurs propriétés : c'est la liberté que vous apporterez à la brave nation hongroise. La maison d'Autriche qui, depuis trois siècles, va perdant à chaque guerre une partie de sa puissance, qui mécontente ses peuples en les dépouillant de leurs privilèges, se trouvera réduite, à la fin de cette sixième campagne (puisqu'elle nous contraint à la faire), à accepter la paix que nous lui accorderons, et à descendre, dans la réalité, au rang des puissances secondaires où elle s'est déjà placée en se mettant aux gages et à la disposition de l'Angleterre.

VI

A LA MÊME ARMÉE.

Milan, le 26 messidor an v (14 juillet 1797).

Soldats! c'est aujourd'hui l'anniversaire du 14 juillet. Vous voyez devant vous les noms de nos compagnons d'armes, morts au champ d'honneur pour la liberté de la patrie: Ils vous ont donné l'exemple : vous vous devez tout entiers à la République ; vous vous devez tout entiers au bonheur de trente millions de Français ; vous vous devez tout entiers à la gloire de ce nom, qui a reçu un nouvel éclat par vos victoires.

Soldats ! je sais que vous êtes profondément affectés des malheurs qui menacent la patrie ; mais la patrie ne peut courir de dangers réels. Les mêmes hommes qui l'ont fait triompher de l'Europe coalisée sont là. Des montagnes vous séparent de la France ; vous les franchirez avec la rapidité de l'aigle, s'il le fallait, pour maintenir la Constitution, défendre la liberté, protéger le gouvernement et les républicains.

Soldats ! le gouvernement veille sur le dépôt des lois qui lui est confié. Les royalistes, dès l'instant qu'ils se montreront, auront vécu. Soyez sans inquiétude, et jurons par les mânes des héros morts à côté de nous pour la liberté, jurons, sur nos nouveaux drapeaux, *guerre implacable aux ennemis de la République* et de la Constitution de l'an III.

VII

AUX MARINS DE L'ESCADRE DU CONTRE-AMIRAL BRUEYS.

Passeriano, le 26 fructidor an v (12 septembre 1797).

Camarades ! les émigrés s'étaient emparés de la tribune nationale.

Le directoire exécutif, les représentants restés fidèles à la patrie, les républicains de toutes les classes, les soldats, se sont ralliés autour de l'arbre de la liberté : ils ont invoqué les destins de la République...... et les partisans de la tyrannie sont aux fers.

Camarades ! dès que nous aurons purifié le continent, nous nous réunirons à vous pour conquérir la liberté des mers : chacun de vous aura présent à sa pensée le spectacle horrible de Toulon en cendre, de notre arsenal, de treize vaisseaux de guerre en feu; et la victoire secondera nos efforts.

Sans vous, nous ne pourrions porter la gloire du nom français que dans un petit coin du continent; avec vous, nous traverserons les mers, et la gloire nationale verra les régions les plus éloignées.

VIII

A L'ARMÉE D'ITALIE.

Passeriano, le 26 fructidor an v (12 septembre 1797).

Soldats !

Nous allons célébrer le 1ᵉʳ vendémiaire, l'époque la plus chère aux Français; elle sera un jour bien célèbre dans les annales du monde.

C'est de ce jour que datent la fondation de la République, l'organisation de la grande nation; et la grande nation est appelée par le destin à étonner et consoler le monde.

Soldats! éloignés de votre patrie, et triomphant de l'Europe, on vous préparait des chaînes; vous l'avez su, vous avez parlé : le peuple s'est réveillé, a fixé les traîtres, et déjà ils sont aux fers.

Vous apprendrez, par la proclamation du directoire

exécutif, ce que tramaient les ennemis particuliers du soldat, et spécialement des divisions de l'armée d'Italie.

Cette préférence nous honore : la haine des traîtres, des tyrans et des esclaves sera dans l'histoire notre plus beau titre à la gloire et à l'immortalité.

Rendons grâce au courage des premiers magistrats de la République, aux armées de Sambre-et-Meuse et de l'intérieur, aux patriotes, aux représentants restés fidèles au destin de la France ; ils viennent de nous rendre, d'un seul coup, ce que nous avons fait depuis six ans pour la patrie.

IX

A LA MÊME ARMÉE [1].

Milan, le 26 brumaire an VI (14 novembre 1797).

Soldats ! je pars demain pour me rendre à Rastadt. En me trouvant séparé de l'armée, je ne serai con-

---

1. Dernière proclamation de la première campagne d'Italie. Le Corps législatif vota aux soldats de cette armée un drapeau sur lequel on rappelait, en lettres d'or, qu'ils ont fait « cent
» cinquante mille prisonniers, qu'ils ont pris cent soixante-dix
» drapeaux, cinq cent cinquante pièces d'artillerie de siège,
» six cents pièces de campagne, qu'ils ont gagné dix-huit ba-
» tailles rangées, qu'ils ont envoyé à Paris les chefs-d'œuvre
» de Michel-Ange, du Guerchin, du Titien, de Paul Véronèse,
» du Corrège, de l'Albane, des Carraches, de Raphaël, de
» Léonard de Vinci. »

solé que par l'espoir de me voir bientôt avec vous, luttant contre de nouveaux dangers. Quelque poste que le gouvernement assigne aux soldats de l'armée d'Italie, ils seront toujours les dignes soutiens de la liberté et de la gloire du nom français. Soldats ! en vous entretenant des princes que vous avez vaincus.... des peuples qui vous doivent leur liberté.... des combats que vous avez livrés en deux campagnes, dites-vous : *Dans deux campagnes nous aurons plus fait encore !*

X

A L'ARMÉE D'ORIENT [1].

Toulon, le 3 floréal an vi (9 mai 1798).

Soldats ! Vous êtes une des ailes de l'armée d'Angleterre ; vous avez fait la guerre des montagnes, des plaines et des sièges ; il vous reste à faire la guerre maritime. Les légions romaines, que vous avez quelquefois imitées, mais pas encore égalées, combattaient Carthage, tour à tour, sur cette même mer et aux plaines de Zama : la victoire ne les abandonna jamais, parce que constamment elles furent

1. Ouverture de la Campagne d'Egypte.

braves, patientes à supporter la fatigue, disciplinées et unies entre elles...

Soldats matelots ! vous avez été jusqu'à ce jour négligés ; aujourd'hui la plus grande sollicitude de la République est pour vous : le génie de la liberté, qui a rendu dès sa naissance la République arbitre de l'Europe, veut qu'elle le soit des mers et des nations les plus lointaines.

Officiers et soldats ! il y a deux ans que je vins vous commander ; à cette époque vous étiez dans la rivière de Gênes, dans la plus grande misère, manquant de tout, ayant sacrifié jusqu'à vos montres pour votre subsistance ; je vous promis de faire cesser vos misères, je vous conduisis en Italie ; là, tout vous fut accordé... — Ne vous ai-je pas tenu parole? Eh bien ! apprenez que vous n'avez point encore assez fait pour la patrie, et que la patrie n'a point encore assez fait pour vous ! Je vais actuellement vous mener dans un pays où, par vos exploits futurs, vous surpasserez ceux qui étonnent aujourd'hui vos admirateurs, et rendrez à la patrie des services qu'elle a droit d'attendre d'une armée d'invincibles.

Je promets à chaque soldat qu'au retour de cette expédition, il aura à sa disposition de quoi acheter six arpents de terre. Vous allez courir de nouveaux dangers ; vous les partagerez avec vos frères les marins. Cette arme jusqu'ici ne s'est pas rendue redoutable à nos ennemis ; leurs exploits n'ont point égalé

les vôtres ; les occasions leur ont manqué ; mais
le courage des marins est égal au vôtre : leur volonté est celle de triompher ; ils y parviendront avec
vous. Communiquez-leur cet esprit invincible qui
partout vous rendit victorieux ; secondez leurs
efforts ; vivez à bord avec cette intelligence qui caractérise les hommes purement animés et voués au
bien de la même cause : ils ont, comme vous, acquis
des droits à la reconnaissance nationale dans l'art
difficile de la marine. Habituez-vous aux manœuvres de bord ; devenez la terreur de vos ennemis de
terre et de mer : imitez en cela les soldats romains,
qui surent à la fois battre Carthage en plaine et les
Carthaginois sur leurs flottes.

XI

A LA MÊME ARMÉE [1].

Quartier général à bord de l'*Orient*, le 4 messidor an VI
(22 juin 1798).

Soldats ! Vous allez entreprendre une conquête dont
les effets sur la civilisation et le commerce du monde

1. Comparez cette proclamation avec la harangue, toute
mystique, que saint Louis adresse à son armée débarquant en
Égypte, au moment de la septième Croisade, en 1249. Vous

sont incalculables. Vous porterez à l'Angleterre le coup le plus sûr et le plus sensible, en attendant que vous puissiez lui donner le coup de mort.

Nous ferons quelques marches fatigantes ; nous livrerons plusieurs combats ; nous réussirons dans toutes nos entreprises : les destins sont pour nous !... Les beys mameloucks, qui favorisent exclusivement le commerce anglais, qui ont couvert d'avanies nos négociants, et qui tyrannisent les malheureux habitants du Nil, quelques jours après notre arrivée, n'existeront plus. Les peuples avec lesquels nous allons vivre sont mahométans : leur premier article de foi est celui-ci : *Il n'y a pas d'autre Dieu que Dieu, et Mahomet est son prophète.* Ne les contredisez pas, agissez avec eux comme nous avons agi avec les Juifs, avec les Italiens. Ayez des égards pour leurs muphtis et leurs imans, comme vous en avez eu pour les rabbins et les évêques ; ayez pour les cérémonies que prescrit l'Alcoran, pour les mosquées, la même tolérance que vous avez eue pour les couvents, pour les synagogues, pour la religion de Moïse et celle de Jésus-Christ.

Les légions romaines protégeaient toutes les religions. Vous trouverez ici des usages différents de ceux d'Europe ; il faut vous y accoutumer. Les peuples

---

trouverez le texte de cette harangue dans un livre récemment paru : *Les Orateurs politiques de la France*, par M. le professeur Albert Chabrier. (Hachette, éditeur, 1887.) Les deux morceaux contrastent étonnamment.

chez lesquels nous allons entrer traitent les femmes différemment que nous : mais dans tous les pays, celui qui viole est un monstre. Le pillage n'enrichit qu'un petit nombre d'hommes ; il nous déshonore ; il détruit nos ressources ; il nous rend ennemis des peuples, qu'il est de notre intérêt d'avoir pour amis. La première ville que nous allons rencontrer a été bâtie par Alexandre ; nous trouverons à chaque pas de grands souvenirs dignes d'exciter l'émulation des Français.

XII

A LA MÊME ARMÉE.

Le Caire, le 22 septembre 1798 [1].

Soldats !

Il y a cinq ans, l'indépendance du peuple français était menacée : vous reprîtes Toulon ; ce fut le présage de la fuite de vos ennemis. Un an après, vous battiez les Autrichiens à Dégo ; l'année suivante, vous étiez sur le sommet des Alpes ; vous luttiez contre Mantoue il y a deux ans, et nous remportions la célèbre bataille de Saint-Georges. L'an passé, vous étiez aux sources de la Drave et de l'Isonzo, de retour de

[1]. Sixième anniversaire de la proclamation de la République.

l'Allemagne. Qui eût dit alors que vous seriez aujourd'hui sur les bords du Nil ? Depuis l'Anglais, célèbre dans les arts et le commerce, jusqu'au hideux et féroce bédouin, vous fixez les regards du monde. Soldats! votre destinée est belle... Dans ce jour, quarante millions de citoyens pensent à vous !

XIII

A L'ARMÉE DE SYRIE[1].

Acre, le 27 floréal an VIII (16 mai 1799).

Soldats !

Vous avez traversé le désert qui sépare l'Afrique de l'Asie avec plus de rapidité qu'une armée arabe.

L'armée qui était en marche pour envahir l'Égypte est détruite ; vous avez pris son général, son équipage de campagne, ses bagages, ses outres, ses chameaux.

Vous vous êtes emparés de toutes les places fortes qui défendent les puits du désert.

Vous avez dispersé, aux champs du mont Thabor,

---

1. Bonaparte venait de lever, après deux mois, le siège de Saint-Jean d'Acre.

cette nuée d'hommes accourus de toutes les parties de l'Asie, dans l'espoir de piller l'Égypte.

Les trente vaisseaux que vous avez vus arriver dans Acre, il y a douze jours, portaient l'armée qui devait assiéger Alexandrie ; mais obligée d'accourir à Acre, elle y a fini ses destins : une partie de ses drapeaux orneront votre entrée en Égypte.

Enfin, après avoir, avec une poignée d'hommes, nourri la guerre pendant trois mois dans le cœur de la Syrie, pris quarante pièces de campagne, cinquante drapeaux, fait six mille prisonniers, rasé les fortifications de Gaza, Jaffa, Caïffa, Acre, nous allons rentrer en Égypte : la saison des débarquements m'y rappelle.

Encore quelques jours, et vous aviez l'espoir de prendre le pacha même au milieu de son palais ; mais, dans cette saison, la prise du château d'Acre ne vaut pas la perte de quelques jours : les braves que je devrais d'ailleurs y perdre sont aujourd'hui nécessaires pour des opérations plus essentielles.

Soldats ! nous avons une carrière de fatigues et de dangers à courir. Après avoir mis l'Orient hors d'état de rien faire contre nous dans cette campagne, il nous faudra peut-être repousser les efforts d'une partie de l'Occident.

Vous y trouverez une nouvelle occasion de gloire ; et, si, au milieu de tant de combats, chaque jour est marqué par la mort d'un brave, il faut que de nouveaux braves se forment, et prennent rang à leur tour parmi ce petit nombre qui donne l'élan dans les dangers, et maîtrise la victoire.

XIV

A L'ARMÉE D'EGYPTE.

Aboukir, le 7 thermidor an VII (25 juillet 1799).

Soldats ! Le nom d'Aboukir était funeste à tout Français [1] ; la journée du 7 thermidor l'a rendu glorieux. La victoire que l'armée vient de remporter [2] accélère son retour en Europe. Nous avons conquis Mayence et la limite du Rhin, en envahissant une partie de l'Allemagne. Nous venons de reconquérir aujourd'hui nos établissements aux Indes et ceux de nos alliés par une seule opération, nous avons remis dans les mains du gouvernement le pouvoir d'obliger l'Angleterre, malgré ses triomphes maritimes, à une paix glorieuse pour la République. Nous avons beaucoup souffert ; nous avons eu à combattre des

---

1. La flotte française avait été battue à Aboukir, un an auparavant, le 1er août 1798.
2. La bataille d'Aboukir (25 juillet) où Bonaparte avait détruit l'armée turque.

ennemis de toute espèce ; nous en aurons encore à vaincre, mais enfin le résultat sera digne de vous, et nous méritera la reconnaissance de la patrie.

XV

A L'ARMÉE DE PARIS RÉUNIE DANS LA COUR DU CARROUSEL [1].

Paris, le 18 brumaire an VIII (9 novembre 1799).

Soldats !

Le décret extraordinaire du conseil des Anciens est conforme aux articles 102 et 103 de l'acte constitutionnel. Il m'a remis le commandement de la ville et de l'armée. Je l'ai accepté pour seconder les mesures qu'il va prendre et qui sont toutes en faveur du peuple. La République est mal gouvernée depuis deux ans. Vous avez espéré que mon retour mettrait un terme à tant de maux. Vous l'avez célébré avec une union qui m'impose des obligations que je remplis. Vous remplirez les vôtres, et vous seconderez votre général avec l'énergie, la fermeté et la confiance que j'ai toujours trouvées en vous. La liberté, la victoire et la paix replaceront la Républi-

1. Commencement d'exécution du coup d'État de brumaire.

que française au rang qu'elle occupait en Europe, et que l'ineptie ou la trahison a pu seule lui faire perdre. *Vive la République !*

XVI

AUX SOLDATS FRANÇAIS.

Paris, le 4 nivôse an VIII (25 décembre 1799).

Soldats ! en promettant la paix au peuple français, j'ai été votre organe ; je connais votre valeur.

Vous êtes les mêmes hommes qui conquirent la Hollande, le Rhin, l'Italie, et donnèrent la paix sous les murs de Vienne étonnée.

Soldats ! ce ne sont plus vos frontières qu'il faut défendre, ce sont les états ennemis qu'il faut envahir.

Il n'est aucun de vous qui n'ait fait plusieurs campagnes, qui ne sache que la qualité la plus essentielle d'un soldat est de savoir supporter les privations avec constance. Plusieurs années d'une mauvaise administration ne peuvent être réparées dans un jour.

Premier magistrat de la République, il me sera doux de faire connaître à la nation entière les corps qui mériteront, par leur valeur et leur discipline, d'être proclamés les soutiens de la patrie.

Soldats ! lorsqu'il en sera temps je serai au milieu de vous, et l'Europe étonnée se souviendra que vous êtes de la race des braves.

XVII

A L'ARMÉE DE PARIS.

Paris, le 4 nivôse an VIII (25 décembre 1799).

Soldats ! Les circonstances qui me retiennent à la tête du gouvernement m'empêchent de me trouver au milieu de vous.

Vos besoins sont grands : toutes les mesures sont prises pour y pourvoir.

Les premières qualités du soldat sont la constance et la discipline : la valeur n'est que la seconde.

Soldats ! plusieurs corps ont quitté leurs positions ; ils ont été sourds à la voix de leurs officiers : la dix-septième légère est de ce nombre.

Sont-ils donc tous morts, les braves de Castiglione, de Rivoli, de Neumark ? Ils eussent péri plutôt que de quitter leurs drapeaux, et ils eussent ramené leurs jeunes camarades à l'honneur et au devoir.

Soldats ! des distributions ne vous sont pas régulièrement faites, dites-vous ? Qu'eussiez-vous fait si comme les 4ᵉ et 22ᵉ légères, les 18ᵉ et 32ᵉ de ligne, vous vous fussiez trouvés au milieu du désert, sans pain ni eau, mangeant du cheval et des mulets ? *La victoire nous donnera du pain*, disaient-elles ; et vous !... vous quittez vos drapeaux !

Soldats d'Italie ! Un nouveau général vous commande [1] ; il fut toujours à l'avant-garde dans les plus beaux jours de votre gloire. Entourez-le de votre confiance : il ramènera la victoire dans vos rangs.

Je me ferai rendre un compte journalier de la conduite de tous les corps, et spécialement de la dix-septième et de la soixante-troisième de ligne ; *elles se ressouviendront de la confiance que j'avais en elles.*

XVIII

A L'ARMÉE DE L'OUEST.

Paris, le 15 nivôse an VIII (5 janvier 1800).

Soldats !

Le gouvernement a pris les mesures pour éclairer les habitants égarés des départements de l'Ouest ; avant de prononcer, il les a entendus. Il a fait droit

---

1. Masséna.

à leurs griefs, parce qu'ils étaient raisonnables. La masse des bons habitants a posé les armes. Il ne reste plus que des brigands, des émigrés, des stipendiés de l'Angleterre.

Des Français stipendiés de l'Angleterre! ce ne peut être que des hommes sans aveu, sans cœur et sans honneur. Marchez contre eux; vous ne serez pas appelés à déployer une grande valeur.

L'armée est composée de plus de soixante mille braves : que j'apprenne bientôt que les chefs des rebelles ont vécu. Que les généraux donnent l'exemple de l'activité! La gloire ne s'acquiert que par les fatigues, et si l'on pouvait l'acquérir en tenant son quartier-général dans les grandes villes, ou en restant dans de bonnes casernes, qui n'en aurait pas?

Soldats! quel que soit le rang que vous occupiez dans l'armée, la reconnaissance de la nation vous attend. Pour en être dignes, il faut braver l'intempérie des saisons, les glaces, les neiges, le froid excessif des nuits, surprendre vos ennemis à la pointe du jour, et exterminer ces misérables, le déshonneur du nom français.

Faites une campagne courte et bonne. Soyez inexorables pour les brigands; mais observez une discipline sévère.

XIX

A L'ARMÉE DE RÉSERVE[1].

Milan, le 17 prairial an VIII (6 juin 1800).

Soldats !

Un de nos départements était au pouvoir de l'ennemi ; la consternation était dans tout le midi de la France.

La plus grande partie du territoire du peuple ligurien, le plus fidèle ami de la République, était envahi.

La république cisalpine, anéantie dès la campagne passée, était devenue le jouet du grotesque régime féodal.

Soldats ! vous marchez... et déjà le territoire français est délivré ! la joie et l'espérance succèdent, dans notre patrie, à la consternation et à la crainte.

Vous rendrez la liberté et l'indépendance au peuple de Gênes. Il sera pour toujours délivré de ses éternels ennemis.

Vous êtes dans la capitale de la Cisalpine !

---

[1]. C'est la seconde armée d'Italie, celle qui allait combattre à Marengo.

L'ennemi, épouvanté, n'aspire plus qu'à regagner ses frontières. Vous lui avez enlevé ses hôpitaux, ses magasins, ses parcs de réserve.

Le premier acte de la campagne est terminé.

Des millions d'hommes, vous l'entendez tous les jours, vous adressent des actes de reconnaissance.

Mais aura-t-on donc impunément violé le territoire français? Laisserez-vous retourner dans ses foyers l'armée qui a porté l'alarme dans vos familles? Vous courez aux armes!... Eh bien! marchez à sa poursuite, opposez-vous à sa retraite; arrachez-lui les lauriers dont elle s'est parée, et par là, apprenez au monde que la malédiction est sur les insensés qui osent insulter le territoire du grand peuple.

Le résultat de tous nos efforts sera *gloire sans nuage et paix solide*.

XX

A LA GRANDE ARMÉE [1].

Champ de Mars, le 3 décembre 1804.

Soldats! Voilà vos drapeaux; ces aigles vous serviront toujours de point de ralliement; elles seront par-

[1]. Napoléon distribue les aigles à la Grande-Armée. La Légion d'Honneur avait été remise, au camp de Boulogne, à un

tout où votre Empereur les jugera nécessaires pour la défense de son trône et de son peuple. Vous jurez de sacrifier vos vies pour les défendre, et de les maintenir constamment par votre courage sur le chemin de la victoire : Soldats ! vous le jurez ?

XXI

A LA GRANDE ARMÉE [1].

Strasbourg, le 29 septembre 1805 (7 vendémiaire an XIV).

Soldats ! La guerre de la troisième coalition est commencée ; l'armée autrichienne a passé l'Inn, violé les traités, attaqué et chassé de sa capitale notre allié... Vous-mêmes vous avez dû accourir à marches forcées à la défense de nos frontières ; mais déjà vous avez passé le Rhin.... Nous ne nous arrêterons plus que nous n'ayons assuré l'indépendance du corps germanique, secouru nos alliés, et confondu l'orgueil de nos injustes agresseurs. Nous ne ferons plus de

---

grand nombre de soldats. « En creusant la terre pour établir
» la baraque de l'empereur, dit M. de Norvins, on découvrit les
» traces d'un camp romain, et des médailles de Guillaume le
» Conquérant. Une sorte de merveilleux s'attachait partout où
» paraissait Napoléon. »

1. Ouverture de la première campagne d'Autriche.

paix sans garantie : notre générosité ne trompera plus notre politique.

Soldats! votre Empereur est au milieu de vous ; vous n'êtes que l'avant-garde du grand peuple; s'il est nécessaire, il se lèvera tout entier à ma voix pour défendre et dissoudre cette nouvelle ligue qu'ont tissue la haine et l'or de l'Angleterre.

Mais, soldats! nous aurons des marches forcées à faire, des fatigues, des privations de toute espèce à endurer. Quelques obstacles qu'on nous oppose, nous les vaincrons ; et nous ne prendrons pas de repos que nous n'ayons planté nos aigles sur le territoire de nos ennemis.

XXII

A LA GRANDE ARMÉE.

Ulm, le 20 octobre 1805.

Soldats de la Grande Armée! en quinze jours nous avons fait une campagne ; ce que nous nous proposions de faire est rempli; nous avons chassé de la Bavière les troupes de la maison d'Autriche, et rétabli notre allié dans la souveraineté de ses États. Cette armée qui, avec autant d'ostentation que d'imprudence, était venue se placer sur nos frontières, est anéantie. Mais qu'importe à l'Angleterre! son but est rempli : nous ne sommes plus à Boulogne, et son subside ne sera ni plus ni moins grand. De cent mille hommes qui composaient cette armée, soixante mille sont prisonniers. Ils iront remplacer nos conscrits dans les travaux de la campagne. Deux cents pièces de canon, tout le parc, quatre-vingt-dix drapeaux, tous leurs généraux, sont en notre pouvoir : il ne s'est pas échappé de cette armée quinze mille hommes.

Soldats! je vous avais annoncé une grande bataille, mais, grâce aux mauvaises combinaisons de l'ennemi, j'ai pu obtenir les mêmes succès sans courir aucune chance; et, ce qui est sans exemple dans l'histoire des nations, un si grand résultat ne nous affaiblit pas de plus de quinze cents hommes hors de combat.

Soldats! ce succès est dû à votre confiance sans bornes en votre Empereur, en votre patience à supporter les fatigues et les privations de toute espèce, à votre rare intrépidité. Mais nous ne nous arrêterons pas là; vous êtes impatients de commencer une seconde campagne. Cette armée russe, que l'or de l'Angleterre a transportée des bouts de l'univers, nous allons lui faire éprouver le même sort. A ce combat est attaché plus spécialement l'honneur de l'infanterie française : c'est là que va se décider, pour la seconde fois, cette question qui l'a déjà été une fois en Suisse et en Hollande, si l'infanterie française est la première ou la seconde en Europe. Il n'y a pas de généraux contre lesquels je puisse avoir de la gloire à acquérir : tout mon soin sera d'obtenir la victoire avec le moins possible d'effusion de sang. Mes soldats sont mes enfants!

XXIII

A LA GRANDE ARMÉE.

Austerlitz, le 10 frimaire an xiv (1ᵉʳ décembre 1805).

Soldats!

L'armée russe se présente devant vous pour venger l'armée autrichienne d'Ulm. Ce sont ces mêmes bataillons que vous avez battus à Hollabrunn, et que depuis vous avez constamment poursuivis jusqu'ici.

Les positions que nous occupons sont formidables, et pendant qu'ils marcheront pour tourner ma droite, ils me présenteront le flanc.

Soldats! je dirigerai moi-même tous vos bataillons : je me tiendrai loin du feu, si, avec votre bravoure accoutumée, vous portez le désordre et la confusion dans les rangs ennemis; mais si la victoire était un moment incertaine, vous verriez votre empereur s'exposer aux premiers coups[1], car la vic-

1. Les dangers et les fatigues de la guerre ne le rebutaient jamais. « Il supportait tous les labeurs, toutes les privations

toire ne saurait hésiter, dans cette journée surtout, où il y va de l'honneur de l'infanterie française, qui importe tant à l'honneur de toute la nation.

Que, sous prétexte d'emmener les blessés, on ne désorganise pas les rangs, et que chacun soit bien pénétré de cette pensée qu'il faut vaincre ces stipendiés de l'Angleterre, qui sont animés d'une si grande haine contre notre nation.

Cette victoire finira notre campagne; et nous pourrons reprendre nos quartiers d'hiver, où nous serons joints par les nouvelles armées qui se forment en France, et alors la paix que je ferai sera digne de mon peuple, de vous et de moi.

XXIV

A LA GRANDE ARMÉE.

Austerlitz, le 2 décembre 1805.

Soldats! je suis content de vous : vous avez, à la

» d'un soldat. On préparait en cinq minutes sa table, son café,
» son lit. Combien de fois ne fut-on pas obligé d'enlever en
» moins de temps encore des cadavres d'hommes et de che-
» vaux pour dresser sa tente! Le long repas ne durait que huit
» ou dix minutes. « A cheval! » disait ensuite l'empereur; et
» il partait, accompagné de Berthier, d'un ou deux aides de
» camp et de Roustan, son fidèle mameluck. La nuit, couché
» sur son petit lit de fer, il ne se reposait presque pas. A peine
» endormi, il appelait son valet de chambre, qui couchait dans
» la tente... » (Imbert de Saint-Amand.)

journée d'Austerlitz, justifié ce que j'attendais de vous ; vous avez décoré vos aigles d'une immortelle gloire ; une armée de cent mille hommes, commandée par les empereurs de Russie et d'Autriche, a été, en moins de quatre heures, ou coupée ou dispersée ; ce qui a échappé à votre feu s'est noyé dans les deux lacs.

Soldats ! lorsque le peuple français plaça sur ma tête la couronne impériale, je me confiai à vous pour la maintenir toujours dans ce haut éclat de gloire qui seul pouvait lui donner du prix à mes yeux ; mais, dans le même moment, nos ennemis pensaient à la détruire et à l'avilir, et cette couronne de fer, conquise par le sang de tant de Français, ils voulaient m'obliger de la placer sur la tête de nos plus cruels ennemis : projets téméraires et insensés, que le jour même de l'anniversaire de votre Empereur, vous avez anéantis et confondus. Vous leur avez appris qu'il est plus facile de nous braver et de nous menacer que de nous vaincre.

Soldats ! lorsque tout ce qui est nécessaire pour assurer le bonheur et la prospérité de notre patrie sera accompli, je vous ramènerai en France. Là, vous serez l'objet de mes tendres sollicitudes. Mon peuple vous reverra avec joie, et il vous suffira de dire : J'étais à la bataille d'Austerlitz, pour qu'on vous réponde : *Voilà un brave !*

XXV

A LA GRANDE ARMÉE.

Schœnbrunn, le 6 nivôse an XIV (27 décembre 1805).

Soldats !

La paix entre moi et l'empereur d'Autriche est signée. Vous avez, dans cette arrière-saison, fait deux campagnes ; vous avez rempli tout ce que j'attendais de vous. Je vais partir pour me rendre dans ma capitale ; j'ai accordé de l'avancement et des récompenses à ceux qui se sont le plus distingués : je vous tiendrai tout ce que je vous ai promis. Vous avez vu votre empereur partager avec vous vos périls et vos fatigues ; je veux aussi que vous veniez le voir entouré de la grandeur et de la splendeur qui appartiennent au souverain du premier peuple de l'univers [1]. Je donnerai une grande fête, aux premiers jours de mai, à Paris ; vous y serez tous, et, après, nous irons où nous appelleront le bonheur de notre patrie et les intérêts de notre gloire.

Soldats ! pendant ces trois mois qui vous seront nécessaires pour retourner en France, soyez le mo-

---

1. L'amour de la pompe, de la grandeur, de la mise en scène, est un trait commun à Napoléon et à Alexandre. Voyez l'histoire de ce dernier, par Quinte-Curce. — « Quel gaillard que cet Alexandre ! » disait Flaubert. (*Correspondance.*)

dèle de toutes les armées : ce ne sont plus des preuves de courage et d'intrépidité que vous êtes appelés à donner, mais d'une sévère discipline. Que mes alliés n'aient pas à se plaindre de votre passage ; et, en arrivant sur le territoire sacré, comportez-vous comme des enfants au milieu de leur famille ; mon peuple se comportera avec vous comme il le doit envers ses héros et ses défenseurs.

Soldats ! l'idée que je vous verrai tous, avant six mois, rangés autour de mon palais, sourit à mon cœur, et j'éprouve d'avance les plus tendres émotions : nous célébrerons la mémoire de ceux qui, dans ces deux campagnes, sont morts au champ d'honneur, et le monde nous verra tout prêts à imiter leur exemple, et à faire encore plus que nous n'avons fait, s'il le faut, contre ceux qui voudraient attaquer notre honneur ou qui se laisseraient séduire par les corruptions des éternels ennemis du continent.

XXVI

A L'ARMÉE D'ITALIE.

Schœnbrunn, le 6 nivôse an XIV (27 décembre 1805).

Soldats !

Depuis dix ans, j'ai tout fait pour sauver le roi de Naples ; il a tout fait pour se perdre.

Après les batailles de Dego, de Mondovi, de Lodi, il ne pouvait m'opposer qu'une faible résistance. Je me fiai aux paroles de ce prince, et fus généreux envers lui.

Lorsque la seconde coalition fut dissoute à Marengo, le roi de Naples, qui, le premier, avait commencé cette injuste guerre, abandonné à Lunéville par ses alliés, resta seul et sans défense. Il m'implora; je lui pardonnai une seconde fois.

Il y a peu de mois, vous étiez aux portes de Naples. J'avais d'assez légitimes raisons, et de suspecter la trahison qui se méditait, et de venger les outrages qui m'avaient été faits. Je fus encore généreux. Je reconnus la neutralité de Naples; je vous ordonnai d'évacuer ce royaume; et, pour la troisième fois, la maison de Naples fut raffermie et sauvée.

Pardonnerons-nous une quatrième fois? nous fierons-nous une quatrième fois à une cour sans foi, sans honneur et sans raison? Non! non! La dynastie de Naples a cessé de régner; son existence est incompatible avec le repos de l'Europe et l'honneur de ma couronne.

Soldats! marchez; précipitez dans les flots, si tant est qu'ils vous attendent, ces débiles bataillons des tyrans des mers. Montrez au monde de quelle manière nous punissons les parjures. Ne tardez pas à m'apprendre que l'Italie est tout entière soumise à mes lois ou à celles de mes alliés; que le plus beau pays de la terre est affranchi du joug des hommes les plus perfides ; que la sainteté du traité est vengée, et que les mânes de mes braves soldats égorgés dans les ports de Sicile à leur retour d'Égypte, après avoir échappé aux périls des naufrages, des déserts et de cent combats, sont enfin apaisés.

Soldats ! mon frère ¹ marchera à votre tête : il connaît mes projets ; il est le dépositaire de mon autorité ; il a toute ma confiance, environnez-le de toute la vôtre.

XXVII

A LA GRANDE ARMÉE ².

Devant Iéna, le 14 octobre 1806, quatre heures du matin.

Soldats ! l'armée prussienne est coupée comme celle de Mack l'était à Ulm, il y a aujourd'hui un an. Cette armée ne combat plus que pour se faire jour et regagner ses communications. Le corps qui se laisserait percer se déshonorerait. Ne redoutez pas cette célèbre cavalerie ; opposez-lui des carrés fermés, et à la baïonnette !

---

1. Joseph Bonaparte, ancien colonel du 4ᵉ de ligne et futur roi de Naples.
2. Campagne de Prusse.

XXVIII

A LA GRAND ARMÉE.

Berlin, le 27 octobre 1806.

Soldats ! vous avez justifié mon attente et répondu dignement à la confiance du peuple français. Vous avez supporté les privations et les fatigues avec autant de courage que vous avez montré d'intrépidité et de sang-froid au milieu des combats. Vous êtes les dignes défenseurs de ma couronne et de la gloire du grand peuple. Tant que vous serez animés de cet esprit, rien ne pourra vous résister. La cavalerie a rivalisé avec l'infanterie et l'artillerie. Je ne sais désormais à quelle arme je dois donner la préférence. Vous êtes tous de bons soldats. Voici les résultats de nos travaux. Une des premières puissances de l'Europe, qui osa naguère nous proposer une honteuse capitulation, est anéantie. Les forêts, les défilés de de la Franconie, la Saale, l'Elbe, que nos pères n'eussent pas traversés en sept ans, nous les avons traversés en sept jours et livré dans l'intervalle quatre combats et une grande bataille. Nous avons précédé à Postdam, à Berlin, la renommée de nos victoires. Nous avons fait soixante mille prisonniers, pris soixante-cinq drapeaux, parmi lesquels ceux des gardes du roi de Prusse; six cents pièces de canon, trois forteresses, plus de vingt généraux : cependant près de la moitié de vous regrette de n'avoir pas encore tiré un coup de fusil. Toutes les provinces de la monarchie prussienne jusqu'à l'Oder sont en notre pouvoir.

Soldats! les Russes se vantent de venir à nous; nous marcherons à leur rencontre, nous leur épargnerons la moitié du chemin. Ils retrouveront Austerlitz au milieu de la Prusse. Une nation qui a aussitôt oublié la générosité dont nous avons usé envers elle, après cette bataille où son empereur, sa cour, les débris de son armée, n'ont dû leur salut qu'à la capitulation que nous leur avons accordée, est une nation qui ne saurait lutter avec succès contre nous. Cependant, tandis que nous marchons au-devant des Russes, de nouvelles armées, formées dans l'intérieur de l'Empire, viennent prendre nos places, pour garder nos conquêtes. Mon peuple tout entier s'est levé, indigné de la honteuse capitulation que les ministres prussiens, dans leur délire, nous ont proposée; nos routes et nos villes frontières sont remplies de conscrits qui brûlent de marcher sur vos traces. Nous ne serons plus désormais les jouets d'une paix traîtresse, et nous ne poserons plus les armes que nous n'ayons obligé les Anglais, ces éternels ennemis de notre nation, à renoncer au projet de troubler le continent et à la tyrannie des mers.

Soldats ! je ne puis mieux exprimer les sentiments que j'ai pour vous, qu'en vous disant que je vous porte, dans mon cœur, l'amour que vous me montrez tous les jours.

XXIX

A LA MÊME ARMÉE [1].

Posen, le 2 décembre 1806.

Soldats ! il y a aujourd'hui un an, à cette heure même, que vous étiez sur le champ mémorable d'Austerlitz. Les bataillons russes épouvantés fuyaient en déroute, ou, enveloppés, rendaient les armes à leurs vainqueurs. Le lendemain, ils firent entendre des paroles de paix ; mais elles étaient trompeuses. A peine échappés, par l'effet d'une générosité peut-être condamnable, aux désastres de la troisième coalition, ils en ont ourdi une quatrième. Mais l'allié sur la tactique duquel ils fondaient leur principale espérance n'est déjà plus. Ses places fortes, ses capitales, ses magasins, deux cent quatre-vingts drapeaux, sept cents pièces de bataille, cinq grandes places de guerre, sont en notre pouvoir. L'Oder, la Wartha, les déserts de la Pologne, les mauvais temps de la saison n'ont

1. Ouverture de la campagne de Pologne.

pu vous arrêter un moment. Vous avez tout bravé, tout surmonté ; tout a fui à votre approche. C'est en vain que les Russes ont voulu défendre la capitale de cette ancienne et illustre Pologne : l'aigle française plane sur la Vistule. Le brave et infortuné Polonais, en vous voyant, croit revoir les légions de Sobieski de retour de leur mémorable expédition.

Soldats ! nous ne déposerons point les armes que la paix générale n'ait affermi et assuré la puissance de nos alliés, n'ait restitué à notre commerce sa liberté et ses colonies. Nous avons conquis, sur l'Elbe et sur l'Oder, Pondichéry, nos établissements des Indes, le cap de Bonne-Espérance et les colonies espagnoles. Qui donnerait le droit de faire espérer aux Russes de balancer les destins ? Qui leur donnerait le droit de renverser de si justes desseins ? *Eux et nous ne sommes-nous pas les soldats d'Austerlitz ?*

XXX

A LA GRANDE ARMÉE.

Le 16 février 1807.

Soldats ! nous commencions à prendre un peu de repos dans nos quartiers d'hiver, lorsque l'ennemi a attaqué le premier corps et s'est présenté sur la

Basse-Vistule[1]. Nous avons marché à lui ; nous l'avons poursuivi, l'épée dans les reins, pendant l'espace de quatre-vingts lieues. Il s'est réfugié sous les remparts de ses places, et a repassé le Pregel. Nous lui avons enlevé, aux combats de Bergfried, de Deppen, de Hoff; à la bataille d'Eylau, soixante-cinq pièces de canon, seize drapeaux, et tué, blessé ou pris plus de quarante mille hommes. Les braves, qui, de notre côté, sont restés sur le champ d'honneur, sont morts d'une mort glorieuse : c'est la mort des vrais soldats ! Leurs familles auront des droits constants à notre sollicitude et à nos bienfaits.

Ayant ainsi déjoué tous les projets de l'ennemi, nous allons nous rapprocher de la Vistule et rentrer dans nos cantonnements. Qui osera en troubler le repos s'en repentira ! car, au delà de la Vistule comme au delà du Danube, au milieu des frimas de l'hiver comme au commencement de l'automne, nous serons toujours *les soldats français, et les soldats français de la Grande Armée.*

XXXI

A LA GRANDE ARMÉE.

Tilsitt, le 22 juin 1807.

Soldats ! le 5 juin, nous avons été attaqués dans

---

1. Le premier corps était commandé par Bernadotte.

nos cantonnements par l'armée russe. L'ennemi s'est mépris sur notre inactivité. Il s'est aperçu trop tard que notre repos était celui du lion ; il se repent de l'avoir troublé. Dans les journées de Guttstadt, de Heilsberg, dans celle à jamais mémorable de Friedland, dans dix jours de campagne enfin, nous avons pris sept cent vingt pièces de canon, sept drapeaux, tué ou blessé, ou fait prisonniers soixante mille Russes, enlevé à l'armée ennemie tous ses magasins, ses hôpitaux, ses ambulances, la place de Kœnigsberg, les trois cents bâtiments qui étaient dans ce port, chargés de toutes espèces de munitions ; cent soixante mille fusils, que l'Angleterre envoyait pour armer nos ennemis. Des bords de la Vistule nous sommes arrivés sur ceux du Niémen avec la rapidité de l'aigle. Vous célébrâtes à Austerlitz l'anniversaire du couronnement ; vous avez cette année dignement célébrée lui de la bataille de Marengo, qui mit fin à la guerre de la seconde coalition. Français ! vous avez été dignes de vous et de moi. Vous rentrerez en France couverts de tous vos lauriers, et après avoir obtenu une paix glorieuse qui porte avec elle la garantie de la durée. Il est temps que votre patrie vive en repos, à l'abri de la maligne influence de l'Angleterre. Mes bienfaits vous prouveront ma reconnaissance et toute l'étendue de l'amour que je vous porte.

XXXII

A L'AVANT-GARDE DE L'ARMÉE D'ESPAGNE.

Paris, Carrousel, septembre 1808.

Soldats !

Après avoir triomphé sur les bords du Danube et de la Vistule, vous avez traversé l'Allemagne à marches forcées ; je vous fais aujourd'hui traverser la France sans vous donner un instant de repos.

Soldats ! j'ai besoin de vous ; la présence hideuse du léopard [1] souille le continent de l'Espagne et du Portugal ; qu'à votre aspect il fuie épouvanté devant vos aigles triomphantes, jusqu'aux colonnes d'Hercule ; là aussi, nous avons des injures à venger.

Soldats ! vous avez surpassé la renommée des armées modernes ; mais vous avez égalé la gloire des armées de Rome, qui, dans une même campagne, triomphèrent sur le Rhin et l'Euphrate, en Illyrie et sur le Tage. Une longue paix, une prospérité durable, seront le prix de vos travaux. Un vrai Français ne peut ni ne doit prendre de repos jusqu'à ce que les mers soient ouvertes et affranchies.

Soldats ! tout ce que vous avez fait, tout ce que

---

[1]. On sait que le léopard figure dans les armoiries de la Grande-Bretagne.

vous ferez encore pour le bonheur du peuple français et pour ma gloire, sera éternellement gravé dans mon cœur!

XXXIII

A LA GRANDE ARMÉE.

Avril 1809 [1].

Soldats !

Le territoire de la Confédération a été violé. Le général autrichien veut que nous fuyions à l'aspect de ses armes, et que nous lui abandonnions nos alliés ; j'arrive avec la rapidité de l'éclair.

Soldats ! j'étais entouré de vous, lorsque le souverain d'Autriche vint à mon bivouac de Moravie; vous l'avez entendu implorer ma clémence et me jurer une amitié éternelle. Vainqueurs dans trois guerres, l'Autriche a dû tout à notre générosité; trois fois elle a été parjure !!! Nos succès passés sont un sûr garant de la victoire qui nous attend.

Marchons donc, et qu'à notre aspect l'ennemi reconnaisse son vainqueur !

---

1. Ouverture de la seconde campagne d'Autriche.

XXXIV

A LA GRANDE ARMÉE.

Ratisbonne, le 24 avril 1809.

Soldats !

Vous avez justifié mon attente : vous avez suppléé au nombre par votre courage ; vous avez glorieusement marqué la différence qui existe entre les soldats de César et les armées de Xerxès.

En peu de jours, nous avons triomphé dans les trois batailles de Tann, d'Abensberg et d'Eckmühl, et dans les combats de Peissing, Lanshut et Ratisbonne. Cent pièces de canon, quarante drapeaux, cinquante mille prisonniers, trois équipages attelés, trois mille voitures attelées portant les bagages, toutes les caisses des régiments, voilà le résultat de la rapidité de vos marches et de votre courage.

L'ennemi, enivré par un cabinet parjure, paraissait ne plus conserver aucun souvenir de vous ; son réveil a été prompt ; vous lui avez paru plus terrible que jamais. Naguère il a traversé l'Inn et envahi le territoire de nos alliés ; naguère il se promettait de porter la guerre au sein de notre patrie. Aujourd'hui, défait, épouvanté, il fuit en désordre ; déjà mon avant-garde a passé l'Inn; avant un mois nous serons à Vienne.

XXXV

A LA GRANDE ARMÉE.

Schoënbrunn, le 14 mai 1809.

Soldats ! Un mois après que l'ennemi a passé l'Inn, au même jour, à la même heure, nous sommes entrés dans Vienne. Ses landwehrs, ses levées en masse, ses remparts créés par la rage impuissante des princes de la maison de Lorraine, n'ont point soutenu vos regards. Les princes de cette maison ont abandonné leur capitale, non comme des soldats d'honneur qui cèdent aux circonstances et aux revers de la guerre, mais comme des parjures que poursuivent leurs propres remords. En fuyant de Vienne, leurs adieux à ses habitants ont été le meurtre et l'incendie : comme Médée, ils ont de leurs propres mains égorgé leurs enfants.

Soldats ! le peuple de Vienne, selon l'expression de la députation de ses faubourgs, délaissé, abandonné, veuf, sera l'objet de vos égards; j'en prends les bons habitants sous ma spéciale protection. Quant aux hommes turbulents et méchants, j'en ferai une justice exemplaire.

Soldats ! soyez bons pour les pauvres paysans et pour ce bon peuple qui a tant de droits à notre estime : ne conservons aucun orgueil de nos succès, voyons-y une preuve de cette justice divine qui punit l'ingrat et le parjure [1].

XXXVI

A L'ARMÉE D'ITALIE.

Ebersdorf, le 27 mai 1809 [2].

Soldats de l'armée d'Italie ! vous avez glorieusement atteint le but que je vous avais marqué : le Somering a été témoin de votre jonction avec la Grande Armée. Soyez les bienvenus ! Je suis content de vous ! Surpris par un ennemi perfide, avant que vos

---

1. Les sentiments d'humanité de Napoléon sont confirmés par tous les écrivains militaires du temps, de Fezensac à Jean Coignet. — « Le malheur voulut, dit ce dernier, que le feu prit » à une jolie maison bourgeoise (à Elchingen) ; il ne fut pas » possible de la sauver. L'empereur dit, dans sa colère : « Vous » la paierez. Je vais donner six cents francs et vous donnerez » un jour de votre paie. Que cela soit versé de suite au pro- » priétaire de la maison. » Nos officiers faisaient la grimace, » mais il fallut en passer par là... » (*Cahiers*, page 167.) Voyez, dans les *Souvenirs* de Montesquiou-Fezensac, le soin tout particulier que Napoléon prenait des blessés et des malades, amis ou ennemis.

2. A Essling, Napoléon avait perdu le maréchal Lannes. « C'est au moment de quitter la vie, a dit Napoléon, qu'on » s'y rattache de toutes ses forces. Lannes, le plus brave de

colonnes fussent réunies, vous avez dû rétrograder jusqu'à l'Adige. Mais lorsque vous reçûtes l'ordre de marcher en avant, vous étiez sur le champ mémorable d'Arcole, et là vous jurâtes, sur les mânes de nos héros, de triompher. Vous avez tenu parole à la bataille de la Piave, aux combats de Saint-Daniel, de Tarvis, de Goritz, vous avez pris d'assaut les forts de Malborghetto, de Pradella, et fait capituler la division ennemie retranchée dans Prevald et Laybach. Vous n'aviez pas encore passé la Drave, et déjà vingt-cinq mille prisonniers, soixante pièces de bataille, dix drapeaux avaient signalé votre valeur. Depuis, la Drave, la Save, la Muer, n'ont pu retarder votre marche. La colonne autrichienne de Jellachich, qui la première entra dans Munich, qui donna le signal des

» tous les hommes ; Lannes, privé de ses jambes, ne voulait
» pas mourir. A chaque instant, le malheureux demandait
» l'empereur ; il se cramponnait à moi de tout le reste de sa
» vie ; il ne voulait que moi, ne pensait qu'à moi. Espèce
» d'instinct ! Assurément, il aimait mieux sa femme et ses
» enfants que moi. J'étais pour lui quelque chose de vague, de
» supérieur. J'étais sa providence. Il implorait. » L'empereur aimait beaucoup le duc de Montebello. Une réelle intimité régnait entre ces deux hommes. Coignet, qui observe beaucoup et bavarde comme une pie, raconte même ceci : « Le brave ma-
» réchal Lannes arriva de Varsovie, fort mécontent des Polonais.
» Dans une discussion avec l'empereur devant le front des
» grenadiers, nous entendîmes qu'il lui disait : « Le sang d'un
» Français vaut mieux que toute la Pologne ! » L'Empereur
» lui répondit : « Si tu n'es pas content, va-t'en ! — Non ! lui
» répondit Lannes, tu as besoin de moi. » Il n'y avait que
» ce grand guerrier qui tutoyait l'Empereur. » (Les *Cahiers*, page 210.)

massacres dans le Tyrol, environnée à Saint-Michel, est tombée dans vos baïonnettes. Vous avez fait une prompte justice de ces débris dérobés à la colère de la Grande Armée.

Soldats ! cette armée autrichienne d'Italie, qui, un moment, souilla par sa présence mes provinces, qui avait la prétention de briser ma couronne de fer, battue, dispersée, anéantie, grâce à vous, sera un exemple de la vérité de cette devise : *Dio la mi dicte, guio a che la tocca ! Dieu me l'a donnée, gare à qui la touche.*

XXXVII

A LA GRANDE ARMÉE [1].

Wilkowiski, le 22 juin 1812.

Soldats !

La seconde guerre de Pologne est commencée. La première s'est terminée à Friedland et à Tilsitt : à Tilsitt, la Russie a juré éternelle alliance à la France

---

1. Ouverture de la campagne de Russie. « Le 26 juin 1812, » dit Coignet, nous passâmes le Niémen. Le prince Murat » formait l'avant-garde avec sa cavalerie ; le maréchal Davout, » avec 60,000 hommes, marchait en colonne ainsi que toute la » garde... »
Jean-Roch Coignet, né à Druyes (Yonne) en 1776 ; cultivateur ; entré au service, soldat au 1er bataillon de Seine-et-

et guerre à l'Angleterre. Elle viole aujourd'hui ses serments ! Elle ne veut donner aucune explication de son étrange conduite, que les aigles françaises n'aient repassé le Rhin, laissant par là nos alliés à sa discrétion.

La Russie est entraînée par la fatalité ! Ses destins doivent s'accomplir. Nous croirait-elle donc dégénérés ? ne serions-nous donc plus les soldats d'Austerlitz ? Elle nous place entre le déshonneur et la guerre. Le choix ne saurait être douteux. Marchons donc en avant ! passons le Niémen : portons la guerre sur son territoire. La seconde guerre de Pologne sera glorieuse aux armées françaises, comme la première ; mais la paix que nous conclurons portera avec elle sa garantie, et mettra un terme à cette orgueilleuse influence que la Russie a exercée depuis cinquante ans sur les affaires de l'Europe.

Marne en 1799 ; sapeur au 96e de ligne en 1800 ; grenadier de la garde en 1803 ; chevalier de la Légion d'Honneur en 1804 ; caporal en 1807 ; sergent en 1809; lieutenant dans la ligne en 1812; capitaine d'état-major en 1813. Mis en demi-solde en 1814 ; rentré dans l'armée en 1815, il combattit à Waterloo. Licencié et remis en demi-solde en 1815, puis retraité à Auxerre. Il fit avec Napoléon les onze grandes campagnes du Consulat et de l'Empire, et assista à 50 affaires, dont 32 batailles rangées. Officier de la Légion d'Honneur en 1831, il se mit à rédiger ses fameux *Cahiers*, qui parurent en 1851 et 1852. Coignet avait 72 ans quand il prit la plume. Les *Cahiers* du capitaine Coignet ont été réédités par M. Lorédan Larchey en 1883. La maison Hachette en a publié récemment (novembre 1887) une ma-

XXXVIII

A LA GRANDE ARMÉE [1].

Borodino, le 7 septembre 1812.

Soldats! voilà la bataille que vous avez tant désirée ; désormais, la victoire dépend de vous ; elle nous est nécessaire ; elle nous donnera l'abondance, de bons quartiers d'hiver, et un prompt retour dans la patrie. Conduisez-vous comme à Austerlitz, à Friedland, à Witepsk, à Smolensk, et que la postérité la plus reculée cite votre conduite dans cette journée ; que l'on dise de vous : *Il était à cette grande bataille sous les murs de Moscou* [2] *!*

---

gnifique édition illustrée par Le Blant. Gambetta considérait comme un véritable chef-d'œuvre le récit de la bataille de Marengo. (*Cahiers*, p. 100 à 124.)

1. « Le caractère grave et l'énergique simplicité de cette pro-
» clamation, dit M. de Norvins, contrastent avec la brillante
» exaltation des proclamations d'Italie. »

2. Nous possédons le texte de la proclamation du général Kutusow, grâce à la précaution prise par le commandant Montesquiou-Fezensac (*Souvenirs militaires*, Dumaine, édit., page 252). Le matin, les popes avaient parcouru les rangs de l'armée russe, porteurs des images religieuses et faisant agenouiller les soldats. Kutusow rappelle aux troupes les sentiments religieux dont elles sont pénétrées. — « C'est dans

XXXIX

A LA GRANDE ARMÉE.

Lutzen, le 3 mai 1813.

Soldats! Je suis content de vous! vous avez rempli mon attente! Vous avez suppléé à tout par votre bonne volonté et par votre bravoure. Vous avez, dans la célèbre journée du 2 mai, défait et mis en déroute l'armée russe et prussienne commandée par l'empereur Alexandre et le roi de Prusse. Vous avez ajouté un nouveau lustre à la gloire de

» cette croyance, s'écrie-t-il, que je veux moi-même combattre
» et vaincre. C'est dans cette croyance que je veux vaincre ou
» mourir, et que mes yeux mourants verront la victoire. Sol-
» dats, pensez à vos femmes et à vos enfants qui réclament
» votre protection ; pensez à votre empereur qui vous contem-
» ple, et avant que le soleil de demain ait disparu, vous aurez
» écrit votre foi et votre fidélité dans les champs de votre pa-
» trie, avec le sang de l'agresseur et de ses légions. » La proclamation porte bien la marque de l'âme slave. Montesquiou, en nous donnant la traduction de ce document, ajoute que les soldats reçurent à genoux les exhortations des popes.

Montesquiou, duc de Fezensac, né en 1784. Engagé volontaire au 59e de ligne en septembre 1804; sergent en janvier 1805 ; sous-lieutenant le 26 mai 1805 ; lieutenant en 1806 ; passé dans l'état-major, officier d'ordonnance du maréchal Ney ; prisonnier de guerre en 1807. Chevalier de la Légion d'Honneur en 1807, capitaine d'état-major en 1808, en mission en Espagne, créé baron de l'Empire, il fut nommé aide de mes aigles ; vous avez montré tout ce dont est capable le sang français. La bataille de Lutzen sera mise au-dessus des batailles d'Austerlitz, d'Iéna, de Friedland et de la Moskowa ! Dans la campagne passée, l'ennemi n'a trouvé de refuge contre nos armées qu'en suivant la méthode féroce des barbares ses ancêtres. Des armées de Tartares ont incendié ses campagnes, ses villes, la sainte Moscow elle-même !

Aujourd'hui ils arrivent dans nos contrées, précédés de tout ce que l'Allemagne, la France et l'Italie ont de mauvais sujets et de déserteurs, pour y prêcher la révolte, l'anarchie, la guerre civile, le meurtre. Ils se sont faits les apôtres de tous les crimes. C'est un incendie moral qu'ils voulaient allumer entre la Vistule et le Rhin, pour, selon l'usage des gouvernements despotiques, mettre des déserts entre nous et eux. Les insensés ! qu'ils connaissaient peu l'attachement à leurs souverains, la sagesse, l'esprit d'ordre et le bon sens des Allemands ! qu'ils connaissaient peu la puissance et la bravoure des Français !

camp du général Clarke, ministre de la guerre, son beau-père, et chef d'escadron en 1809. Aide de camp du maréchal Berthier en 1812, colonel du 4e de ligne à la retraite de Russie, général de brigade en 1813, employé à l'armée de Hambourg, il fit aussi la campagne de Saxe. Nommé général de division, il a publié un volume de *Souvenirs*, parmi lesquels un *Journal de la campagne de Russie*, excessivement remarquable et signalé par Sainte-Beuve. (*Lundis*. tome Ier.) Pair de France en 1832, ambassadeur à Madrid en 1838, Grand-Croix de la Légion d'Honneur en 1845, mort en 1867.

Dans une seule journée, vous avez déjoué tous ces complots parricides... Nous rejetterons ces Tartares dans leurs affreux climats qu'ils ne doivent pas franchir. Qu'ils restent dans leurs déserts glacés, séjour d'esclavage, de barbarie et de corruption, où l'homme est ravalé à l'égal de la brute. Vous avez bien mérité de l'Europe civilisée. Soldats! l'Italie, la France, l'Allemagne vous rendent des actions de grâces!

XI.

A LA GRANDE ARMÉE.

Fontainebleau, le 1er avril 1814.

Soldats! l'ennemi nous a dérobé trois marches et s'est rendu maître de Paris : il faut l'en chasser. D'indignes Français, des émigrés, auxquels nous avions pardonné, ont arboré la cocarde blanche et se sont joints à nos ennemis. Les lâches! ils recevront le prix de ce nouvel attentat. Jurons de vaincre ou de mourir[1], et de faire respecter cette cocarde tricolore qui, depuis vingt ans, nous trouve dans le chemin de la gloire et de l'honneur[2].

1. Consultez la proclamation de Gambetta après [la capitulation de Metz. (*Discours et plaidoyers choisis*, Charpentier, édit).
2. Napoléon, pendant cette terrible année 1814, avait trouvé autour de lui des traîtres, mais aussi les plus nobles cœurs.

XLI

A L'ARMÉE

Au golfe Juan, le 1er mars 1815.

Soldats ! *Nous n'avons pas été vaincus !* Deux hommes sortis de nos rangs [1] ont trahi nos lauriers, leur pays, leur prince, leur bienfaiteur. Ceux que nous avons vus pendant vingt-cinq ans parcourir l'Europe pour nous susciter des ennemis, qui ont passé leur vie à combattre contre nous dans les rangs des armées étrangères, en maudissant notre belle France, prétendraient-ils commander et enchaîner nos aigles,

---

Voici l'admirable lettre que lui écrivit le grand Carnot à la date du 24 janvier 1814 :

« Sire, aussi longtemps que le succès a couronné vos entreprises, je me suis abstenu d'offrir à Votre Majesté des services que je n'ai pas cru devoir lui être agréables. Aujourd'hui, Sire, que la mauvaise fortune met votre constance à une grande épreuve, je ne balance plus à vous faire l'offre des faibles moyens qui me restent ; c'est peu de chose sans doute que l'effort d'un bras sexagénaire, mais j'ai pensé que l'exemple d'un ancien soldat, dont les sentiments patriotiques sont connus, pourrait rallier à vos aigles beaucoup de gens... »

La défense d'Anvers fut alors confiée à Carnot. Il refusa de négocier avec Bernadotte, et ne rendit la place qu'après l'abdication de l'empereur.

1. Les maréchaux Augereau et Marmont.

eux qui n'ont jamais pu en soutenir les regards? Souffrirons-nous qu'ils héritent du fruit de nos glorieux travaux, qu'ils s'emparent de nos honneurs, de nos biens, qu'ils calomnient notre gloire? Si leur règne durait, tout serait perdu, même le souvenir de ces immortelles journées. Avec quel acharnement ils les dénaturent! Ils cherchent à empoisonner ce que le monde admire, et s'il reste encore des défenseurs de notre gloire, c'est parmi ces mêmes ennemis que nous avons combattus sur le champ de bataille. Soldats! dans mon exil, j'ai entendu votre voix, je suis arrivé à travers tous les obstacles et tous les périls.

Votre général appelé au trône par le choix du peuple, et élevé sur vos pavois, vous est rendu : venez le joindre. Arrachez ces couleurs que la nation a proscrites, et qui, pendant vingt-cinq ans, servirent de ralliement à tous les ennemis de la France. Arborez cette cocarde tricolore : vous la portiez dans nos grandes journées! Nous devons oublier que nous avons été les maîtres des nations, mais nous ne devons pas souffrir qu'aucune se mêle de nos affaires. Qui prétendrait être maître chez nous? Qui en aurait le pouvoir? Reprenez ces aigles que vous aviez à Ulm, à Austerlitz, à Iéna, à Eylau, à Friedland, à Tudela, à Eckmühl, à Essling, à Wagram, à Smolensk, à la Moskowa, à Lutzen, à Wurschen, à Montmirail. Pensez-vous que cette poignée de Français, aujourd'hui si arrogants, puissent en soutenir la vue?

Ils retourneront d'où ils viennent, et là, s'ils le veulent, ils régneront comme ils prétendent avoir régné pendant dix-neuf ans. Vos biens, vos rangs, votre gloire, les rangs et la gloire de vos enfants, n'ont pas de plus grands ennemis que ces princes que les étrangers nous ont imposés : ils sont les ennemis de notre gloire, puisque le récit de tant d'actions héroïques qui ont illustré le peuple français combattant contre eux pour se soustraire à leur joug, est leur condamnation. Les vétérans des armées de Sambre-et-Meuse, du Rhin, d'Italie, d'Egypte, de l'Ouest, de la Grande Armée, sont humiliés ; leurs honorables cicatrices sont flétries, leurs succès seraient des crimes, ces braves seraient des rebelles, si comme le prétendent les ennemis du peuple, des souverains légitimes étaient au milieu des armées étrangères. Les honneurs, les récompenses, les affections sont pour ceux qui les ont servis contre la patrie et nous.

Soldats ! venez vous ranger sous les drapeaux de votre chef. Son existence ne se compose que de la vôtre : ses droits ne sont que ceux du peuple et les vôtres : son intérêt, son honneur, sa gloire ne sont autres que votre intérêt, votre honneur et votre gloire. La victoire marchera au pas de charge ; l'aigle, avec les couleurs nationales, volera de clocher en clocher jusqu'aux tours de Notre-Dame : alors vous pourrez montrer avec honneur vos cicatrices, alors vous pourrez vous vanter de ce que vous aurez fait ; vous serez les libérateurs de la patrie ! Dans votre vieillesse, entourés et considérés de vos concitoyens, ils vous entendront avec respect raconter vos hauts faits, vous pourrez dire avec orgueil : *Et moi aussi je faisais partie de cette Grande Armée* qui est entrée deux fois dans les murs de Vienne, dans ceux de Rome, de Berlin, de Madrid, de Moscou, qui a délivré Paris de la souillure que la trahison et la présence de l'ennemi y ont empreinte. Honneur à ces braves soldats, la gloire de la patrie, et honte éternelle aux Français criminels, dans quelque rang que la fortune les ait fait naître, qui combattirent vingt-cinq ans avec l'étranger pour déchirer le sein de la patrie[1].

XLII

A L'ARMÉE[2].

Avesnes, le 14 juin 1815.

Soldats !

C'est aujourd'hui l'anniversaire de Marengo et de Friedland, qui décidèrent deux fois du destin de l'Eu-

---

1. Douze jours après, le 13 mars 1815, le maréchal Ney prononçait la phrase qui devait lui coûter la vie : *La cause des Bourbons est à jamais perdue...*
2. Ouverture de la campagne de Belgique.

rope. Alors, comme après Austerlitz, comme après Wagram, nous fûmes trop généreux; nous crûmes aux protestations et aux serments des princes que nous laissâmes sur le trône. Aujourd'hui cependant, coalisés entre eux, ils en veulent à l'indépendance et aux droits les plus sacrés de la France. Ils ont commencé la plus injuste des agressions ; marchons à leur rencontre : eux et nous, ne sommes-nous plus les mêmes hommes !

Soldats ! à Iéna, contre ces mêmes Prussiens, aujourd'hui si arrogants, vous étiez un contre trois, et à Montmirail un contre six. Que ceux d'entre vous qui ont été prisonniers des Anglais, vous fassent le récit de leurs pontons et des maux affreux qu'ils y ont soufferts.

Les Saxons, les Belges, les Hanovriens, les soldats de la confédération du Rhin gémissent d'être obligés de prêter leurs bras à la cause de princes ennemis de la justice et des droits de tous les peuples. Ils savent que cette coalition est insatiable. Après avoir dévoré douze millions de Polonais, douze millions d'Italiens, un million de Saxons, six millions de Belges, elle devra dévorer les états du second ordre de l'Allemagne.

Les insensés ! un moment de prospérité les aveugle ; l'oppression et l'humiliation du peuple français sont hors de leur pouvoir.

S'ils entrent en France, ils y trouveront leur tombeau.

Soldats ! nous avons des marches forcées à faire,

des batailles à livrer, des périls à courir ; mais avec
de la constance, la victoire sera à nous ; les droits
de l'homme et le bonheur de la patrie seront reconquis. Pour tout Français qui a du cœur, le moment
est arrivé de vaincre ou de périr.

XLIII

A L'ARMÉE.

La Malmaison, le 25 juillet 1815.

Soldats !

Quand je cède à la nécessité qui me force à m'éloigner de la brave armée française, j'emporte avec
moi l'heureuse certitude qu'elle justifiera, par les
services que la patrie attend d'elle, les éloges que
nos ennemis eux-mêmes ne peuvent pas lui refuser.
Soldats ! je suivrai vos pas, quoique absent. Je connais tous les corps, et aucun d'eux ne remportera
aucun avantage signalé que je ne rende justice au
courage qu'il aura déployé. Vous et moi, nous avons
été calomniés. Des hommes indignes d'apprécier vos
travaux ont vu dans les marques d'attachement que
vous m'avez données un zèle dont j'étais le seul objet ; que vos succès futurs leur apprennent que c'était la patrie par dessus tout que vous serviez en

m'obéissant, et que, si j'ai quelque part à votre affection, je le dois à mon ardent amour pour la France, notre mère commune.

Soldats ! encore quelques efforts et la coalition est dissoute. Napoléon vous reconnaîtra aux coups que vous allez porter. Sauvez l'honneur, l'indépendance des Français. Soyez jusqu'à la fin tels que je vous ai connus depuis vingt ans, et vous serez invincibles [1].

---

1. Comparez avec la belle proclamation de Gambetta après la victoire de Coulmiers (novembre 1870).

II

ALLOCUTIONS ET ORDRES DU JOUR

I

ORDRE AU CHEF D'ÉTAT-MAJOR DE L'ARMÉE D'ITALIE [1].

Montebello, 25 prairial an vi (13 juin 1797).

Vous voudrez bien ordonner, citoyen général, au général Brune [2] de faire écrire sur le drapeau de la 18ᵉ demi-brigade de ligne l'inscription suivante : *Brave dix-huitième! je vous connais; l'ennemi ne*

---

1. Le général Alexandre Berthier. Voy. t. Iᵉʳ, note de la page 292.
2. Sur Brune, voyez tome Iᵉʳ, note de la page 275.

tiendra pas devant vous ; et sur lui c de la 25ᵉ : *La vingt-cinquième s'est couverte de gloire*[1].

II

ORDRE DU JOUR[2].

Alexandrie, le 17 messidor an VI (5 juillet 1798).

Bonaparte, général en chef, ordonne :

ART. 1ᵉʳ. Les noms de tous les hommes de l'armée française qui ont été tués à la prise d'Alexandrie, seront gravés sur la colonne de Pompée.

2. Ils seront enterrés au pied de la colonne. Les citoyens Costas et Dutertre feront un plan qu'ils me présenteront pour l'exécution du présent ordre.

3. Cela sera mis à l'ordre de l'armée.

4. L'état-major remettra à cette commission l'état des noms des hommes tués à la prise d'Alexandrie[3].

---

1. Il y eut d'autres inscriptions sous l'Empire. Le drapeau du 81ᵉ de ligne portait celle-ci : *Un contre dix*. Le 10ᵉ hussards, montrait, sur son étendard, l'inscription suivante : *L'Empereur des Français au 10ᵉ de hussards. Valeur et discipline.*

2. Armée d'Égypte.

3. Voyez l'*Histoire des campagnes d'Égypte et de Syrie*, par Napoléon.

III

ORDRE DU JOUR.

Paris, le 18 pluviôse an VIII (7 février 1800).

Washington [1] est mort.

Ce grand homme s'est battu contre la tyrannie; il a consolidé la liberté de sa patrie; sa mémoire sera toujours chère au peuple français, comme à tous les hommes libres des deux mondes, et spécialement aux soldats français qui, comme lui et les soldats américains, se battent pour l'égalité et la liberté.

En conséquence, le Premier Consul ordonne que, pendant dix jours, des crêpes noirs seront suspendus à tous les drapeaux et guidons des troupes de la République.

---

1. George Washington, né en 1732. D'abord capitaine de milice, colonel, puis général en chef de l'armée nationale dans la révolte des colonies anglaises d'Amérique (1775). Avec l'appui d'une armée française, commandée par La Fayette et Rochambeau, il força l'Angleterre à reconnaître l'Union en 1782. Il fut élu deux fois président de la République américaine, de 1789 à 1793, et de 1793 à 1797. Mort en 1799.

IV

ORDRE DU JOUR A LA GARDE CONSULAIRE[1].

Saint-Cloud, 22 floréal an x (1802).

Le grenadier Grobbin[2] s'est suicidé pour des raisons d'amour; il était d'ailleurs bon sujet. C'est le second événement de cette nature qui arrive au corps depuis un mois[3].

Le premier Consul ordonne qu'il soit mis à l'ordre du jour qu'un soldat doit savoir vaincre la douleur et la mélancolie des passions; qu'il y a autant de vrai courage à souffrir avec constance les peines de l'âme qu'à rester fixe sous la mitraille d'une batterie[4].

1. Extrait du *Livre d'Ordres* des grenadiers à cheval de la garde consulaire.
2. M. de Las Cases donne à ce soldat le nom de *Gobain*.
3. Coignet confirme le fait. «... On nous fit part que le pre- » mier Consul devait passer dans notre caserne... Mais il » trompa son monde, il nous prit tous dans nos lits; il » était accompagné du général Lannes, son favori. Il venait » de nous arriver des malheurs; des grenadiers s'étaient sui- » cidés, on ne sut pourquoi... » (*Cahiers* du capitaine Coignet, page 142.)
4. On sait que Napoléon, lui-même, essaya de s'empoisonner à Fontainebleau, dans la nuit du 12 au 13 avril 1814. Consultez sur cette tentative de suicide le *Manuscrit de 1814*, par le baron Fain, secrétaire du cabinet de l'empereur. (Bossange, éditeur, p. 251 et suiv.) A défaut, voyez le livre de Barry O'Méara. (*Napoléon dans l'exil*).

S'abandonner au chagrin sans résister, se tuer pour s'y soustraire, c'est abandonner le champ de bataille avant d'avoir vaincu [1].

V

ALLOCUTION, DITE D'AUSTERLITZ.

Le 2 décembre 1805.

Soldats! Il faut finir cette campagne par un coup de tonnerre qui écrase nos ennemis. Ne vous attachez pas à tirer beaucoup de coups de fusil, mais plutôt à tirer juste. Ce soir, nous aurons vaincu ces peuplades du Nord qui osent se mesurer avec nous.

J'espère que les Normands se distingueront aujourd'hui [2].

Souvenez-vous qu'il y a longtemps que je vous ai surnommé *Le Terrible* [3].

---

1. Plusieurs écrivains modernes, — notamment Alphonse Karr (dans le roman *Sous les Tilleuls*) — sont d'un avis contraire. Quoi qu'il en soit, Napoléon applique ici les idées contenues dans son célèbre essai sur *Le Suicide*. (Treizième partie de ses *Œuvres*.)

2. Le jour vient de paraître, éclairé par un magnifique soleil. L'empereur passe à cheval devant le front de l'armée. Il rencontre d'abord le 28e de ligne, recruté en grande partie dans le département du Calvados.

3. L'empereur s'adresse ici au 57e de ligne.

VI

ORDRE DU JOUR.

Fontainebleau, le 4 avril 1814.

L'empereur remercie l'armée pour l'attachement qu'elle lui témoigne, et principalement parce qu'elle reconnaît que la France est en lui, et non pas dans le peuple de la capitale. Le soldat suit la fortune et l'infortune de son général, son honneur et sa religion. Le duc de Raguse[1] n'a pas inspiré ces sentiments à ses compagnons d'armes ; il est passé aux alliés. L'empereur ne peut approuver la condition sous laquelle il a fait cette démarche ; il ne peut accepter la vie ni la liberté de la merci d'un sujet. Le Sénat s'est permis de disposer du gouvernement français ; il a oublié qu'il doit à l'empereur le pouvoir dont il abuse maintenant ; que c'est lui qui a sauvé une partie de ses membres de l'orage de la Révolution, tiré de l'obscurité et protégé l'autre contre la haine de la nation. Le Sénat se fonde sur les articles de la Constitution pour la renverser ; il ne rougit pas de faire des reproches à l'empereur, sans remarquer que, comme le premier corps de l'Etat, il a pris part à tous les événements. Il est allé si loin qu'il a osé

1. Le maréchal Marmont.

accuser l'empereur d'avoir changé des actes dans la publication ; le monde entier sait qu'il n'avait pas besoin de tels artifices : un signe était un ordre pour le Sénat, qui toujours faisait plus qu'on ne désirait de lui. L'empereur a toujours été accessible aux sages remontrances de ses ministres, et il attendait d'eux, dans cette circonstance, une justification la plus indéfinie des mes... qu'il avait prises. Si l'enthousiasme s'est mêlé dans les adresses et discours publics, alors l'empereur a été trompé ; mais ceux qui ont tenu ce langage doivent s'attribuer à eux-mêmes la suite funeste de leurs flatteries. Le Sénat ne rougit pas de parler des libelles publiés contre les gouvernements étrangers ; il oublie qu'ils furent rédigés dans son sein. Si longtemps que la fortune s'est montrée fidèle à leur souverain, ces hommes sont restés fidèles, et nulle plainte n'a été entendue sur les abus du pouvoir. Si l'empereur avait méprisé les hommes, comme on le lui a reproché, alors le monde reconnaîtrait aujourd'hui qu'il a eu des raisons qui motivaient son mépris. Il tenait sa dignité de Dieu et de la nation ; eux seuls pouvaient l'en priver : il l'a toujours considérée comme un fardeau, et lorsqu'il l'accepta, c'était dans la conviction que lui seul était à même de la porter dignement. Son bonheur paraissait être sa destination : aujourd'hui que la fortune s'est décidée contre lui, la volonté de la nation seule pourrait le persuader de rester plus longtemps sur le trône. S'il se doit considérer comme le seul obstacle à la paix, il fait ce dernier sacrifice à la France : il a, en conséquence, envoyé le prince de la Moskowa et les ducs de Vicence et de Tarente[1] à Paris, pour entamer les négociations. L'armée peut être certaine que son bonheur ne sera jamais en contradiction avec le bonheur de la France.

VII

DERNIÈRE ALLOCUTION A LA GARDE IMPÉRIALE.

Fontainebleau, le 20 avril 1814, à midi.

Officiers, sous-officiers et soldats de ma vieille garde ! je vous fais mes adieux. Depuis vingt ans, je vous ai trouvés constamment sur le chemin de l'honneur et de la gloire. Dans ces derniers temps, comme dans ceux de ma prospérité, vous n'avez cessé d'être des modèles de bravoure et de fidélité. Avec des hommes tels que vous, notre cause n'était pas perdue ; mais la guerre était interminable ; c'eût été la guerre civile et la France n'en serait devenue que plus malheureuse. J'ai donc sacrifié tous nos intérêts à ceux de la patrie. Je pars ! Vous, mes amis, continuez de servir la France. Son bonheur était mon unique pensée : il sera toujours l'objet de mes vœux ! Ne plaignez pas mon sort. Si j'ai consenti à me sur-

1. Ney, Caulaincourt et Macdonald.

vivre, c'est pour servir encore votre gloire. Je veux écrire les grandes choses que nous avons faites ensemble... Adieu, mes enfants, je voudrais vous embrasser tous sur mon cœur ; que j'embrasse au moins votre général.

Venez, général Petit, que je vous presse sur mon cœur[1] ! Qu'on m'apporte l'aigle...[2] Ah ! chère aigle, puisse le baiser que je te donne retentir dans la postérité ! Adieu, mes enfants, mes vœux vous accompagneront toujours ; conservez mon souvenir...[3]

Adieu, mes enfants... Adieu, encore une fois, mes vieux compagnons. Que ce dernier baiser passe dans tous vos cœurs[4] !

---

1. Il embrasse Petit.
2. Napoléon prend l'aigle de la garde dans ses bras.
3. Il fait quelques pas, son émotion est de plus en plus visible. Une seconde fois, il revient vers le général Petit.
4. Nous avons suivi le texte donné par Abel Hugo (1833). A notre avis, c'est le meilleur et le plus marqué au coin du style napoléonien. Il existe toutefois une variante consacrée par plusieurs réimpressions, — celle publiée d'abord par M. A. Pujol. (Œuvres choisies de Napoléon, 1843). Voici cette variante :

« Les puissances alliées ont armé toute l'Europe contre moi ;
» une partie de l'armée a trahi ses devoirs, et la France elle-
» même a voulu d'autres destinées.

» Avec vous et les braves qui me sont restés fidèles, j'aurais
» pu entretenir la guerre civile pendant trois ans ; mais la
» France eût été malheureuse, ce qui était contraire au but que
» je me suis proposé.

» Soyez fidèles au nouveau roi que la France s'est choisi ;
» n'abandonnez pas notre chère patrie, trop longtemps mal-

VIII

ALLOCUTION AU 4ᵉ RÉGIMENT D'ARTILLERIE.

Grenoble, le 8 mars 1815.

Artilleurs ! c'est parmi vous que j'ai fait mes premières armes ; je vous aime tous comme d'anciens camarades. Je vous ai suivis sur le champ de bataille, et

» heureuse ! Aimez-la toujours, aimez-la bien, cette chère pa-
» trie !

» Ne plaignez pas mon sort ; je serai toujours heureux, lors-
» que je saurai que vous l'êtes.

» J'aurais pu mourir ; rien ne m'eût été plus facile ; mais je
» suivrai sans cesse le chemin de l'honneur. J'ai encore à
» écrire ce que nous avons fait. »

Malgré notre grand respect pour l'honorable éditeur de ce fragment, nous avons cru devoir le rejeter de notre édition. Il y a là des expressions inadmissibles pour quiconque a étudié avec soin l'œuvre écrite et parlée de Napoléon Bonaparte. Que penser de ceci : *La France elle-même a voulu d'autres destinées... Soyez fidèles au nouveau roi que la France s'est choisi...?* Napoléon pensait trop que Louis XVIII était sorti des fourgons de l'étranger pour employer de pareilles expressions. Il eût profondément froissé, en s'en servant, le cœur de ses vieux braves. D'ailleurs, comme tous les grands artistes en prose et en vers, Napoléon a son poinçon, son coin personnels, — c'est-à-dire un style et des façons de penser aisément reconnaissables.

Les adieux à la garde eurent lieu dans la cour du Cheval-blanc, au bas de l'escalier du Fer-à-cheval (palais de Fontainebleau). Cette cour a pris, depuis, le nom de *Cour des Adieux*. La peinture a immortalisé cette scène grandiose de César se j'ai toujours été content de vous¹ ; mais j'espère que nous n'aurons pas besoin de vos canons. Il faut à la France de la modération et du repos. L'armée jouira, dans le sein de la paix, du bien que je lui ai déjà fait et que je lui ferai encore. Les soldats ont trouvé en moi leur père ; ils peuvent compter sur les récompenses qu'ils ont méritées².

séparant de ses vieilles légions. Beau tableau d'Horace Vernet. Consultez aussi un curieux dessin de Charlet, page 419 du *Napoléon* d'Abel Hugo. (Perrotin, édit. 1833.)

En dehors de la garde et des commissaires étrangers, dix-neuf personnes assistaient aux adieux de Fontainebleau. L'histoire nous a conservé leurs noms : 1º général Bertrand, grand-maréchal du palais; 2º Maret, duc de Bassano; 3º général Belliard; 4º colonel de Bussy; 5º colonel baron Anatole de Montesquiou, officier d'ordonnance; 6º comte de Turenne, chambellan; 7º général Fouler; 8º baron Mesgrigny; 9º colonel Gourgaud; 10º baron Fain, secrétaire de l'empereur; 11º lieutenant-colonel Athalin; 12º baron de La Place; 13º baron Leborgne d'Ideville; 14º chevalier Jouanne; 15º général Kosakowski; 16º colonel Wonsowitch, ces deux derniers Polonais; 17º général Drouot, gouverneur de l'île d'Elbe; 18º général Cambronne; 19º capitaine Jean Coignet.

1. Napoléon était entré au 4º d'artillerie, ancien *Grenoble-artillerie*, le 1ᵉʳ juin 1791, avec le grade de lieutenant en premier. Il y fut nommé capitaine, le 6 février 1792, et ne quitta ce régiment que le 29 septembre 1793, pour passer chef de bataillon au 2º d'artillerie.

2. L'empereur venait de débarquer au Golfe Juan, le 1ᵉʳ mars 1815.

IX

ALLOCUTION A L'ARMÉE.

Paris, le 21 mars 1815.

Soldats ! je suis venu avec six cents hommes en France, parce que je comptais sur l'amour du peuple et sur le souvenir des vieux soldats. Je n'ai pas été trompé dans mon attente. Soldats ! je vous en remercie. La gloire de ce que nous venons de faire est toute au peuple et à vous. La mienne se réduit à vous avoir connus et appréciés[1].

Soldats ! voilà les officiers du bataillon qui m'a accompagné dans mon malheur ; ils sont tous mes amis ; ils étaient chers à mon cœur. Toutes les fois que je les voyais, ils me représentaient les différents régiments de l'armée. Dans mes six cents braves, il y a des hommes de tous les régiments ; tous me rappelaient ces grandes journées dont le souvenir m'est si cher : car tous sont couverts d'honorables cicatrices reçues à ces batailles mémorables. En les aimant, c'est vous tous, soldats de l'armée française, que j'aimais. Ils vous rapportent ces aigles ; qu'elles

---

1. A ce moment apparaissent le général Cambronne et les officiers du bataillon de l'île d'Elbe porteurs des anciennes aigles de la garde.

vous servent de ralliement : en les donnant à la garde, je les donne à toute l'armée. La trahison et des circonstances malheureuses les avaient couvertes d'un voile funèbre ; mais, grâce au peuple français et à vous, elles reparaissent resplendissantes de toute leur gloire. Jurez qu'elles se trouveront toujours et partout où l'intérêt de la patrie les appellera ; que les traîtres et ceux qui voudraient envahir notre territoire n'en puissent jamais soutenir les regards[1] !

---

[1]. Texte reproduit par M. de Norvins. Et dire qu'une certaine école refuse le titre de grand écrivain à un aussi magnifique orateur, à un artiste si vibrant et si imagé ! Ce n'était l'avis ni de Sainte-Beuve, ni de Théophile Gautier, ni de Balzac et encore moins de Victor Hugo, lesquels, ce me semble, avaient le droit d'être difficiles en littérature.

III

PROCLAMATIONS POLITIQUES

I

A LA RÉPUBLIQUE CISALPINE [1].

Du 11 messidor an v (29 juin 1797).

La république cisalpine était depuis longtemps sous la domination de la maison d'Autriche : la République française a succédé à celle-ci par droit de conquête, elle y renonce dès ce jour, et la république cisalpine est libre et indépendante. Reconnue par la France et par l'empereur, elle le sera bientôt par toute l'Europe.

1. Texte de l'édition Bolin-Charpentier, 1843.

Le directoire de la République française, non content d'avoir employé son influence et les victoires des armées républicaines pour assurer l'existence politique de la république cisalpine, ne borne pas là ses soins. Convaincu que si la liberté est le premier des biens, une révolution entraîne à sa suite le plus terrible des fléaux, il donne au peuple cisalpin sa propre constitution, le résultat des connaissances de la nation la plus éclairée.

Du régime militaire le peuple cisalpin doit donc passer à un régime constitutionnel.

Afin que ce passage puisse s'effectuer sans secousse, sans anarchie, le directoire exécutif a cru devoir, pour cette seule fois, faire nommer les membres du gouvernement et du corps législatif, de manière que le peuple ne nommera qu'après un an aux places vacantes, conformément à la constitution.

Depuis longtemps il n'existait plus de républiques en Italie. Le feu sacré de la liberté y était étouffé, et la plus belle partie de l'Europe était sous le joug des étrangers.

C'est à la république cisalpine à montrer au monde, par sa sagesse, par son énergie et par la bonne organisation de ses armées, que l'Italie moderne n'a pas dégénéré, et qu'elle est encore digne de la liberté[1].

1. Quelques mois après, le traité de Campo-Formio était signé et Bonaparte se trouvait à Paris. On lit dans le *Moniteur*

II

AU PEUPLE FRANÇAIS.

Paris, le 19 brumaire an VIII, à onze heures du soir (10 novembre 1799).

A mon retour à Paris, j'ai trouvé la division dans toutes les autorités et l'accord établi sur cette seule vérité, que la Constitution était à moitié détruite et ne pouvait sauver la liberté.

Tous les partis sont venus à moi, tous m'ont confié leurs desseins, dévoilé leurs secrets et ont demandé mon appui ; j'ai refusé d'être l'homme d'un parti.

Le conseil des Anciens m'a appelé ; j'ai répondu à son appel. Un plan de restauration générale avait été concerté par des hommes en qui la nation est accoutumée à voir des défenseurs de la liberté, de l'égalité, de la propriété. Ce plan demandait un examen calme,

---

du 10 décembre 1797 : « Le général Bonaparte est descendu et
» loge dans la maison de son épouse, rue Chantereine, chaus-
» sée d'Antin. Cette maison est simple et sans luxe. On pré-
» tend qu'il repartira le 26 pour Rastadt. Il sort rarement et
» sans suite, dans une simple voiture à deux chevaux. On le
» voit assez souvent se promener seul dans son modeste jar-
» din. » C'est en se promenant ainsi qu'il prépara l'expédition d'Egypte.

libre, exempt de toute influence et de toute crainte. En conséquence, le conseil des Anciens a résolu la translation du corps législatif à Saint-Cloud; il m'a chargé de la disposition de la force nécessaire à son indépendance. J'ai cru devoir à mes concitoyens, aux soldats périssant dans nos armées, à la gloire nationale acquise au prix de leur sang, d'accepter le commandement.

Les conseils se rassemblent à Saint-Cloud, les troupes républicaines garantissent la sûreté au dehors; mais des assassins établissent la terreur au dedans; plusieurs députés du conseil des Cinq-Cents, armés de stylets et d'armes à feu, font circuler autour d'eux des menaces de mort.

Les plans qui devaient être développés sont resserrés, la majorité désorganisée, les orateurs les plus intrépides déconcertés, et l'inutilité de toute proposition sage évidente.

Je porte mon indignation et ma douleur au conseil des Anciens, je lui demande d'assurer l'exécution de ses généreux desseins ; je lui représente les maux de la patrie qui les lui ont fait concevoir; il s'unit à moi par de nouveaux témoignages de sa constante volonté.

Je me présente au conseil des Cinq-Cents, seul, sans armes, la tête découverte, tel que les Anciens m'avaient reçu et applaudi ; je venais rappeler à la majorité ses volontés et l'assurer de son pouvoir.

Les stylets qui menaçaient les députés sont aussitôt levés sur leur libérateur; vingt assassins se précipitent sur moi et cherchent ma poitrine. Les grenadiers du corps législatif, que j'avais laissés à la porte de la salle, accourent et se mettent entre les assassins et moi. L'un de ces braves grenadiers (Thomé) est frappé d'un coup de stylet dont ses habits sont percés : ils m'enlèvent.

Au même moment les cris de *hors la loi!* se font entendre contre le défenseur de la loi. C'était le cri farouche des assassins contre la force destinée à les réprimer.

Ils se pressent autour du président, la menace à la bouche; les armes à la main, ils lui ordonnent de prononcer le *hors la loi*. L'on m'avertit, je donne ordre de l'arracher à leur fureur, et six grenadiers du corps législatif s'en emparent. Aussitôt après, des grenadiers du corps législatif entrent au pas de charge dans la salle et la font évacuer.

Les factieux intimidés se dispersent et s'éloignent. La majorité, soustraite à leurs coups, rentre librement et paisiblement dans la salle de ses séances, entend les propositions qui devaient lui être faites pour le salut public, délibère et prépare la résolution salutaire qui doit devenir la loi nouvelle et provisoire de la République.

Français ! vous reconnaissez sans doute à cette conduite le zèle d'un soldat de la liberté, d'un citoyen dévoué à la République. Les idées conservatrices, tutélaires, libérales, sont rentrées dans leurs droits par la dispersion des factieux qui opprimaient les conseils, et qui, pour être devenus les plus odieux des hommes, n'ont pas cessé d'être les plus méprisables.

III

AU PEUPLE FRANÇAIS.

Paris, le 21 brumaire an VIII (12 novembre 1799[1]).

La Constitution de l'an III périssait; elle n'avait su ni garantir vos droits, ni se garantir elle-même. Des atteintes multipliées lui ravissaient sans retour le

---

1. « Quelques jours avant le 18 Brumaire, Bonaparte se
» trouvait dans la propriété de son frère Joseph, à Mortefon-
» taine. Voulant parler plus librement avec Regnault de Saint-
» Jean-d'Angély des événements qui se préparaient, il lui pro-
» posa de venir se promener avec lui à cheval. Comme les
» deux cavaliers galopaient, à bride abattue, le long des
» étangs, à travers les rochers, le cheval de Bonaparte, se
» heurtant contre une pierre que le sable recouvrait, s'abattit,
» et voilà le général lancé avec une violence effrayante à
» douze ou quinze pieds de sa monture. Regnault saute à bas
» de la sienne, court à lui, le trouve sans connaissance; plus
» de pouls, plus de respiration; il le croit mort. Ce n'était
» qu'une fausse alerte. Au bout de quelques minutes, Bona-
» parte, sans fracture, sans blessure, sans contusion, reprend
» connaissance, et remonte à cheval. « Ah! général, s'écrie son

respect du peuple; des factions haineuses et cupides se partageaient la République. La France approchait enfin du dernier terme d'une désorganisation générale.

Les patriotes se sont entendus. Tout ce qui pouvait vous nuire a été écarté; tout ce qui pouvait vous servir, tout ce qui était resté pur dans la représentation nationale s'est réuni sous les bannières de la liberté.

Français! la République, raffermie et replacée dans l'Europe au rang qu'elle n'aurait jamais dû perdre, verra se réaliser toutes les espérances des citoyens, et accomplira ses glorieuses destinées.

Prêtez avec nous le serment que nous faisons d'être fidèles à la République, une et indivisible, fondée sur l'égalité, la liberté et le système représentatif.

Par les Consuls de la République :

Roger-Ducos, Bonaparte, Sieyès.

» compagnon, quelle peur vous m'avez faite! » — Et Bonaparte » dit en riant : « Voici pourtant une petite pierre contre la- » quelle tous nos projets ont failli se briser. » Cela était vrai : » cette petite pierre pouvait changer le sort du monde. » (Imbert de Saint-Amand, *La Citoyenne Bonaparte*, pages 311-312.)

Le château de Mortefontaine, près le village de ce nom, non loin de Plailly (Oise), contient un admirable parc, cher aux poètes et aux peintres depuis Corot. Ce parc, créé en 1770 par un président au parlement de Paris, devint, en 1798, la propriété de Joseph Bonaparte, et passa au prince de Condé en 1827. Il appartient aujourd'hui à madame Corbin.

C'est au château de Mortefontaine que fut signée, en 1803,

IV

AUX FRANÇAIS.

Paris, le 4 nivôse an VIII (25 décembre 1799).

Rendre la République chère aux citoyens, respectable aux étrangers, formidable aux ennemis, telles sont les obligations que nous avons contractées en acceptant la première magistrature.

Elle sera chère aux citoyens, si les lois, si les actes de l'autorité sont toujours empreints de l'esprit d'ordre, de justice, de modération.

Sans l'ordre, l'administration n'est qu'un chaos; point de finances, point de crédit public; et avec la fortune de l'Etat s'écroulent les fortunes particulières. Sans justice, il n'y a que des partis, des oppresseurs et des victimes.

La modération imprime un caractère auguste aux gouvernements comme aux nations. Elle est toujours la compagne de la force et de la durée des institutions sociales.

la convention maritime relative au droit des neutres entre la France et l'Amérique. Le mariage de Murat et de Caroline Bonaparte eut lieu au village de Plailly.

La République sera imposante aux étrangers, si elle sait respecter dans leur indépendance le titre de sa propre indépendance ; si ses engagements préparés par la sagesse, formés par la franchise, sont gardés par la fidélité.

Elle sera enfin formidable aux ennemis si ses armées de terre et de mer sont fortement constituées, si chacun de ses défenseurs trouve une famille dans le corps auquel il appartient, et dans cette famille un héritage de vertus et de gloire ; si l'officier, formé par de longues études, obtient par un avancement régulier la récompense due à ses talents et à ses services.

A ces principes tiennent la stabilité du gouvernement, les succès du commerce et de l'agriculture, la grandeur et la prospérité des nations.

En les développant, nous avons tracé la règle qui doit nous juger. Français ! nous vous avons dit nos devoirs ; ce sera vous qui nous direz si nous les avons remplis.

V

AUX FRANÇAIS.

Paris, le 21 messidor an IX (10 juillet 1801) [1].

Français !

Ce jour est destiné à célébrer cette époque d'espérance et de gloire où tombèrent des institutions barbares ; où vous cessâtes d'être divisés en deux peuples, l'un condamné aux humiliations, l'autre marqué pour les distinctions et pour les grandeurs ; où vos propriétés furent libres comme vos personnes ; où la féodalité fut détruite, et avec elle ces nombreux abus que des siècles avaient accumulés sur vos têtes.

Cette époque, vous la célébrâtes en 1790 dans l'union des mêmes principes, des mêmes sentiments, des mêmes vœux. Vous l'avez célébrée depuis, tantôt au milieu des triomphes, tantôt sous le poids des fers, quelquefois aux cris de la discorde et des factions.

Vous la célébrez aujourd'hui sous de plus heureux auspices. La discorde se tait, les factions sont comprimées ; l'intérêt de la patrie règne sur tous les intérêts. Le gouvernement ne connaît d'ennemis que ceux qui le sont de la tranquillité du peuple.

---

1. Elle fut lue au peuple, le 25 messidor, pendant la fête destinée à célébrer l'anniversaire du 14 juillet.

La paix continentale a été conclue par la modération. Votre puissance et l'intérêt de l'Europe en garantissent la durée.

Vos frères, vos enfants, rentrent dans vos foyers, tous dévoués à la cause de la liberté, tous unis pour assurer le triomphe de la République.

Bientôt cessera le scandale des divisions religieuses.

Un Code civil, mûri par la sage lenteur des discussions, protégera vos propriétés et vos droits.

Enfin une dure, mais utile expérience, vous garantit du retour des dissensions domestiques et sera longtemps la sauvegarde de votre prospérité.

Jouissez, Français! jouissez de votre position, de votre gloire et des espérances de l'avenir; soyez toujours fidèles à ces principes et à ces institutions qui ont fait vos succès et qui feront la grandeur et la félicité de vos enfants. Que de vaines inquiétudes ne troublent jamais vos spéculations ni vos travaux. Vos ennemis ne peuvent plus rien contre votre tranquillité.

Tous les peuples envient vos destinées.

VI

AUX FRANÇAIS.

Paris, le 18 brumaire an x (9 novembre 1801).

Français !

Vous l'avez enfin tout entière, cette paix que vous avez méritée par de si longs et de si généreux efforts[1] !

Le monde ne vous offre plus que des nations amies ; et sur toutes les mers s'ouvrent pour vos vaisseaux des ports hospitaliers.

Fidèle à vos vœux et à ses promesses, le gouvernement n'a cédé ni à l'ambition des conquêtes, ni à l'attrait des entreprises hardies et extraordinaires. Son devoir était de rendre le repos à l'humanité et de rapprocher par des liens solides et durables cette grande famille européenne dont la destinée est de faire les destinées de l'univers.

Sa première tâche est remplie ; une autre commence pour vous et pour lui. A la gloire des combats faisons succéder une gloire plus douce pour les citoyens, moins redoutable pour nos voisins.

---

1. Les préliminaires de paix entre la France et l'Angleterre avaient été signés le 1er octobre.

Perfectionnons, mais surtout apprenons aux générations naissantes à chérir nos institutions et nos lois. Qu'elles croissent pour l'égalité civile, pour la liberté publique, pour la prospérité nationale ! Portons dans les ateliers de l'agriculture et des arts cette ardeur, cette constance, cette patience qui ont étonné l'Europe dans toutes nos circonstances difficiles. Unissons aux efforts du gouvernement les efforts des citoyens pour enrichir, pour féconder, toutes les parties de notre vaste territoire.

Soyons le lien et l'exemple des peuples qui nous environnent. Que l'étranger qu'un intérêt de curiosité attirera parmi nous, s'y arrête, attaché par le charme de nos mœurs, par le spectacle de notre union, de notre industrie et par l'attrait de nos jouissances ; qu'il s'en retourne dans sa patrie plus ami du nom français, plus ami et meilleur.

S'il reste encore des hommes que tourmente le besoin de haïr leurs concitoyens, ou qu'aigrisse le souvenir de leurs pertes, d'immenses contrées les attendent ; qu'ils osent aller y chercher des richesses et l'oubli de leurs infortunes et de leurs peines. Les regards de la patrie les y suivront ; elle secondera leur courage ; un jour, heureux de leurs travaux, ils reviendront dans son sein, dignes d'être citoyens d'un état libre, et corrigés du délire des persécutions.

Français ! il y a deux ans, ce même jour vit terminer vos dissensions civiles, s'anéantir toutes les factions ! Dès lors vous pûtes concentrer votre énergie, embrasser tout ce qui est grand aux yeux de l'humanité, tout ce qui est utile aux intérêts de la patrie : partout le gouvernement fut votre guide et votre appui. Sa conduite sera constamment la même. Votre grandeur fait la sienne, et votre bonheur est la seule récompense à laquelle il aspire.

VII

AUX FRANÇAIS.

Paris, le 27 germinal an x (17 avril 1802).

Français !

Du sein d'une révolution inspirée par l'amour de la patrie, éclatèrent tout à coup au milieu de vous des dissensions religieuses qui devinrent le fléau de vos familles, l'aliment des factions et l'espoir de vos ennemis.

Une politique insensée tâcha de les étouffer sous les ruines de la religion même. A sa voix cessèrent les pieuses solennités où les citoyens s'appelaient du doux nom de frères, et se reconnaissaient tous égaux sous la main de Dieu qui les avait créés ; le mourant, seul avec sa douleur, n'entendit plus cette voix consolante qui appelle les chrétiens à une meilleure vie, et Dieu même sembla exilé de la nature.

Mais la conscience publique, mais le sentiment de l'indépendance des opinions se soulevèrent, et bientôt, égarés par les ennemis du dehors, leur explosion porta le ravage dans nos départements ; des Français oublièrent qu'ils étaient Français et devinrent les instruments d'une haine étrangère.

D'un autre côté, les passions déchaînées, la morale sans appui, le malheur sans espérance de l'avenir, tout se réunissait pour porter le désordre dans la société.

Pour arrêter ce désordre, il fallait rasseoir la religion sur sa base, et on ne pouvait le faire que par des mesures avouées par la religion même.

C'était au Souverain Pontife que l'exemple des siècles et la raison commandaient de recourir, pour rapprocher les opinions et réconcilier les cœurs.

Le chef de l'Église a pesé, dans sa sagesse et dans l'intérêt de l'Église, les propositions que l'intérêt de l'État avait dictées ; sa voix s'est fait entendre aux pasteurs : ce qu'il approuve, le gouvernement l'a consenti, et les législateurs en ont fait une loi de la République [1].

Ainsi disparaissent tous les éléments de discorde ; ainsi s'évanouissent tous les scrupules qui pouvaient

---

1. Le Concordat, proclamé le 18 germinal an x (8 avril 1802).

alarmer les consciences, et tous les obstacles que la malveillance pouvait opposer au retour de la paix intérieure.

Ministres d'une religion de paix, que l'oubli le plus profond couvre vos dissensions, vos malheurs et vos fautes ; que cette union qui vous unit, vous attache tous par les mêmes nœuds, par des nœuds indissolubles, aux intérêts de la patrie.

Déployez pour elle tout ce que votre ministère vous donne de force et d'ascendant sur les esprits ; que vos leçons et vos exemples forment les jeunes citoyens à l'amour de nos institutions, au respect et à l'attachement pour les autorités tutélaires qui ont été créées pour les protéger ; qu'ils apprennent que le Dieu de la paix est aussi le Dieu des armées, et qu'il combat avec ceux qui défendent la liberté et l'indépendance de la France.

Citoyens qui professez les religions protestantes, la loi a également étendu sur vous sa sollicitude. Que cette morale si sainte, si pure, si fraternelle, vous unisse tous dans le même amour pour la patrie, dans le même respect pour ses lois, dans la même affection pour tous les membres de la grande famille.

VIII

AUX FRANÇAIS.

Paris, le 21 messidor an x (10 juillet 1802).

Français,

Le 14 juillet commença, en 1789, les nouvelles destinées de la France. Après treize ans de travaux, le 14 juillet revient plus cher pour vous, plus auguste pour la postérité. Vous avez vaincu tous les obstacles, et vos destinées sont accomplies. Au dedans, plus de tête qui ne fléchisse sous l'empire de l'égalité ; au dehors, plus d'ennemi qui menace votre sûreté et votre indépendance, plus de colonie française qui ne soit soumise aux lois, sans lesquelles il ne peut exister de colonies. Du sein de vos ports le commerce appelle votre industrie et vous offre les richesses de l'univers ; dans l'intérieur, le génie de la République féconde tous les germes de la prospérité.

Français ! que cette époque soit pour nous et pour nos enfants l'époque d'un bonheur durable ; que cette paix s'embellisse par l'union des vertus, des lumières et des arts ; que des institutions assorties à notre caractère environnent nos lois d'une impénétrable enceinte; qu'une jeunesse avide d'instruction aille dans nos lycées apprendre à connaître ses devoirs et ses droits; que l'histoire de nos malheurs la garantisse des erreurs passées et qu'elle conserve, au sein de la sagesse et de la concorde, cet édifice de grandeur qu'a élevé le courage des citoyens.

Tels sont le vœu et l'espoir du gouvernement français; secondez ses efforts, et la félicité de la France sera immortelle comme sa gloire!

IX

AUX DIX-NEUF CANTONS DE LA RÉPUBLIQUE HELVÉTIQUE.

Saint-Cloud, le 8 vendémiaire an XI (30 septembre 1802).

Habitants de l'Helvétie,

Vous offrez depuis deux ans un spectacle affligeant. Des factions opposées se sont successivement emparées du pouvoir; elles ont signalé leur empire passager par un système de partialité qui accusait leur faiblesse et leur inhabileté.

Dans le courant de l'an X, votre gouvernement a désiré que l'on retirât le petit nombre de troupes françaises qui étaient en Helvétie. Le gouvernement français a saisi volontiers cette occasion d'honorer votre indépendance ; mais bientôt après vos différents partis se sont agités avec une nouvelle fureur ; le sang des Suisses a coulé par la main des Suisses.

Vous vous êtes disputés trois ans sans vous entendre ; si l'on vous abandonne plus longtemps à vous-mêmes, vous vous tuerez trois ans sans vous entendre davantage. Votre histoire prouve, d'ailleurs, que vos guerres intestines n'ont jamais pu se terminer que par l'intervention efficace de la France.

Il est vrai que j'avais pris le parti de ne me mêler en rien de vos affaires; j'avais vu constamment vos différents gouvernements me demander des conseils et ne pas les suivre, et quelquefois abuser de mon nom, selon leurs intérêts et leurs passions.

Mais je ne puis ni ne dois rester insensible au malheur auquel vous êtes en proie; je reviens sur ma résolution : je serai le médiateur de vos différends; mais ma médiation sera efficace, telle qu'il convient au grand peuple au nom duquel je parle.

Cinq jours après la notification de la présente proclamation, le sénat se réunira à Berne.

Toute magistrature qui se serait formée à Berne depuis la capitulation sera dissoute et cessera de se réunir et d'exercer aucune autorité.

Les préfets se rendront à leurs postes.

Toutes les autorités qui auraient été formées cesseront de se réunir.

Les rassemblements armés se dissiperont.

Les première, deuxième demi-brigades helvétiques formeront la garnison de Berne.

Les troupes qui étaient sur pied depuis plus de six mois pourront seules rester en corps de troupes.

Enfin tous les individus licenciés des armées belligérantes, et qui sont aujourd'hui armés, déposeront leurs armes à la municipalité de la commune de leur naissance.

Le sénat enverra trois députés à Paris; chaque canton pourra également en envoyer.

Tous les citoyens qui depuis trois ans ont été landammans, sénateurs et ont successivement occupé des places dans l'autorité centrale, pourront se rendre à Paris pour faire connaître les moyens de ramener l'union et la tranquillité et de concilier tous les partis.

De mon côté, j'ai le droit d'attendre qu'aucune ville, aucune commune, aucun corps, ne voudra rien faire qui contrarie les dispositions que je vous fais connaître.

Habitants de l'Helvétie, revivez à l'espérance!

Votre patrie est sur le bord du précipice : elle en sera immédiatement tirée; tous les hommes de bien seconderont ce généreux projet.

Mais si, ce que je ne puis penser, il était parmi vous un grand nombre d'individus qui eussent assez peu de vertus pour ne pas sacrifier leurs passions et leurs préjugés à l'amour de la patrie, peuple de l'Helvétie, vous seriez bien dégénéré de vos pères !

Il n'est aucun homme sensé qui ne voie que la médiation dont je me charge est pour l'Helvétie un bienfait de cette Providence qui, au milieu de tant de bouleversements et de chocs, a toujours veillé à l'existence et à l'indépendance de votre nation, et que cette médiation est le seul moyen qui vous reste pour sauver l'une et l'autre.

Car il est temps enfin que vous songiez que si le patriotisme et l'union de vos ancêtres fondèrent votre république, le mauvais esprit de vos factions, s'il continue, la perdra infailliblement ; et il serait pénible de penser qu'à une époque où plusieurs nouvelles républiques se sont élevées, le destin eût marqué la fin d'une des plus anciennes.

BONAPARTE,
*Premier Consul de la République française,
Président de la République italienne.*

X

AUX BAVAROIS.

Augsbourg, le 10 octobre 1803.

Braves Bavarois ! Je viens me mettre à la tête de

mon armée pour délivrer votre patrie de la plus injuste agression.

La maison d'Autriche vient détruire votre indépendance et vous incorporer à ses vastes États. Vous serez fidèles à la mémoire de vos ancêtres, qui, quelquefois oppressés, ne furent jamais abattus, et conservèrent toujours cette indépendance, cette existence politique qui sont les premiers biens des nations, comme la fidélité à la maison palatine est le premier de vos devoirs.

En bon allié de votre souverain, j'ai été touché des marques d'amour que vous lui avez données dans cette circonstance importante. Je connais votre bravoure ; je me flatte qu'après la première bataille, je pourrai dire à votre prince et à mon peuple que vous êtes dignes de combattre dans les rangs de la Grande Armée.

XI

AUX PEUPLES DE L'ESPAGNE.

Bayonne, le 25 mai 1808.

Espagnols !

Après une longue agonie, votre nation périssait ; j'ai vu vos maux : je vais y porter remède ; votre grandeur, votre puissance, fait partie de la mienne [1].

Vos princes m'ont cédé tous leurs droits [2] à la couronne des Espagnes. Je ne veux point régner sur vos provinces, mais je veux acquérir des titres éternels à l'amour et à la reconnaissance de votre postérité.

Votre monarchie est vieille : ma mission est de la rajeunir. J'améliorerai toutes vos institutions, et je vous ferai jouir, si vous me secondez, des bienfaits d'une réforme sans froissements, sans désordre, sans convulsions.

Espagnols! j'ai fait convoquer une assemblée générale des députations des provinces et des villes. Je veux m'assurer par moi-même de vos désirs et de vos besoins.

Je déposerai alors tous mes droits, et je placerai votre glorieuse couronne sur la tête d'un autre moi-même, en vous garantissant une constitution qui concilie la sainte et salutaire autorité du souverain avec les libertés et les privilèges du peuple.

Espagnols! souvenez-vous de ce qu'ont été vos pères : voyez ce que vous êtes devenus. La faute n'en est pas à vous, mais à la mauvaise administration qui vous a régis. Soyez pleins d'espérance et de

---

1. On pense généralement que notre auteur aurait dû dire : *votre grandeur, votre puissance, font partie des miennes...* Nous avons conservé son texte.

2. Ceux du roi Charles IV et de son fils, le futur Ferdinand VII.

confiance dans les circonstances actuelles ; car je veux que vos derniers neveux conservent mon souvenir et disent : *Il est le régénérateur de notre patrie.*

XII

AUX ESPAGNOLS.

Au camp impérial de Madrid, le 7 décembre 1808.

Espagnols ! vous avez été égarés par des hommes pervers. Ils vous ont engagés dans une lutte insensée, et vous ont fait courir aux armes. Est-il quelqu'un parmi vous qui, réfléchissant un moment sur tout ce qui s'est passé, ne soit aussitôt convaincu que vous avez été le jouet des perpétuels ennemis du continent, qui se réjouissaient en voyant répandre le sang espagnol et le sang français? Quel pouvait être le résultat du succès même de quelques campagnes! Une guerre de terre sans fin, et une longue incertitude sur le sort de vos propriétés et de votre existence. Dans peu de mois, vous auriez été livrés à toutes les angoisses des factions populaires. La défaite de vos armées a été l'affaire de quelques marches ; je suis entré dans Madrid. Les droits de la guerre m'autorisaient à donner un grand exemple et à laver dans le sang les outrages faits à moi et à ma nation.

Je n'ai écouté que la clémence. Quelques hommes, auteurs de tous vos maux, seront seuls frappés. Je me suis empressé de prendre des mesures qui tranquillisent toutes les classes de citoyens, sachant combien l'incertitude est pénible pour tous les peuples et pour tous les hommes. J'ai conservé tous les ordres religieux, mais j'ai restreint le nombre des moines. Avec le surplus des biens des couvents, j'ai pourvu aux besoins des curés, de cette classe la plus intéressante et la plus utile parmi le clergé. J'ai aboli *ce tribunal contre lequel le siècle et l'Europe réclamaient*[1] : les prêtres doivent guider les consciences, mais ne doivent exercer aucune juridiction extérieure et corporelle sur les citoyens. J'ai supprimé les droits usurpés par des seigneurs dans des temps de guerre civile où les rois ont été trop souvent obligés d'abandonner leurs droits pour acheter leur tranquillité et le repos des peuples. J'ai donc aboli les droits féodaux, et chacun pourra établir des hôtelleries, des fours, des moulins, des madragues, des pêcheries, et donner un libre essor à son industrie, en observant les lois et les règlements de la police. Comme il n'y a qu'un Dieu, il ne doit y avoir dans un État qu'une justice. Toutes les justices particulières avaient été usurpées, et étaient contraires aux droits de la nation; je les ai détruites. J'ai aussi fait connaître à chacun ce qu'il pouvait avoir à craindre

---

1. L'Inquisition.

comme ce qu'il pourrait avoir à espérer. Je chasserai les armées anglaises de la Péninsule ; Saragosse, Valence, Séville, seront soumises ou par la persuasion ou par la force des armes. Il n'est aucun obstacle capable de m'arrêter plus longtemps dans l'exécution de ma volonté. Mais ce qui est au-dessus de mon pouvoir, c'est de constituer les Espagnols en nation sous les ordres du roi, s'ils continuent à être imbus des principes de scission et de haine envers la France que les partisans des Anglais et les ennemis du continent ont répandus au sein de l'Espagne ; je ne puis établir une nation, un roi, et l'indépendance des Espagnols, si ce roi n'est pas sûr de leur affection et de leur fidélité.

Il me serait facile de gouverner l'Espagne en y établissant autant de vice-rois qu'il y a de provinces ; cependant je ne me refuse pas à céder mes droits de conquête au roi et à l'établir dans Madrid, lorsque les 30,000 citoyens que renferme cette capitale, ecclésiastiques, nobles, négociants, hommes de loi, auront manifesté leurs sentiments et leur fidélité, donné l'exemple aux provinces, éclairé le peuple et fait connaître à la nation que son existence et son bonheur dépendent d'un roi et d'une constitution libérale, favorable aux peuples et contraire seulement à l'égoïsme et aux passions orgueilleuses des grands. Si tels sont les sentiments des habitants de la ville de Madrid, que ses 30,000 citoyens se rassemblent dans les églises, qu'ils prêtent devant le Saint-Sacrement un serment qui sorte non seulement de la bouche, mais du cœur; qu'ils jurent appui, amour et fidélité au roi; que les prêtres au confessionnal et dans la chaire, les négociants dans leur correspondance, les hommes de loi dans leurs écrits et leurs discours, inculquent ces sentiments au peuple; alors, je me dessaisirai du droit de conquête; je placerai le roi sur le trône, et je me ferai une douce tâche de me conduire envers les Espagnols en ami fidèle. La génération présente pourra varier dans ses opinions; trop de passions ont été mises en jeu; mais vos neveux me béniront comme votre régénérateur : ils placeront au nombre des jours mémorables ceux où j'ai paru parmi vous, et de ces jours datera la prospérité de l'Espagne. Je vous avais dit, dans ma proclamation du 2 juin, que je voulais être votre régénérateur. Aux droits qui m'ont été cédés par les princes de la dernière dynastie, vous avez voulu que j'ajoutasse le droit de conquête; cela ne changera rien à mes dispositions : je veux même louer ce qu'il peut y avoir eu de généreux dans vos efforts; je veux reconnaître que l'on vous a caché vos vrais intérêts, qu'on vous a dissimulé le véritable état des choses.

Espagnols! votre destinée est entre vos mains. Rejetez les poisons que les Anglais ont répandus parmi vous; que votre roi soit certain de votre amour et de votre confiance, et vous serez plus puissants, plus heureux que vous n'avez jamais été. Tout ce qui s'opposait à votre prospérité et à votre grandeur, je l'ai détruit : les entraves qui pesaient sur le peuple, je les ai brisées. Une constitution libérale vous donne, au lieu d'une monarchie absolue, une monarchie tempérée et constitutionnelle. Il dépend de vous que cette constitution soit encore votre loi. Mais si tous mes efforts sont inutiles, et si vous ne répondez pas à ma confiance, il ne me restera qu'à vous traiter en provinces conquises, et à placer mon frère sur un autre trône. Je mettrai alors la couronne d'Espagne sur ma tête, et je saurai la faire respecter des méchants, car Dieu m'a donné la force et la volonté nécessaires pour surmonter tous les obstacles.

XIII

AU PEUPLE FRANÇAIS.

Au golfe Juan, le 1er mars 1815.

Français ! la défection du duc de Castiglione[1] livra Lyon sans défense à nos ennemis ; l'armée dont je lui avais confié le commandement était, par le nom-

---

1. Augereau.

bre de ses bataillons, la bravoure et le patriotisme des troupes qui la composaient, à même de battre le corps d'armée autrichien qui lui était opposé et d'arriver sur les derrières du flanc gauche de l'armée ennemie qui menaçait Paris.

Les victoires de Champ-Aubert, de Montmirail, de Château-Thierry, de Vauchamp, de Mormans, de Montereau, de Craone, de Reims, d'Arcis-sur-Aube et de Saint-Dizier ; l'insurrection des braves paysans de la Lorraine, de la Champagne, de l'Alsace, de la Franche-Comté et de la Bourgogne, et la position que j'avais prise sur les derrières de l'armée ennemie, en la séparant de ses magasins, de ses parcs de réserve, de ses convois et de tous ses équipages, l'avaient placée dans une situation désespérée. Les Français ne furent jamais sur le point d'être plus puissants, et l'élite de l'armée ennemie était perdue sans ressource; elle eût trouvé son tombeau dans ces vastes contrées qu'elle avait si impitoyablement saccagées, lorsque la trahison du duc de Raguse[1] livra la capitale et désorganisa l'armée. La conduite inattendue de ces deux généraux, qui trahirent à la fois leur patrie, leur prince et leur bienfaiteur, changea le destin de

1. Louis Viesse de Marmont, duc de Raguse, né à Châtillon-sur-Seine en 1774, fils d'un capitaine au régiment de Hainaut. Élève à l'école d'artillerie de Châlons en 1790, sous-lieutenant d'artillerie en 1791, lieutenant au siège de Toulon en 1793, capitaine à l'armée du Rhin en 1795, chef de brigade en 1797, employé en Égypte et au 18 brumaire, général de brigade

la guerre. La situation désastreuse de l'ennemi était telle qu'à la fin de l'affaire qui eut lieu devant Paris, il était sans munitions par sa séparation de ses parcs de réserve.

Dans ces nouvelles et grandes circonstances, mon cœur fut déchiré, mais mon âme resta inébranlable. Je ne consultai que l'intérêt de la patrie ; je m'exilai sur un rocher au milieu des mers. Ma vie vous était et devait encore vous être utile. Je ne permis pas que le grand nombre de citoyens qui voulaient m'accompagner partageassent mon sort ; je crus leur présence utile à la France, et je n'emmenai avec moi qu'une poignée de braves nécessaires à ma garde.

Elevé au trône par votre choix, tout ce qui a été fait sans vous est illégitime. Depuis vingt-cinq ans la France a de nouveaux intérêts, de nouvelles institutions, une nouvelle gloire, qui ne peuvent être garantis que par un gouvernement national et par une dynastie née dans ces nouvelles circonstances. Un prince qui régnerait sur vous, qui serait assis sur mon trône par la force des mêmes armes qui ont ravagé notre territoire, chercherait en vain à s'étayer des principes du droit féodal ; il ne pourrait assurer l'honneur et les droits que d'un petit nombre

en 1800, général de division, premier inspecteur-général de l'artillerie, Grand-Aigle en 1805, Colonel-général des chasseurs à cheval, maréchal de l'Empire en 1809, pair de France en 1815, commandant de l'armée de Paris en 1830. Mort à Venise en 1852.

d'individus ennemis du peuple, qui depuis vingt-cinq ans les a condamnés dans toutes nos assemblées nationales. Votre tranquillité intérieure et votre considération extérieure seraient perdues à jamais.

Français ! dans mon exil j'ai entendu vos plaintes et vos vœux ; vous réclamez ce gouvernement de votre choix, qui seul est légitime. Vous accusiez mon long sommeil ; vous me reprochiez de sacrifier à mon repos les grands intérêts de la patrie.

J'ai traversé les mers au milieu des périls de toute espèce ; j'arrive parmi vous reprendre mes droits, qui sont les vôtres. Tout ce que les individus ont fait, écrit ou dit depuis la prise de Paris, je l'ignorerai toujours : cela n'influera en rien sur le souvenir que je conserve des services importants qu'ils ont rendus ; car il est des événements d'une telle nature qu'ils sont au-dessus de l'organisation humaine.

Français ! il n'est aucune nation, quelque petite qu'elle soit, qui n'ait eu le droit et ne se soit soustraite au déshonneur d'obéir à un prince imposé par un ennemi momentanément victorieux. Lorsque Charles VII rentra à Paris et renversa le trône éphémère de Henri V, il reconnut tenir son trône de la vaillance de ses braves, et non d'un prince régent d'Angleterre.

C'est aussi à vous seuls et aux braves de l'armée que je fais et ferai toujours gloire de tout devoir.

XIV

AUX HABITANTS DES HAUTES ET BASSES-ALPES.

Gap, le 6 mars 1815.

Citoyens !

J'ai été vivement touché de tous les sentiments que vous m'avez montrés ; vos vœux seront exaucés ; la cause de la nation triomphera encore ! Vous avez raison de m'appeler votre père ; je ne vis que pour l'honneur et le bonheur de la France. Mon retour dissipe toutes vos inquiétudes ; il garantit la conservation de toutes les propriétés ; l'égalité entre toutes les classes, et les droits dont vous jouissiez depuis vingt-cinq ans, et après lesquels nos pères ont tous soupiré, forment aujourd'hui une partie de votre existence.

Dans toutes les circonstances où je pourrai me trouver, je me rappellerai toujours avec un vif intérêt tout ce que j'ai vu en traversant votre pays.

XV

AUX HABITANTS DU DÉPARTEMENT DE L'ISÈRE.

Grenoble, le 9 mars 1815.

Citoyens !

Lorsque, dans mon exil, j'appris tous les malheurs

qui pesaient sur la nation, que tous les droits du peuple étaient méconnus, et qu'il me reprochait le repos dans lequel je vivais, je ne perdis pas un moment. Je m'embarquai sur un frêle navire ; je traversai les mers au milieu des vaisseaux de guerre de différentes nations ; je débarquai sur le sol de la patrie, et je n'eus en vue que d'arriver avec la rapidité de l'aigle dans cette bonne ville de Grenoble, dont le patriotisme et l'attachement à ma personne m'étaient particulièrement connus.

Dauphinois ! vous avez rempli mon attente.

J'ai supporté, non sans déchirement de cœur, mais sans abattement, les malheurs auxquels j'ai été en proie il y a un an ; le spectacle que m'a offert le peuple sur mon passage, m'a vivement ému. Si quelques nuages avaient pu arrêter la grande opinion que j'avais du peuple français, ce que j'ai vu m'a convaincu qu'il était toujours digne de ce nom de *grand peuple*, dont je le saluai il y a plus de vingt ans [1].

Dauphinois ! sur le point de quitter vos contrées pour me rendre dans ma bonne ville de Lyon, j'ai senti le besoin de vous exprimer toute l'estime que m'ont inspirée vos sentiments élevés. Mon cœur est

1. C'est Napoléon qui, le premier, a appelé la France *la grande nation*, dans une proclamation à l'armée d'Italie datée du 12 septembre 1797. (Voyez, plus haut : *Proclamations aux Armées*.) Grotius avait déjà dit en parlant de notre pays : « le plus beau royaume après celui du ciel. »

tout plein des émotions que vous y avez fait naître; j'en conserverai toujours le souvenir.

XVI

AUX HABITANTS DE LA VILLE DE LYON.

Lyon, le 13 mars 1815.

Lyonnais !

Au moment de quitter votre ville pour me rendre dans ma capitale, j'éprouve le besoin de vous faire connaître les sentiments que vous m'avez inspirés. Vous avez toujours été au premier rang dans mon affection. Sur le trône ou dans l'exil, vous m'avez toujours montré les mêmes sentiments. Ce caractère élevé qui vous distingue spécialement vous a mérité toute mon estime. Dans des moments plus tranquilles, je reviendrai pour m'occuper de vos besoins et de la prospérité de vos manufactures et de votre ville.

XVII

AU CONSEIL D'ÉTAT.

Paris, le 26 mars 1815.

Les princes sont les premiers citoyens de l'État. Leur autorité est plus ou moins étendue, selon l'intérêt des nations qu'ils gouvernent. La souveraineté elle-même n'est héréditaire que parce que l'intérêt des peuples l'exige. Hors de ces principes, je ne connais pas de légitimité.

J'ai renoncé aux idées du grand empire, dont depuis quinze ans je n'avais encore que posé les bases. Désormais le bonheur et la consolidation de l'empire français seront l'objet de toutes mes pensées.

XVIII

A LA COUR DE CASSATION.

Même date.

Dans les premiers âges de la monarchie française des peuplades guerrières s'emparèrent des Gaules. La souveraineté, sans doute, ne fut pas organisée dans l'intérêt des Gaulois, qui furent esclaves ou n'eurent aucuns droits politiques ; mais elle le fut dans l'intérêt de la peuplade conquérante. Il n'a donc jamais été vrai de dire, dans aucune nation, même en Orient, que les peuples existassent pour les rois ; partout il a été consacré que les rois n'existaient que pour les peuples. Une dynastie *créée* dans les circonstances qui ont *créé* tant de nouveaux *intérêts*, ayant *intérêt* au maintien de tous les droits et de toutes les propriétés, peut seule être naturelle et légitime, et avoir la confiance et la force, ces deux premiers caractères de tout gouvernement.

XIX

A LA COUR IMPÉRIALE.

Même date.

Tout ce qui est revenu avec les armées étrangères, tout ce qui a été fait sans consulter la nation est nul. Les cours de Grenoble et de Lyon, et tous les tribunaux de l'ordre judiciaire que j'ai rencontrés, lorsque le succès des événements était encore incertain, m'ont montré que ces principes étaient gravés dans le cœur de tous les Français.

XX

AUX FÉDÉRÉS DE PARIS.

Paris, le 25 mai 1815.

Soldats fédérés des faubourgs Saint-Antoine et Saint-Marceau !

Je suis revenu seul, parce que je comptais sur le peuple des villes, les habitants des campagnes et les soldats de l'armée, dont je connaissais l'attachement à l'honneur national. Vous avez tous justifié ma confiance. J'accepte votre offre. Je vous donnerai des armes ; je vous donnerai pour vous guider des officiers couverts d'honorables blessures et accoutumés à voir fuir l'ennemi devant eux. Vos bras robustes et faits aux pénibles travaux, sont plus propres que tous autres au maniement des armes. Quant au courage, vous êtes Français, vous serez les éclaireurs de la garde nationale. Je serai sans inquiétude pour la capitale, lorsque la garde nationale et vous vous serez chargés de sa défense ; et s'il est vrai que les étrangers persistent dans le projet impie d'attenter à notre indépendance et à notre honneur, je pourrai profiter de la victoire sans être arrêté par aucune sollicitude.

Soldats fédérés ! s'il est des hommes dans les hautes classes de la société qui aient déshonoré le nom français, l'amour de la patrie et le sentiment d'honneur national se sont conservés tout entiers dans le peuple des villes, les habitants des campagnes et les soldats de l'armée. Je suis content de vous voir. J'ai confiance en vous : *Vive la Nation !*

ID="NEUVIÈME PARTIE"

LÉGISLATION ET POLITIQUE

1. *Projets de Constitution.*
2. *Débat sur le Divorce*
3. *Actes politiques.*

I

PROJETS DE CONSTITUTION

I

PROJET DE CONSTITUTION [1].

Lettre au citoyen Talleyrand [2]

Quartier général, Passeriano, 3ᵉ jour complémentaire an v (19 septembre 1797).

J'ai reçu, citoyen ministre, votre lettre confidentielle du 22 fructidor, relativement à la mission que vous désirez donner à Sieyès [3] en Italie. Je crois

1. Reproduit dans l'édition Charpentier (1843) et dans *Bonaparte et son temps*, de M. Iung.
2. Ministre des relations extérieures.
3. Sieyès, né en 1748, entra d'assez bonne heure dans les

effectivement, comme vous, que sa présence serait aussi nécessaire à Milan qu'elle aurait pu l'être en Hollande et qu'elle l'est à Paris.

Malgré notre orgueil, nos mille et une brochures, nos harangues à perte de vue et très bavardes, nous sommes très ignorants dans la science politique morale. Nous n'avons pas encore défini ce que l'on entend par pouvoir exécutif, législatif et judiciaire. Montesquieu nous a donné de fausses définitions, non pas que cet homme célèbre n'eût été véritablement à même de le faire, mais son ouvrage [1], comme il le dit lui-même, n'est qu'une espèce d'analyse de ce qui a existé ou existait ; c'est un résumé des notes faites dans ses voyages ou dans ses lectures.

Il a fixé les yeux sur le gouvernement d'Angleterre, dont il étudie le pouvoir exécutif, législatif et judiciaire.

Pourquoi, effectivement, regarderait-on comme une attribution du pouvoir législatif le droit de guerre et de paix, le droit de fixer la quantité et la nature des impositions ?

---

ordres. Député à la Constituante de 1789, l'abbé Sieyès publia son célèbre pamphlet : *Qu'est-ce que le Tiers-État ?* et compta dès lors parmi les hommes en vue. Membre de la Convention nationale, il réussit à faire partie du Directoire, où il remplaça Rewbell. Ami du général Bonaparte, il coopéra avec lui au 18 brumaire, rêvant d'être le *Grand Électeur de la France*. Il ne fut que le second consul de la République, jusqu'en 1800. Sénateur en 1800, créé comte de l'Empire, Grand-Officier de la Légion d'Honneur, Sieyès est mort en 1836.

1. *L'Esprit des Lois*, que Bonaparte avait beaucoup médité.

La Constitution a confié avec raison une de ces attributions à la Chambre des communes, et elle a très bien fait, parce que la Constitution anglaise n'est qu'une suite de privilèges : c'est un plafond tout en noir, mais bordé en or.

Comme la Chambre des communes est la seule qui, tant bien que mal, représente la nation, seule elle a dû avoir le droit de l'imposer : c'est l'unique digue que l'on a pu trouver pour modifier le despotisme et l'insolence des courtisans.

Mais dans un gouvernement où toutes les autorités émanent de la nation, où le souverain est le peuple, pourquoi classer dans les attributions du pouvoir législatif des choses qui lui sont étrangères ?

Depuis cinquante ans, je ne vois qu'une chose que nous avons bien définie, c'est la souveraineté du peuple ; mais nous n'avons pas été plus heureux dans la fixation de ce qui est constitutionnel que dans l'attribution des différents pouvoirs.

L'organisation du pouvoir français n'est donc véritablement qu'ébauchée.

Le pouvoir du gouvernement, dans toute la latitude que je lui donne, devrait être considéré comme le vrai représentant de la nation, lequel devrait gouverner en conséquence de la charte constitutionnelle et des lois organiques ; il se divise, il me semble, naturellement en deux magistratures bien distinctes, dont une qui surveille et n'agit pas, à laquelle ce que nous appelons aujourd'hui pouvoir exécutif, serait obligé de soumettre les grandes mesures, si je puis parler ainsi, la législation de l'exécution : cette grande magistrature serait véritablement le grand conseil de la nation ; il aurait toute la partie de l'administration ou de l'exécution qui est par notre constitution confiée au pouvoir législatif.

Par ce moyen le pouvoir du gouvernement consisterait dans deux magistratures, nommées par le peuple, dont une très nombreuse, où ne pourraient être admis que des hommes qui auraient déjà rempli quelques-unes des fonctions qui donnent aux hommes de la maturité sur les objets du gouvernement.

Le pouvoir législatif ferait d'abord toutes les lois organiques, les changerait, mais pas en deux ou trois jours, comme l'on fait : car, une fois qu'une loi organique serait en exécution, je ne crois pas qu'on pût la changer avant quatre ou cinq mois de discussion.

Ce pouvoir législatif, sans rang dans la République, impassible, sans yeux et sans oreilles pour ce qui l'entoure, n'aurait pas d'ambition et ne nous inonderait plus de mille lois de circonstance, qui s'annulent toutes seules par leur absurdité, et qui nous constituent une nation sans lois avec trois cents in-folio de lois.

Voilà, je crois, un code complet de politique, que les circonstances dans lesquelles nous nous sommes trouvés rendent pardonnable. C'est un si grand malheur pour une nation de trente millions d'habitants, et au dix-huitième siècle, d'être obligée d'avoir recours aux baïonnettes pour sauver la patrie !

Les remèdes violents accusent le législateur ; car une Constitution qui est donnée aux hommes doit être calculée pour des hommes.

Si vous voyez Sieyès, communiquez-lui, je vous prie, cette lettre ; je l'engage à m'écrire que j'ai tort, et croyez que vous me ferez un sensible plaisir, si vous pouvez contribuer à faire venir en Italie un homme dont j'estime les talents, et pour qui j'ai une amitié tout à fait particulière. Je le seconderai de tous mes moyens, et je désire que, réunissant nos efforts, nous puissions donner à l'Italie une Constitution plus analogue aux mœurs de ses habitants, aux circonstances locales et peut-être même aux vrais principes, que celle que nous lui avons donnée. Pour ne pas faire une nouveauté au milieu du tracas de la guerre et des passions, il a été difficile de faire autrement.

Je me résume :

Non seulement je vous réponds confidentiellement que je désire que Sieyès vienne en Italie, mais je pense même, et cela très officiellement, que si nous ne donnons pas à Gênes et à la République cisalpine une Constitution qui leur convienne, la France n'en tirera aucun avantage : leurs Corps législatifs, achetés par l'or de l'étranger, seront tout entiers à la disposition de la maison d'Autriche et de Rome. Il en sera, en dernière analyse, comme de la Hollande.

Comme la présente lettre n'est pas un objet de tactique ni un plan de campagne, je vous prie de la garder pour vous et pour Sieyès, et de ne faire usage, si vous le jugez à propos, que de ce que je viens de vous dire sur l'inconvenance des Constitutions que nous avons données à l'Italie.

BONAPARTE.

II

ENTRETIEN AVEC BENJAMIN CONSTANT [1].

Tuileries, le 10 avril 1815 [2].

... J'ai voulu l'empire du monde, et, pour me

---

1. Benjamin de Constant, né à Lausanne en 1767; fils d'un gentilhomme suisse, capitaine dans l'armée hollandaise. Après avoir voyagé en France et en Angleterre, il fut nommé, en 1788, gentilhomme ordinaire à la cour de Brunswick, s'y maria, puis divorça en 1793. Il débuta comme brochurier politique en 1796, soutint le Directoire, et devint membre du Tribunat en 1803. Rentré en France en 1814, partisan des Bourbons, collaborateur des *Débats*, il se rallia à Napoléon en 1815, collabora avec lui à l'*Acte additionnel* et fut nommé conseiller d'Etat le 22 avril 1815. Député de 1819 à 1830, président du conseil d'Etat en 1830. Mort en 1830. Amant de madame de Staël, ami de madame Récamier et auteur d'*Adolphe*, un des romans-types français, M. J. H. Menos vient de publier sa *Correspondance de famille*.

2. Publié par Constant dans *la Minerve*. (91e liv. T. VIII.)

l'assurer un pouvoir sans bornes m'était nécessaire. Pour gouverner la France seule, il se peut qu'une Constitution vaille mieux. J'ai voulu l'empire du monde, et qui ne l'aurait pas voulu à ma place ? Le monde m'invitait à le régir : souverains et sujets se précipitaient à l'envi sous mon sceptre. J'ai rarement trouvé de la résistance en France ; mais j'en ai pourtant rencontré davantage dans quelques Français obscurs et désarmés, que dans tous ces rois, si fiers aujourd'hui de n'avoir plus un homme populaire pour égal.

... Voyez donc ce qui vous semble possible. Apportez-moi vos idées. Des élections libres ? des discussions publiques ? des ministres responsables ? la liberté ? Je veux tout cela. La liberté de la presse surtout ; l'étouffer est absurde ; je suis convaincu sur cet article... Je suis l'homme du peuple ; si le peuple veut réellement la liberté, je la lui dois ; j'ai reconnu sa souveraineté, il faut que je prête l'oreille à ses volontés, même à ses caprices. Je n'ai pas voulu l'opprimer pour mon plaisir ; j'avais de grands desseins ; le sort en a décidé, je ne suis plus un conquérant, je ne puis plus l'être. Je sais ce qui est possible et ce qui ne l'est pas : je n'ai plus qu'une mission : relever la France et lui donner un gouvernement qui lui convienne. Je ne hais pas la liberté ; je l'ai écartée lorsqu'elle obstruait ma route ; mais je la comprends, j'ai été nourri dans ses pensées...

Aussi bien, l'ouvrage de quinze années est détruit ; il ne peut se recommencer. Il faudrait vingt ans et deux millions d'hommes à sacrifier... D'ailleurs, je désire la paix, et je ne l'obtiendrai qu'à force de victoires. Je ne veux pas vous donner de fausses espérances ; je laisse dire qu'il y a des négociations, il n'y en a point[1]. Je prévois une lutte difficile, une longue guerre. Pour la soutenir, il faut que la nation m'appuie ; mais en récompense, elle exigera de la liberté : elle en aura... La situation est neuve. Je ne demande pas mieux que d'être éclairé. Je vieillis ; l'on n'est plus à quarante-cinq ans ce qu'on était à trente. Le repos d'un roi constitutionnel peut me convenir. Il conviendra encore plus sûrement à mon fils.

1. Les puissances de l'Europe n'avaient même pas répondu à sa circulaire du 4 avril 1815.

II

DÉBAT SUR LE DIVORCE [1]

Paris, octobre 1802.

Le divorce sera-t-il conservé en France ? Il faut que deux individus qui ne peuvent vivre ensemble soient séparés sans déshonneur, pourvu que quelques faits viennent à l'appui de l'allégation de l'incompatibilité d'humeur et de caractère.

Le jugement qui prononcerait le divorce serait déshonorant s'il était fondé sur des faits prouvés. Un homme honnête ne rend point la vie insupportable à sa compagne; mais l'incompatibilité d'humeur entre deux individus qui ne sont pas organisés de

[1]. Extrait du procès-verbal de la discussion du Conseil d'État et du Tribunat sur le Code civil, discussion que le Premier Consul a surtout dirigée dans les séances de fructidor et de vendémiaire an x (septembre et octobre 1802).

même ne porte aucune atteinte à la moralité. Peut-être la procédure publique serait utile lorsque le divorce serait demandé pour une cause grave, parce que la crainte du déshonneur pourrait retenir les époux dans le devoir.

Le système de Portalis [1] se réduit à ceci : Le principe de la liberté des cultes exige qu'on admette le divorce ; l'intérêt des mœurs demande qu'on le rende difficile. Ainsi, dans ce système, ce n'est pas par des vues politiques que le divorce est admis ; il ne le serait pas s'il n'était dans les principes d'aucun culte ; d'un autre côté, il deviendrait si difficile et si déshonorant qu'il serait en quelque sorte exclu.

Il est permis de se marier à quinze et à dix-huit ans, c'est-à-dire avant l'âge où il est permis de disposer des biens. Croit-on que cette exception faite en faveur du mariage aux principes généraux sur la majorité, doive faire établir que, quoique l'un des époux ait reconnu l'erreur dans laquelle il est tombé à un âge aussi tendre, il ne pourra néanmoins la réparer sans se flétrir ? C'est tout au plus ce qu'on pourrait décider si le mariage n'était autorisé qu'à vingt et à vingt et un ans. On a dit que le divorce pour incompatibilité est contraire à l'intérêt des femmes, des enfants et à l'esprit de famille. Mais rien n'est plus

1. Étienne-Marie Portalis, comte de l'Empire, né en Provence en 1745. Jurisconsulte de premier ordre, conseiller d'État en 1800, membre du Tribunat, directeur des cultes. Collaborateur de Bonaparte pour le Concordat et le Code civil. Mort en 1806.

contraire à l'intérêt des époux, lorsque leurs humeurs sont incompatibles, que de les réduire à l'alternative, ou de vivre ensemble, ou de se séparer avec éclat. Rien n'est plus contraire à l'esprit de famille qu'une famille divisée. Les séparations de corps avaient autrefois, par rapport à la femme, au mari, aux enfants, à la famille, à peu près les mêmes effets que le divorce; cependant elles étaient aussi multipliées que les divorces le sont aujourd'hui; mais elles avaient cet inconvénient qu'une femme déhontée continuait de déshonorer le nom de son mari parce qu'elle le conservait. Le respect pour les cultes obligera d'admettre la séparation de corps; mais il ne sera pas convenant de restreindre tellement le divorce par les difficultés qu'on y apporterait, que les époux fussent tous réduits à n'user que de la séparation. L'article 2 du projet spécifie des causes pour lesquelles il admet le divorce; mais quel malheur ne serait-ce pas que de se voir forcé à les exposer, et à révéler jusqu'aux détails les plus minutieux et les plus secrets de l'intérieur de son ménage! Le système mitigé de l'incompatibilité prévient, à la vérité ces inconvénients; cependant comme il suppose des faits et des preuves, il est aussi flétrissant que le système des causes déterminées. D'ailleurs ces causes, quand elles seront réelles, opéreront-elles toujours le divorce? La cause de l'adultère, par exemple, ne peut obtenir de succès que par des preuves toujours très difficiles, souvent impossibles. Cependant le mari qui n'aurait pu les faire serait obligé de vivre avec une femme qu'il abhorre, qu'il méprise, et qui introduit dans sa famille des enfants étrangers. Sa ressource serait de recourir à la séparation de corps; mais elle n'empêcherait pas que son nom ne continuât à être déshonoré.

Le mariage n'est pas toujours, comme on le suppose, la conclusion de l'amour. Une jeune personne consent à se marier pour se conformer à la mode, pour arriver à l'indépendance et à un établissement; elle accepte un mari d'un âge disproportionné, dont l'imagination, les goûts et les habitudes ne s'accordent pas avec les siens. La loi doit donc lui ménager une ressource pour le moment où, l'illusion cessant, elle reconnaît qu'elle se trouve dans des liens mal assortis et que sa volonté a été séduite.

Le mariage prend sa forme des mœurs, des usages, de la religion de chaque peuple. C'est par cette raison qu'il n'est pas le même partout. Il est des contrées où les femmes et les concubines vivent sous le même toit, où les esclaves sont traités comme les enfants. L'organisation des familles ne dérive donc pas du droit naturel: les ménages des Romains n'étaient pas organisés comme ceux des Français.

Les précautions établies par la loi pour empêcher qu'à quinze ou à dix-huit ans on ne contracte avec légèreté un engagement qui s'étend à toute la vie, sont certainement sages ; cependant sont-elles satisfaisantes ? Qu'après dix ans de mariage, le divorce ne soit plus admis que pour des causes très graves, on le conçoit ; mais puisque les mariages contractés dans la première jeunesse sont si rarement l'ouvrage des époux, puisque ce sont les familles qui les forment d'après certaines idées de convenance, il faut que les premières années soient un temps d'épreuve et que, si les époux reconnaissent qu'ils ne sont pas faits l'un pour l'autre, ils puissent rompre une union sur laquelle il ne leur a pas été permis de réfléchir. Cependant cette facilité ne doit favoriser ni la légèreté ni la passion. Qu'on l'entoure donc de toutes les précautions, de toutes les formes propres à en mieux prévenir l'abus ; qu'on décide, par exemple, que les époux seront entendus dans un conseil secret de famille, formé sous la présidence du magistrat ; qu'on ajoute encore, si l'on veut, qu'une femme ne pourra user qu'une fois du divorce ; qu'on ne lui permette de se remarier qu'après cinq ans, afin que le projet d'un autre mariage ne la porte pas à dissoudre le premier ; qu'après dix ans de mariage, la dissolution soit rendue très difficile. On a donc des moyens de restreindre les effets de la cause trop vague de l'incompatibilité d'humeur.

Le mariage ayant été formé sous l'autorisation des familles, on pourrait exiger cette même autorisation pour le dissoudre par le consentement mutuel, afin qu'il ne fût rompu que de la même manière qu'il a été contracté. Cette condition du consentement de la famille serait une garantie que le mariage ne serait dissous que pour des causes graves et réelles ; et cependant il existerait un moyen de couvrir les causes de divorce que l'intérêt des mœurs ne permet pas de divulguer.

Ce n'est point un tribunal de famille qu'il faut, c'est le consentement de la famille ou plutôt des deux familles. Le tribunal public serait le seul qui prononcerait le divorce, mais sans procédure et sans examen, quand les époux lui auraient justifié de ce double consentement. Il faudrait que les pères, les mères, en un mot tous les parents appelés des deux côtés, eussent été unanimes. Leur aveu serait une garantie suffisante qu'il y a des causes réelles de divorce ; car ils ont intérêt de maintenir un mariage qu'ils ont formé, et ils ne partagent pas l'égarement et les passions qui peuvent faire agir les époux, qui doivent toujours être considérés comme mineurs, parce que les passions ne leur permettent pas d'user de leur maturité d'esprit.

Le divorce par consentement mutuel ne devrait pas être admis après dix ans de mariage et sans l'autorisation des ascendants ; cependant, à défaut d'ascendants, on pourrait appeler des hommes graves par leur réputation et par leur âge, qui porteraient la responsabilité morale du divorce et arrêteraient les écarts de l'opinion si elle interprétait mal les causes qui l'ont fait prononcer.

De toutes les causes pour lesquelles la législation a admis le divorce, l'adultère est la seule qui rompe l'engagement du mariage ; elle doit donc être la seule cause déterminée du divorce, la seule pour laquelle il puisse être prononcé d'après un examen et une procédure judiciaire. On laisserait cependant à l'époux outragé la faculté de couvrir le déshonneur de sa femme en recourant au divorce par consentement mutuel, entouré des formes et des précautions nécessaires. Ce dernier mode, qui n'entraîne pas d'examen judiciaire, serait le seul admis lorsque le divorce serait demandé pour d'autres causes que pour adultère : il n'aurait pas les inconvénients du divorce pour incompatibilité d'humeur, lequel en effet blesse l'essence du mariage.

En général les sévices sont des causes de séparation et non de divorce. Il est d'ailleurs difficile de prouver que les sévices que se permet l'un des époux rendent la vie insupportable à l'autre.

Le mariage pourra-t-il être dissous pour cause d'incompatibilité ? On a répondu que le mariage n'avait plus de stabilité s'il ne devait subsister que jusqu'au moment où les époux changent d'inclination et d'humeur ; qu'un contrat formé par le concours de deux volontés ne peut être rompu par la volonté d'un seul des contractants. Ceci est fondé. Mais est-il également vrai que l'indissolubilité du mariage soit absolue ? Le mariage est indissoluble en ce sens qu'au moment où il est contracté chacun des époux doit être dans la ferme intention de ne jamais le rompre et ne doit pas prévoir alors les causes accidentelles, quelquefois coupables, qui par la suite pourront en nécessiter la dissolution. Mais que l'indissolubilité du mariage ne puisse recevoir de modification dans aucun cas, c'est un système démenti par les maximes et par les exemples de tous les siècles. Il n'est pas dans la nature des choses que deux êtres organisés à part soient jamais parfaitement identifiés ; or, le législateur doit prévoir les résultats que la nature des choses peut amener. Aussi la fiction de l'identité des époux a-t-elle toujours été modifiée ; elle l'a été par la religion catholique dans le cas de l'impuissance : elle l'a été partout par le divorce.

Lorsqu'il y a impuissance, la matière du mariage manque ; quand il y a adultère, l'engagement du mariage est violé : ces deux causes de divorce sont positives.

Il est important de réduire dans le fait l'intervention des tribunaux au seul effet de prononcer sans examen le divorce et d'empêcher cependant que le consentement mutuel sans motifs ne donne au mariage une telle instabilité qu'il ne subsiste plus que tant qu'il plaît aux époux d'y rester. Cependant les motifs ne doivent pas être déduits devant les juges. Pour obtenir ce résultat, on pourrait déclarer que le divorce sera admis pour sévices et pour plusieurs des autres causes moins graves énoncées dans l'article 2 du projet, mais que ces causes seront réputées constatées lorsque les parents autoriseront le divorce ; par là on éviterait la nécessité de prouver publiquement devant les tribunaux, et l'on se ménagerait un moyen de dissimuler des causes scandaleuses de divorce, comme serait celle de l'impuissance.

Si l'on n'admet le divorce que pour cause d'adultère publiquement prouvé, c'est le proscrire absolument : car, d'un côté, peu d'adultères peuvent être prouvés ; de l'autre, il est peu d'hommes assez éhontés pour proclamer la turpitude de leur épouse. Il serait d'ailleurs scandaleux et contre l'honneur de la nation de révéler ce qui se passe dans un certain nombre de ménages ; on en conclurait, quoiqu'à tort, que ce sont là les mœurs des Français.

Si l'intérêt des mœurs et de la société exige que les mariages aient de la stabilité, il exige peut-être aussi qu'on sépare des époux qui ne peuvent vivre ensemble et dont l'union, si elle était prolongée, engloutirait souvent le patrimoine commun, dissoudrait la famille et produirait l'abandon des enfants. C'est offenser la sainteté du mariage que de laisser subsister de pareils nœuds.

Un honnête homme ne se détermine au divorce que pour cause d'adultère et pourvu que le divorce puisse s'effectuer sans éclat. Ces idées sont dans les mœurs françaises, la loi doit s'y plier. Or, il serait dur d'obliger un mari, qui d'ailleurs n'est pas retenu par des opinions religieuses, à garder une femme qui le déshonore ; il faut donc lui offrir un moyen d'éviter la publicité des tribunaux.

L'adultère du mari ne suffirait pas pour autoriser le divorce, à moins d'y joindre la circonstance qu'il tient sa concubine dans la maison commune.

Le mariage est contracté pour la vie : si un mari s'absente avec le consentement de sa femme et que celle-ci puisse se remarier, il arrivera qu'à son retour ce mari retrouvera tous ses biens et cependant aura perdu son épouse. Il est donc convenable de distinguer entre l'absence et l'abandon.

La femme de l'absent est d'ordinaire chargée de la conduite de ses affaires ; lorsqu'il a des enfants, il se trouverait accablé à son retour, si sa femme s'était permis d'oublier que ses enfants avaient un père. Cependant on pourrait autoriser les tribunaux à prononcer le divorce après dix ans d'absence, lorsque, d'après une enquête, ils présumeraient la mort de l'absent.

Les articles 5 et 6 blessent la dignité du mariage, puisqu'ils admettent, sous le titre de sévices, la véritable cause d'incompatibilité. En effet, un mari qui veut arriver au divorce maltraite sa femme pour l'obliger à demander la séparation, et, trois ans après, il demande lui-même le divorce. Ainsi, dans ce cas, le mariage est rompu par la volonté d'un seul de la même manière que dans le divorce par incompatibilité.

Je ne voudrais point de la cause d'incompatibilité sous quelque forme qu'on la déguise; je voudrais que le consentement mutuel fût l'aveu et la preuve des sévices, qui seraient le seul motif apparent du divorce et qui cacheraient des causes plus graves ; que quand il y aurait aveu et consentement mutuel, le tribunal fût tenu de prononcer le divorce sans examen.

Pour ne point se diffamer, les époux n'allègueront que la cause des sévices et se diront d'accord sur le divorce; le public n'apercevra que cette cause. Si ensuite quelques personnes soupçonnent et devinent la cause plus réelle, ce ne sera qu'un de ces bruits qui passent et qui ne sont point comparables à la diffamation résultant des preuves judiciaires.

Le système de la séparation de corps ne présente aucun moyen de réprimer et de punir la femme adultère qui continue à vivre dans le désordre et à déshonorer son mari.

Quand le divorce a été prononcé à la suite de l'adultère, l'honneur du mari est satisfait et la femme coupable punie. La femme perd le nom de son époux.

Il n'en est pas de même dans le cas de la séparation.

La séparation ne peut être prononcée pour cause d'adultère sans qu'il soit divulgué. On parvient au contraire à le masquer lorsqu'il est employé comme cause de divorce.

Le divorce et la séparation de corps sont des parallèles, et des parallèles ne peuvent jamais se rencontrer ; il convient de raisonner séparément sur les deux cas. Au surplus, la séparation doit être admise, car il serait injuste d'abandonner au malheur qui l'attend le mari que sa conscience empêche de faire usage du divorce.

On peut renvoyer au Code pénal les dispositions sur le châtiment de l'adultère, mais il ne faut pas déroger à l'usage universel en laissant ce crime impuni ; autrement, la législation serait immorale, puisqu'elle autoriserait une séparation qui permettrait à la femme adultère d'aller vivre avec son séducteur.

La séparation de corps doit être admise pour sévices, ou comme échelon pour arriver au divorce ; mais il serait dangereux de se borner à ce moyen lorsqu'il y a adultère, il conviendrait de rétablir à cet égard la législation ancienne.

Si le crime d'adultère est allégué et prouvé dans une demande de séparation, il sera impossible à la partie publique de ne pas poursuivre la femme coupable; la justice ne pourra surtout se taire, si le motif de la demande est une tentative d'empoisonnement ou d'assassinat.

Quand le Code civil prononce qu'il y aura divorce lorsqu'il y aura eu attentat, il dit tout ce qu'il doit dire, et il n'a pas à s'occuper ensuite de ce qu'ordonnera la loi criminelle à l'égard de l'épouse coupable, puisque le mariage se trouve rompu.

Mais il n'en est pas de même lorsqu'il s'agit de la séparation. Le mariage, qui est du domaine de la loi civile, continue de subsister; et la loi civile doit continuer aussi à en régler les suites et les effets. Il faut donc qu'elle fixe la condition de chacun des époux, qu'elle explique ce que deviendra la femme, ce que deviendront les enfants [1].

---

1. On sait que le divorce a été rétabli en France par la loi de 1884. Il avait été supprimé par une loi de 1816.

III

ACTES POLITIQUES

I

SERMENT DE L'EMPEREUR NAPOLÉON [1].

Saint-Cloud, le 18 mai 1804 [2].

Je jure de maintenir l'intégrité du territoire de la République, de faire respecter les lois du Concordat et de la liberté politique et civile, l'irrévocabilité

---

1. Texte reproduit par le comte A. Hugo, page 182.
2. Comparer avec le serment du lieutenant N. de Buonaparte, en 1791. Tome IIe de notre édition, p. 186.

des ventes des biens nationaux, de ne lever aucun impôt, de n'établir aucune taxe qu'en vertu de la loi, de maintenir l'institution de la Légion d'Honneur, de gouverner dans la seule vue de l'intérêt, du bonheur et de la gloire du peuple français.

II

ACTE CONSTITUTIF DE LA FAMILLE IMPÉRIALE.

Au palais des Tuileries, le 30 mars 1806.

Les intérêts de notre peuple, l'honneur de notre couronne, et la tranquillité du continent de l'Europe, voulant que nous assurions d'une manière stable et définitive le sort des peuples de Naples et de Sicile tombés en notre pouvoir par le droit de conquête, et faisant d'ailleurs partie du grand empire, nous avons déclaré et déclarons par les présentes, reconnaître pour roi de Naples et de Sicile, notre frère bien-aimé Joseph-Napoléon, grand-électeur de France. Cette couronne sera héréditaire par ordre de primogéniture dans sa descendance masculine, légitime et naturelle. Venant à s'éteindre, ce que Dieu ne veuille, sadite descendance, nous prétendons y appeler nos enfants mâles, légitimes et naturels, par ordre de primogéniture, et à défaut de nos enfants mâles, légitimes et naturels, ceux de notre frère Louis [1] et de sa descendance masculine, légitime et naturelle, par ordre de primogéniture ; nous réservant, si notre frère Joseph-Napoléon venait à mourir de notre vivant, sans laisser d'enfants mâles, légitimes et naturels, le droit de désigner, pour succéder à ladite couronne, un prince de notre maison, ou même d'y appeler un enfant adoptif, selon que nous le jugerons convenable pour l'intérêt de nos peuples et pour l'avantage du grand système que la divine Providence nous a destiné à fonder.

Nous instituons, dans ledit royaume de Naples et de Sicile, six grands fiefs de l'empire, avec le titre de duché et les mêmes avantages et prérogatives que ceux qui sont institués dans les provinces vénitiennes réunies à notre couronne d'Italie, pour être, lesdits duchés, grands fiefs de l'empire, à perpétuité, et, le cas échéant, à notre nomination et à celle de nos successeurs. Tous les détails de la formation

1. Louis ne répondit pas à la confiance de son frère. On sait qu'il abdiqua le trône de Hollande, en 1810, s'enfuyant pour ainsi dire de son royaume. La conduite de son frère affecta vivement Napoléon. « Devais-je m'attendre, » s'était il écrié, avec des larmes dans les yeux, « à un tel outrage de la » part d'un homme à qui j'ai servi de père ? Je l'ai élevé avec » les faibles ressources de ma solde de lieutenant d'artillerie. » J'ai partagé avec lui mon pain et les matelas de mon lit. » Où va-t-il ? Chez les étrangers, pour faire croire qu'il n'est » pas en sûreté en France, ou dans les Etats soumis à mon » influence ! »

desdits fiefs sont remis aux soins de notre dit frère Joseph-Napoléon.

Nous nous réservons, sur ledit royaume de Naples et de Sicile, la disposition d'un million de rentes pour être distribué aux généraux, officiers ou soldats de notre armée qui ont rendu le plus de services à la patrie et au trône, et que nous désignerons à cet effet, sous la condition expresse de ne pouvoir, lesdits généraux, officiers ou soldats, avant l'expiration de dix années, vendre ou aliéner lesdites rentes qu'avec notre autorisation.

Le roi de Naples sera à perpétuité grand dignitaire de l'empire, sous le titre de grand-électeur; nous réservant toutefois, lorsque nous le jugerons convenable, de créer la dignité de prince vice-grand-électeur.

Nous entendons que la couronne de Naples et de Sicile, que nous plaçons sur la tête de notre frère Joseph-Napoléon et de ses descendants, ne porte atteinte en aucune manière que ce soit à leurs droits de succession au trône de France. Mais il est également dans notre volonté que les couronnes, soit de France, soit d'Italie, soit de Naples et de Sicile, ne puissent jamais être réunies sur la même tête.

III

DÉCRET CONSTITUTIF DU BLOCUS CONTINENTAL.

Berlin, le 21 novembre 1806.

Napoléon, empereur des Français et roi d'Italie, considérant : 1° Que l'Angleterre n'admet point le droit des gens suivi universellement par tous les peuples policés ;

2° Qu'elle répute ennemi tout individu appartenant à l'état ennemi, et fait en conséquence prisonniers de guerre, non seulement les équipages des vaisseaux armés en guerre, mais encore les équipages des vaisseaux de commerce et des navires marchands, et même les facteurs du commerce et les négociants qui voyagent pour les affaires de leur négoce ;

3° Qu'elle étend aux bâtiments et marchandises de commerce et aux propriétés des particuliers, le droit de conquête, qui ne peut s'appliquer qu'à ce qui appartient à l'état ennemi ;

4° Qu'elle étend aux villes et ports de commerce non fortifiés, aux havres et aux embouchures des rivières, le droit de blocus, qui, d'après la raison et l'usage de tous les peuples policés, n'est applicable qu'aux places fortes ; qu'elle déclare bloquées des places devant lesquelles elle n'a pas même un seul bâtiment de guerre, quoiqu'une place ne soit bloquée que quand elle est tellement investie, qu'on ne puisse tenter de s'en approcher sans un danger imminent ; qu'elle déclare même en état de blocus des lieux que toutes ses forces réunies seraient incapables de bloquer, des côtes entières et tout un empire ;

5° Que cet abus monstrueux du droit de blocus n'a d'autre but que d'empêcher les communications entre les peuples, et d'élever le commerce et l'industrie de l'Angleterre sur la ruine de l'industrie et du commerce du continent ;

6° Que tel étant le but évident de l'Angleterre, quiconque fait sur le continent le commerce des marchandises anglaises, favorise par là ses desseins et s'en rend le complice ;

7° Que cette conduite de l'Angleterre, digne en tout des premiers âges de la barbarie, a profité à cette puissance au détriment de toutes les autres;

8° Qu'il est de droit naturel d'opposer à l'ennemi les armes dont il se sert, et de le combattre de la même manière qu'il combat, lorsqu'il méconnaît toutes les idées de justice et tous les sentiments libéraux, résultat de la civilisation parmi les hommes ;

Nous avons résolu d'appliquer à l'Angleterre les usages qu'elle a consacrés dans sa législation maritime.

Les dispositions du présent décret seront constamment considérées comme principe fondamental de l'empire, jusqu'à ce que l'Angleterre ait reconnu que le droit de la guerre est un, et le même sur terre que sur mer; qu'il ne peut s'étendre ni aux propriétés privées, quelles qu'elles soient, ni à la personne des individus étrangers à la profession des armes, et que le droit de blocus doit être restreint aux places fortes réellement investies par des forces suffisantes.

Nous avons en conséquence décrété et décrétons ce qui suit :

Art. 1ᵉʳ. Les îles britanniques sont déclarées en état de blocus.

2. Tout commerce et toute correspondance avec les îles britanniques sont interdits.

En conséquence, les lettres ou paquets adressés ou en Angleterre ou à un Anglais, ou écrits en langue anglaise, n'auront pas cours aux postes, et seront saisis.

3. Tout individu sujet de l'Angleterre, de quelque état et condition qu'il soit, qui sera trouvé dans les pays occupés par nos troupes ou par celles de nos alliés, sera fait prisonnier de guerre.

4. Tout magasin, toute marchandise, toute propriété, de quelque nature qu'elle puisse être, appartenant à un sujet de l'Angleterre, sera déclaré de bonne prise.

5. Le commerce des marchandises anglaises est

défendu ; et toute marchandise appartenant à l'Angleterre, ou provenant de ses fabriques et de ses colonies, est déclarée de bonne prise.

6. La moitié du produit de la confiscation des marchandises et propriétés déclarées de bonne prise par les articles précédents, sera employée à indemniser les négociants des pertes qu'ils ont éprouvées par la prise des bâtiments de commerce qui ont été enlevés par les croisières anglaises.

7. Aucun bâtiment venant directement de l'Angleterre ou des colonies anglaises, ou y ayant été depuis la publication du présent décret, ne sera reçu dans aucun port.

8. Tout bâtiment qui, au moyen d'une fausse déclaration, contreviendra à la disposition ci-dessus, sera saisi, et le navire et la cargaison seront confisqués comme s'ils étaient propriété anglaise.

9. Notre tribunal des prises de Paris est chargé du jugement définitif de toutes les contestations qui pourront survenir dans notre empire ou dans les pays occupés par l'armée française, relativement à l'exécution du présent décret. Notre tribunal des prises à Milan sera chargé du jugement définitif desdites contestations qui pourront survenir dans l'étendue du royaume d'Italie.

10. Communication du présent décret sera donnée par notre ministre des relations extérieures aux rois d'Espagne, de Naples, de Hollande et d'Étrurie, et à

nos autres alliés dont les sujets sont victimes, comme les nôtres, de l'injustice et de la barbarie de la législation maritime anglaise.

11. Nos ministres des relations extérieures, de la guerre, de la marine, des finances, de la police et nos directeurs généraux des postes sont chargés, chacun en ce qui le concerne, de l'exécution du présent décret.

IV

PREMIÈRE ABDICATION.

Fontainebleau, le 11 avril 1814.

Les puissances alliées ayant proclamé que l'Empereur Napoléon était le seul obstacle au rétablissement de la paix en Europe, l'Empereur, fidèle à son serment, déclare qu'il renonce pour lui et ses enfants aux trônes de France et d'Italie, et qu'il n'est aucun sacrifice, même celui de la vie, qu'il ne soit prêt à faire aux intérêts de la France.

NAPOLÉON [1].

---

1. Le 4 avril 1814, l'empereur avait remis au duc de Vicence et aux maréchaux Ney et Macdonald, ses mandataires à Paris, la déclaration suivante : « Les puissances alliées ayant dé- » claré que l'empereur Napoléon était le seul obstacle au ré-

V

PÉRAMBULE DE L'ACTE ADDITIONNEL AUX CONSTITUTIONS DE L'EMPIRE [1].

Paris, le 22 avril 1815.

Napoléon, par la grâce de Dieu et les constitutions, empereur des Français, à tous présents et à venir salut.

Depuis que nous avons été appelé, il y a quinze années, par le vœu de la France, au gouvernement de l'état, nous avons cherché à perfectionner, à diverses époques, les formes constitutionnelles, suivant les besoins et les désirs de la nation, et en profitant des leçons de l'expérience. Les constitutions de l'empire se sont ainsi formées d'une série d'actes qui ont été revêtus de l'acceptation du peuple. Nous avions alors pour but d'organiser un grand système fédératif européen, que nous avions adopté comme conforme à l'esprit du siècle et favorable aux progrès de la civilisation. Pour parvenir à le compléter

» tablissement de la paix en Europe, fidèle à son serment, il
» déclare qu'il est prêt à descendre du trône, à quitter la
» France et même la vie pour le bien de la patrie, inséparable des droits de son fils, de ceux de la régence de l'Impératrice, et du maintien des lois de l'Empire. » Mais les alliés rejetèrent cette formule d'abdication.

1. Écrit en collaboration avec Benjamin Constant.

et à lui donner toute l'étendue et toute la stabilité dont il était susceptible, nous avions ajourné l'établissement de plusieurs institutions intérieures, plus spécialement destinées à protéger la liberté des citoyens. Notre but n'est plus désormais que d'accroître la prospérité de la France par l'affermissement de la liberté publique. De là résulte la nécessité de plusieurs modifications importantes dans les constitutions, sénatus-consultes et autres actes qui régissent cet empire. A ces causes, voulant, d'un côté, conserver du passé ce qu'il y a de bon et de salutaire, et de l'autre, rendre les constitutions de notre empire conformes en tout aux vœux et aux besoins nationaux, ainsi qu'à l'état de paix que nous désirons maintenir avec l'Europe, nous avons résolu de proposer au peuple une suite de dispositions tendantes à modifier et perfectionner ses actes constitutionnels, à entourer les droits des citoyens de toutes leurs garanties, à donner au système représentatif toute son extension, à investir les corps intermédiaires de la considération et du pouvoir désirables; en un mot, à combiner le plus haut point de liberté publique et de sûreté individuelle avec la force et la neutralisation nécessaire pour faire respecter par l'étranger l'indépendance du peuple français, et la dignité de notre couronne. En conséquence, les articles suivants, formant un acte supplémentaire aux constitutions de l'empire, seront soumis à l'acceptation libre et solennelle de tous les citoyens, dans l'étendue de la France [1].

VI

SECONDE ABDICATION [2].

Au Palais de l'Elysée, le 22 juin 1815.

Français ! en commençant la guerre pour soutenir l'indépendance nationale, je comptais sur la réunion de tous les efforts, de toutes les volontés, et le concours de toutes les autorités nationales. J'étais fondé à en espérer le succès, et j'avais bravé toutes les déclarations des puissances contre moi. Les circonstances paraissent changées. Je m'offre en sacrifice à la haine des ennemis de la France. Puissent-ils être sincères dans leurs déclarations, et n'en avoir jamais voulu qu'à ma personne ! Ma vie politique est terminée, et je proclame mon fils sous le titre de Napoléon II, empereur des Français. Les ministres actuels formeront provisoirement le conseil de gouvernement. L'intérêt que je porte à mon fils m'engage à inviter les Chambres à organiser sans délai la régence par une loi. Unissez-vous tous pour le salut public et pour rester une nation indépendante.

1. Suivent les articles.
2. Cette pièce porte comme sous-titre : *Déclaration au peuple français.*

DIXIÈME PARTIE

MÉMOIRES MILITAIRES

1. *Premiers écrits militaires.*
2. *Bulletins de la Grande Armée.*
3. *Précis des guerres de César.*
4. *Précis des guerres de Turenne.*
5. *Mémoires historiques et militaires.*

PREMIERS ÉCRITS MILITAIRES

I

MÉMOIRE SUR LE LUXE DES ÉCOLES MILITAIRES [1].

Les élèves du roi, tous pauvres gentilshommes, ne peuvent puiser dans l'école, au lieu des qualités du cœur, que l'amour des sentiments de suffisance

[1]. Ecrit à l'Ecole militaire de Paris, en novembre 1784. Bonaparte avait à peine quinze ans lorsqu'il signalait les vices de l'éducation militaire sous l'ancien régime. Il adressa ce mémoire au père Berton, son ancien sous-principal de Brienne.
Le *Mémoire* a été publié par Libri, dans la *Revue des Deux-*

et de vanité, tels qu'en regagnant leurs pénates, loin de partager avec plaisir la modique aisance de leur famille, ils rougiraient peut-être des auteurs de leurs jours et dédaigneraient leur modeste manoir. Au lieu d'entretenir un nombreux domestique autour de ces élèves, de leur donner journellement des repas à plusieurs services [1], de faire parade d'un manège très coûteux, tant pour les chevaux que pour les écuyers, ne vaudrait-il pas mieux, sans toutefois interrompre le cours de leurs études, les astreindre à se suffire à eux-mêmes, c'est-à-dire, moins leur petite cuisine, qu'ils ne feraient pas, leur faire manger du pain de munition ou d'un qui en approcherait ; les habituer à battre, brosser leurs habits, à nettoyer leurs souliers et leurs bottes, etc. Puisqu'ils sont loin d'être riches et que tous sont destinés au service militaire, n'est-ce pas la seule et véritable éducation qu'il faudrait leur donner? Assujettis à une vie sobre, à soigner leur tenue, ils en deviendraient plus robustes, sauraient braver les intempéries des saisons, supporter avec courage les fatigues de la guerre et inspirer le respect et un dévouement aveugle aux soldats qui seraient sous leurs ordres.

Mondes, en 1843, et par l'auteur des Mémoires de Bourrienne. Il a été reproduit par A. Dumas (*Napoléon*, p. 3) et au tome 1er de *Bonaparte et son temps*. On le trouve aussi dans De Coston.

1. Ce luxe paraît véritablement scandaleux, si l'on s'en rapporte aux documents du temps. La seule École militaire de

II

MÉMOIRE POUR LA CONVENTION [1].

(Position politique et militaire du département de la Corse au 1ᵉʳ juin 1793.)

Il y a en Corse deux pouvoirs différents : les commissaires de la Convention et le général Paoli. Il y a deux forces armées en opposition ; d'un côté, les troupes du continent de la République réunies avec quelques bataillons d'infanterie légère corse ; de l'autre, les gardes nationales aux ordres de Paoli. Il existe en Corse plusieurs opinions politiques : les indépendants, les républicains et les aristocrates.

Paris occupait un personnel de 66 officiers ou fonctionnaires principaux. De nombreux domestiques étaient employés au service des cadets-gentilshommes. Les élèves recevaient deux vêtements neufs par an, depuis le règlement royal de juin 1780. Quant au régime alimentaire, il fera longuement rêver nos Saint-Cyriens et nos Polytechniciens d'aujourd'hui : les futurs officiers du roi avaient droit à quatre repas par jour, dont un « goûter. » Le *dîner gras* comportait la soupe, trois plats, trois desserts ; les *dîners* et *soupers maigres* : un potage, cinq plats, trois desserts, etc. Les cadets mangeaient par tables de trente couverts.

[1]. Écrit en 1793. (Archives de la Guerre.) Reproduit par le général Iung.

De quelle manière se sont formés ces deux pouvoirs ? quelle est leur position respective ? sur quel point de vue cherchent-ils à se montrer au public ? quelle est la proportion de force des différentes factions ? quelle est la force numérique ? quels sont les moyens militaires ? et quel poste occupent les deux partis ?

Telles sont les différentes questions que l'on peut se proposer et auxquelles je vais répondre.

La Convention envoya des commissaires en Corse, elle prévint l'esprit de la nation contre eux. Le département n'envoya point de commission pour les recevoir, leur feignit d'être malade, la gendarmerie arrêta sous leurs yeux des personnes de leur suite ; le commandant de la forteresse de Bastia ne voulut point les y recevoir, il voulait obliger les commissaires à fléchir devant lui, car il les craignait, il se tenait en mesure prompte à pouvoir, s'il le fallait, jeter tout de suite le masque ou prendre tout autre résolution.

L'adroit Salicetti, un des commissaires, sous prétexte de voir sa famille se porta à Corté, vit Paoli, qui le caressa beaucoup et qui voyant les commissaires disposés à tout dissimuler, écrivit de belles lettres et les fit reconnaître par le département. Pendant ce temps-là tous les vrais républicains s'empressaient d'entourer les commissaires ; la plupart des districts, des tribunaux, qui étaient patriotes, leur envoyaient des députations ; moitié par adresse, moitié par force, l'on s'empara du fort de Bastia et de Saint-Florent ; et peu à peu les commissaires gagnaient terrain et supplantaient le parti paoliste, lorsque le décret de la Convention, qui suspendait Paoli et l'appelait à Paris, arriva et précipita toutes les mesures.

Paoli, au lieu de se rendre à Paris, leva le bouclier, renforça la garnison d'Ajaccio, envoya un commissaire pour augmenter celle qui était à Calvi, fit désarmer à La Porta, à l'Ile Rousse, le détachement français, refusa de recevoir deux compagnies des Bouches-du-Rhône ; dans le même temps il envoya des commissaires dans tous les districts, fit arrêter tous les principaux patriotes, épouvanta les autres en faisant brûler les maisons, dévaster les biens de ceux qui étaient les plus accrédités parmi le peuple et dont il connaissait la probité.

Tous ces mouvements se firent à la fois dans le temps même qu'il écrivait de belles lettres à la Convention et aux commissaires, qu'il prétextait son âge et ses infirmités, qui s'opposaient à son zèle et à l'envie qu'il aurait eue d'aller à Paris, sans faire attention que Pozzo di Borgo n'avait pas les mêmes prétextes et que cependant il était toujours dans son cabinet.

L'agent que Paoli envoya à Calvi fut prévenu, et les bons patriotes de cette ville, joints à la garnison du 26°, à l'équipage de *La Perle* et de *La Prosélyte* qui étaient en rade, chassèrent le bataillon qui y était et firent prisonnier le commandant. L'on a trouvé une correspondance de deux ans entre Paoli et ce lieutenant-colonel qui décèle toute la profondeur de sa perfidie.

Les commissaires suspendirent le département, et en créèrent un nouveau à Bastia, ainsi que Leonetti, commandant de la gendarmerie, qui leur envoya sa démission, qu'ils refusèrent pour le casser.

Dans cette position Paoli était maître de l'île, ayant plus de cinq cents otages qui l'assuraient du parti républicain, et ayant effrayé le reste, il provoqua une Consulte à Corté, il donna une nouvelle organisation, un nouveau mode d'élection. Voici ce qu'a décidé la Consulte.

Paoli, créé généralissime, les biens de tous ceux qui servent dans les bataillons à la solde de la République confisqués si sous huit jours ils ne rentrent, les biens de tous ceux qui se sont réfugiés à Bastia, Calvi, Saint-Florent ou ailleurs confisqués, notamment le général Casabianca ; — l'on percevra une imposition patriotique selon un nouveau mode, l'on a fait des dons patriotiques, l'on a fini par dire que l'on voulait être Français.

Pendant ce temps-là, les commissaires, avec quatre cents hommes et deux frégates, se transportèrent à Ajaccio. Ils devaient y trouver un grand nombre de bons patriotes, au moins au nombre de mille, puisque, hormis un petit parti dirigé par Peraldi, toute la ville était pour la France, trois cent cinquante Suisses, cent hommes du 42ᵉ, cinquante hommes du 52ᵉ, deux bagarres et l'équipage du *Vengeur*. Les commissaires avaient avec eux un train d'artillerie, ils devaient forcer la citadelle et en chasser les rebelles. Ils partirent de Saint-Florent avec le plus grand secret. Mais, ayant eu mauvais temps, ils restèrent sept jours en mer. Paoli eut le temps d'envoyer deux mille hommes à Ajaccio, de faire arrêter soixante des meilleurs patriotes, de s'emparer de tous les postes, de brûler et dévaster les biens des familles Buonaparte, Multedo, député à la Convention, et de plusieurs autres, etc., etc… Les commissaires ne se trouvèrent plus en force, ils durent s'en retourner ; dans une descente ils prirent quelques prisonniers, ils avaient sur leurs armes écrit Paoli, d'autres y avaient une croix.

Dans le même temps les rebelles ont tenté de ravager le territoire de Calvi, ils ont été repoussés et ils ont perdu quarante hommes.

Les commissaires de la Convention en Corse regardent Paoli et ses adhérents comme rebelles, ils traitent comme tels tous les prisonniers qu'ils font les armes à la main.

Le département cherche à faire regarder les commissaires comme agents d'une faction qui veut placer Egalité sur le trône ; il a eu l'impudence d'imprimer une pareille bêtise, tandis que quinze jours avant il avait fait une circulaire pour qu'ils fussent reconnus. Paoli dit à qui veut l'entendre que les commissaires sont les agents des Génois ; cette dernière assertion n'étant que pour la populace, elle n'a jamais été imprimée.

Quelle est la force numérique ? quels sont les moyens militaires ? et quels postes occupent les deux partis ?

La République a, en Corse, trois mille cent hommes de troupes du continent et à peu près douze cents Corses à la solde. Total quatre mille trois cents.

Elle a une assez bonne artillerie de campagne et ne manque de rien. Bastia, Calvi, Saint-Florent, le Cap Corse, le Nebbio, sont en son pouvoir.

Paoli peut compter six cents hommes, mais qui sont à la fois cultivateurs et militaires ; il a Ajaccio et Bonifacio avec le reste de la Corse, il a soixante milliers de poudre, deux mauvaises pièces de campagne et les farines qui se trouvaient à Ajaccio qui étaient en assez grande quantité...

BUONAPARTE,
capitaine d'artillerie au 4e régiment.

III

NOTE SUR LES MOYENS D'AUGMENTER LA PUISSANCE DE LA TURQUIE, CONTRE L'ENVAHISSEMENT DES MONARCHIES EUROPÉENNES [1].

Dans un temps où l'impératrice de Russie a resserré les liens qui l'unissaient à l'Empereur, il est de l'intérêt de la France de faire tout ce qui dépend d'elle pour rendre plus redoutables les moyens militaires de la Turquie.

Cette puissance a des milices nombreuses et braves, mais ignorantes sur les principes de l'art de la guerre.

La formation et le service de l'artillerie qui influent si puissamment dans notre tactique moderne sur le gain des batailles, et presque exclusivement dans la prise et la défense des places, sont encore dans leur enfance en Turquie.

La Porte qui a senti le danger de cette infériorité

---

1. Ecrite à Paris, en août 1795. Publiée en 1822.
En juillet 1795, le Sultan invita le gouvernement de la République à envoyer à Constantinople une mission composée d'officiers et d'ingénieurs français, dans le but de réorganiser l'artillerie turque. Bonaparte demanda à conduire cette mission, et rédigea la *Note* à cette occasion. Mais le Comité de Salut public rejeta sa candidature.

a plusieurs fois demandé des officiers d'artillerie et de génie. Nous y en avons effectivement quelques-uns en ce moment, mais ils ne sont pas assez nombreux, ni assez instruits pour former un résultat qui puisse être considéré de quelque conséquence.

Le général Buonaparte qui, depuis sa jeunesse, sert dans l'artillerie, qu'il a commandée au siège de Toulon et pendant deux campagnes à l'armée d'Italie, s'offre au gouvernement pour passer en Turquie, avec une mission du gouvernement.

Il mènera avec lui six ou sept officiers de différents genres et qui puissent ensemble parfaitement posséder les différentes parties de l'art militaire.

Dans cette nouvelle carrière, s'il peut rendre plus redoutables les armées turques, et perfectionner la défense de leurs principales forteresses, il croira avoir rendu un service signalé à la patrie et avoir, à son retour, bien mérité de la patrie [1].

[1]. En marge de cet écrit se trouvaient une apostille favorable de Debry et, de plus, les curieuses lignes suivantes de Doulcet de Pontécoulant :

« Le général de brigade Buonaparte a servi avec distinc-
» tion à l'armée des Alpes, où il commandait l'artillerie. Mis
» en réquisition près le Comité de Salut public, il a travaillé
» avec zèle et exactitude dans la division de la section de la
» guerre chargée du plan de campagne et de la surveillance
» des opérations des armées de terre ; et je déclare avec plaisir
» que je dois à ses conseils la plus grande partie des mesures
» utiles que j'ai proposées au Comité pour l'armée des Alpes
» et d'Italie. Je le recommande à mes collègues comme un ci-
» toyen qui peut être utilement employé pour la République,
» soit dans l'artillerie, soit dans toute autre arme, soit même
» dans la partie des Relations extérieures. »

II

BULLETINS DE LA GRANDE ARMÉE [1]

I

CAPITULATION D'ULM [2].

Elchingen, le 18 octobre 1805 (26 vendémiaire an XIV).

La journée d'Ulm a été une des plus belles jour-

1. Les *Bulletins* de Napoléon sont célèbres. On y trouve toutes les qualités de son style impétueux ou prudent, concis ou abondant, selon l'état de son âme. Ceux que nous donnons ici passent pour les chefs-d'œuvre du genre. Au point de vue littéraire, Napoléon y est plutôt chroniqueur qu'historien; entre ces relations de marches et de batailles et les admirables *Mémoires historiques et militaires*, que le lecteur trouvera plus loin, il y a la différence d'un Froissart à un Philippe de Commines, de Quinte-Curce à César ou Salluste. Mais les Bulletins abondent en curiosités de langage et d'expressions; presque tous fourmillent de larges pensées et de brillantes images. Rhétorique dont les *Proclamations* sont le plus parfait modèle. Victor Hugo a dit : « Napoléon faisait l'histoire et il » l'écrivait, ses bulletins sont des *Iliades*... »

2. Ce bulletin est le 6e de la Grande Armée pendant l'année

nées de l'histoire de France. La capitulation de la place est ci-jointe, ainsi que l'état des régiments qui y sont enfermés. L'empereur eût pu l'enlever d'assaut; mais vingt mille hommes, défendus par des ouvrages et des fossés pleins d'eau, eussent opposé de la résistance, et le vif désir de S. M. était d'épargner le sang. Le général Mack, général en chef de l'armée, était dans la ville. C'est la destinée des généraux opposés à l'empereur d'être pris dans des places. On se souvient qu'après les belles manœuvres de la Brenta, le vieux feld-maréchal Wurmser fut fait prisonnier dans Mantoue, Mélas le fut dans Alexandrie, Mack l'est dans Ulm.

L'armée autrichienne était une des plus belles qu'ait eues l'Autriche. Elle se composait de quatorze régiments d'infanterie formant l'armée dite de Bavière, de treize régiments de l'armée du Tyrol, et de cinq régiments venus en poste d'Italie, faisant trente-deux régiments d'infanterie, et de quinze régiments de cavalerie.

L'empereur avait placé l'armée du prince Ferdinand dans la même situation où il plaça celle de Mélas. Après avoir hésité longtemps, Mélas prit la noble résolution de passer sur le corps de l'armée française, ce qui donna lieu à la bataille de Marengo. Mack a pris un autre parti : Ulm est l'aboutissant

---

1805. Nous reproduisons l'excellent texte donné par A. Pujol. (1843.)

d'un grand nombre de routes : il a conçu le projet de faire échapper ses divisions par chacune de ces routes, et de les réunir en Tyrol et en Bohême. Les divisions Hohenzollern et Werneck ont débouché par Memmingen. Mais l'empereur, dès le 20, accourut d'Augsbourg devant Ulm, déconcerta sur-le-champ les projets de l'ennemi, et fit enlever le pont et la position d'Elchingen, ce qui remédia à tout.

Le maréchal Soult, après avoir pris Memmingen, s'était mis à la poursuite des autres colonnes. Enfin, il ne restait plus au prince Ferdinand d'autre ressource que de se laisser enfermer dans Ulm, ou d'essayer, par des sentiers, de rejoindre la division de Hohenzollern ; ce prince a pris ce dernier parti ; il s'est rendu à Aalen avec quatre escadrons de cavalerie.

Cependant le prince Murat était à la poursuite du prince Ferdinand. La division Werneck a voulu l'arrêter à Langeneau ; il lui a fait trois mille prisonniers, dont un officier général, et lui a enlevé deux drapeaux. Tandis qu'il manœuvrait par la droite à Heydenheim, le maréchal Lannes marchait par Aalen et Nordlingen. La marche de la division ennemie était embarrassée par cinq cents chariots, et affaiblie par le combat de Langeneau. A ce combat, le prince Murat a été très satisfait du général Klein. Le vingtième de dragons, le neuvième d'infanterie légère et les chasseurs de la garde impériale se sont particulièrement distingués. L'aide de camp Brunet a montré beaucoup de bravoure.

Ce combat n'a pas retardé la marche du prince Murat. Il s'est porté rapidement sur Neresheim, et le 25, à cinq heures du soir, il est arrivé devant cette position. La division de dragons du général Klein a chargé l'ennemi. Deux drapeaux, un officier général et mille hommes ont été de nouveau pris au combat de Neresheim. Le prince Ferdinand et sept de ses généraux n'eurent que le temps de monter à cheval. On a trouvé leur dîner servi. Depuis plusieurs jours ils n'ont aucun point pour se reposer. Il paraît que le prince Ferdinand ne pourra se soustraire à l'armée française qu'en se déguisant, ou en fuyant avec quelques escadrons, par quelques routes détournées d'Allemagne.

L'empereur, traversant une foule de prisonniers ennemis, un colonel autrichien témoignait son étonnement de voir l'empereur des Français trempé, couvert de boue, autant et plus fatigué que le dernier tambour de l'armée. Un de ses aides de camp lui ayant expliqué ce que disait l'officier autrichien, l'empereur lui fit répondre : « Votre maître a voulu me faire ressouvenir que j'étais un soldat, j'espère que la pompe et la pourpre impériale ne m'ont pas fait oublier mon premier métier. »

Le spectacle que l'armée offrait, dans la journée du 23, était vraiment intéressant. Depuis deux jours, la pluie tombait à seaux. Tout le monde était trempé; le soldat n'avait pas eu de distribution. Il était dans la boue jusqu'aux genoux; mais la vue de l'empereur lui rendait sa gaieté, et du moment qu'il apercevait des colonnes entières dans le même état, il faisait retentir le cri de *Vive l'empereur!*

On rapporte aussi que l'empereur répondit aux officiers qui l'entouraient et qui admiraient comment, dans le moment le plus pénible, les soldats oublient toutes leurs privations, et ne se montrent sensibles qu'au plaisir de le voir : « Ils ont raison, c'est pour épargner leur sang que je leur fais essuyer de si grandes fatigues. »

L'empereur, lorsque l'armée occupait les hauteurs qui dominent Ulm, fit appeler le prince de Lichtenstein, général-major, enfermé dans cette place, pour lui faire connaître qu'il désirait qu'elle capitulât, lui disant que, s'il la prenait d'assaut, il serait obligé de faire ce qu'il avait fait à Jaffa, où la garnison fut passée au fil de l'épée, que c'était le triste droit de la guerre; qu'il voulait qu'on lui épargnât, et à la brave nation autrichienne, la nécessité d'un acte aussi effrayant; que la place n'était pas tenable; qu'elle devait donc se rendre. Le prince insistait pour que les officiers et soldats eussent la faculté de retourner en Autriche. « Je l'accorde aux officiers et non aux soldats, a répondu l'empereur; car qui me garantira qu'on ne les fera pas servir de nouveau. » Puis, après avoir hésité un moment, il ajouta : « Eh bien! je me fie à la parole du prince Ferdinand. S'il est dans la place, je veux lui donner une preuve de mon estime, et je vous accorde ce que vous me demandez, espérant que la cour de Vienne ne démentira pas la parole d'un de ses princes. » Sur ce que M. Lichtenstein assura que le prince Ferdinand n'était point dans la place : « Alors, je ne vois pas, dit l'empereur, qui peut me garantir que les soldats que je vous renverrai ne serviront pas. »

Une brigade de quatre mille hommes occupe l'une des portes de la ville d'Ulm.

Dans la nuit du 24 au 25, il y a eu un ouragan terrible; le Danube est tout à fait débordé et a rompu la plus grande partie de ses ponts, ce qui nous gêne beaucoup pour nos subsistances.

Dans la journée du 23, le maréchal Bernadotte a poussé ses avant-postes jusqu'à Wasserbourg et Haag sur la chaussée de Braunau; il a fait encore quatre ou cinq cents prisonniers à l'ennemi, lui a enlevé un parc de dix-sept pièces d'artillerie de divers calibres : de sorte que, depuis son entrée à Munich, sans perdre un seul homme, le maréchal Bernadotte a pris quinze cents prisonniers, dix-neuf pièces de canon, deux cents chevaux et un grand nombre de bagages.

L'empereur a passé le Rhin le 9 vendémiaire, le Danube le 14, à cinq heures du matin, le Lech le même jour, à trois heures après midi; ses troupes sont entrées à Munich le 20, ses avant-postes sont arrivés sur l'Inn le 23. Le même jour, il était maître de Memmingen, et le 25 d'Ulm.

Il avait pris à l'ennemi, aux combats de Wertingen, de Guntzbourg, d'Elchingen, aux journées de Memmingen et d'Ulm, et aux combats d'Albeck, de Langeneau et de Neresheim, quarante mille hommes tant infanterie que cavalerie, plus de quarante drapeaux, et un très grand nombre de pièces de canon, de bagages, de voitures; et pour arriver à ces grands résultats, il n'avait fallu que des marches et des manœuvres.

Dans ces combats partiels, les pertes de l'armée française ne se montent qu'à cinq cents morts et à mille blessés. Aussi le soldat dit-il souvent: « L'empereur a trouvé une nouvelle méthode de faire la guerre, il ne se sert que de nos jambes et pas de nos baïonnettes. » Les cinq sixièmes de l'armée n'ont pas tiré un coup de fusil, ce dont ils s'affligent; mais tous ont beaucoup marché, et ils redoublent de célérité quand ils ont l'espoir d'atteindre l'ennemi.

On peut faire en deux mots l'éloge de l'armée : elle est digne de son chef.

On doit considérer l'armée autrichienne comme anéantie. Les Autrichiens et les Russes seront obligés de faire beaucoup d'appels, de recrues, pour résister à l'armée française, qui est venue à bout d'une armée de cent mille hommes, sans éprouver, pour ainsi dire, aucune perte.

II

BATAILLE D'AUSTERLITZ [1].

Décembre 1805.

Le 10 frimaire (1ᵉʳ décembre), l'empereur, du haut de son bivouac, aperçut, avec une indicible joie, l'armée russe commençant, à deux portées de canon de ses avant-postes, un mouvement de flanc pour tourner sa droite.

Il vit alors jusqu'à quel point la présomption et l'ignorance de l'art de la guerre avaient égaré les conseils de cette brave armée. Il dit plusieurs fois : « Avant demain au soir cette armée est à moi. » Cependant le sentiment de l'ennemi était bien différent : il se présentait devant nos grand'gardes à portée de pistolet : il défilait par une marche de flanc sur une ligne de quatre lieues, en prolongeant l'armée française, qui paraissait ne pas oser sortir de sa position : il n'avait qu'une crainte, c'était que l'armée française ne lui échappât. On fit tout pour

---

1. 30ᵉ bulletin de la Grande Armée pendant l'année 1805.

confirmer l'ennemi dans cette idée. Le prince Murat fit avancer un petit corps de cavalerie dans la plaine ; mais tout d'un coup il parut étonné des forces immenses de l'ennemi, et rentra à la hâte. Ainsi, tout tendait à confirmer le général russe dans l'opération mal calculée qu'il avait arrêtée. L'empereur fit mettre à l'ordre la proclamation ci-jointe. Le soir, il voulut visiter à pied et incognito tous les bivouacs ; mais à peine eut-il fait quelques pas qu'il fut reconnu. Il serait impossible de peindre l'enthousiasme des soldats en le voyant. Des fanaux de paille furent mis en un instant au haut de milliers de perches, et quatre-vingt mille hommes se présentèrent au-devant de l'empereur, en le saluant par des acclamations ; les uns pour fêter l'anniversaire de son couronnement, les autres disant que l'armée donnerait le lendemain son bouquet à l'empereur. Un des plus vieux grenadiers s'approcha de lui et lui dit : « Sire, tu n'auras pas besoin de t'exposer. Je te promets, au nom des grenadiers de l'armée, que tu n'auras à combattre que des yeux, et que nous t'amènerons demain les drapeaux et l'artillerie de l'armée russe pour célébrer l'anniversaire de ton couronnement. »

L'empereur dit en entrant dans son bivouac, qui consistait en une mauvaise cabane de paille sans toit, que lui avaient faite les grenadiers : « Voilà la plus belle soirée de ma vie ; mais je regrette de penser que je perdrai bon nombre de ces braves gens. Je sens, au mal que cela me fait, qu'ils sont véritablement mes enfants ; et, en vérité, je me reproche quelquefois ce sentiment, car je crains qu'il ne me rende inhabile à faire la guerre. » Si l'ennemi eût pu voir ce spectacle, il eût été épouvanté. Mais l'insensé continuait toujours son mouvement, et courait à grands pas à sa perte.

L'empereur fit sur-le-champ toutes ses dispositions de bataille. Il fit partir le maréchal Davoust [1] en toute hâte, pour se rendre au couvent de Raygern ; il devait avec une de ses divisions et une division de dragons, y contenir l'aile gauche de l'ennemi, afin qu'au moment donné elle se trouvât enveloppée : il donna le commandement de la gauche au maréchal Lannes, de la droite au maréchal Soult, du centre au maréchal Bernadotte, et de toute la cavalerie, qu'il réunit sur un seul point, au prince Murat. La gauche du maréchal Lannes était appuyée au Santon, position superbe que l'empereur avait fait fortifier, et où il avait fait placer dix-huit pièces de canon. Dès la veille, il avait confié la garde de cette belle position au 17ᵉ régiment d'infanterie légère, et certes elle ne pouvait être gardée par de meilleures troupes. La division du général Suchet formait la gauche du maréchal Lannes ; celle du gé-

---

1. Napoléon écrit toujours ainsi, mais l'orthographe exacte est *D'Avout*.

néral Caffarelli formait sa droite, qui était appuyée sur la cavalerie du prince Murat. Celle-ci avait devant elle les hussards et chasseurs sous les ordres du général Kellermann, et les divisions des dragons Walther et Beaumont; et en réserve les divisions de cuirassiers des généraux Nansouty et d'Hautpoult, avec vingt-quatre pièces d'artillerie légère.

Le maréchal Bernadotte, c'est-à-dire le centre, avait à sa gauche la division du général Rivaud, appuyée à la droite du prince Murat, et à sa droite la division du général Drouet.

Le maréchal Soult, qui commandait la droite de l'armée, avait à sa gauche la division du général Vandamme, au centre la division du général Saint-Hilaire, à sa droite la division du général Legrand.

Le maréchal Davoust était détaché sur la droite du général Legrand, qui gardait les débouchés des étangs, et des villages de Sokolnitz et de Celnitz. Il avait avec lui la division Friant et les dragons de la division du général Bourcier. La division du général Gudin devait se mettre de grand matin en marche de Nicolsburg, pour contenir le corps ennemi qui aurait pu déborder la droite.

L'empereur, avec son fidèle compagnon de guerre le maréchal Berthier, son premier aide de camp le colonel-général Junot[1], et tout son état-major, se

---

1. Junot était colonel-général des hussards.

trouvait en réserve avec les dix bataillons de sa garde et les dix bataillons de grenadiers du général Oudinot, dont le général Duroc commandait une partie.

Cette réserve était rangée sur deux lignes, en colonnes par bataillons, à distance de déploiement, ayant dans les intervalles quarante pièces de canon servies par les canonniers de la garde. C'est avec cette réserve que l'empereur avait le projet de se précipiter partout où il eût été nécessaire. On peut dire que cette réserve valait une armée.

A une heure du matin, l'empereur monta à cheval pour parcourir ses postes, reconnaître les feux des bivouacs de l'ennemi, et se faire rendre compte par les grand'gardes de ce qu'elles avaient pu entendre des mouvements des Russes. Il apprit qu'ils avaient passé la nuit dans l'ivresse et des cris tumultueux, et qu'un corps d'infanterie russe s'était présenté au village de Sokolnitz, occupé par un régiment de la division du général Legrand, qui reçut ordre de le renforcer.

Le 11 frimaire, le jour parut enfin. Le soleil se leva radieux ; et cet anniversaire du couronnement de l'empereur, où allait se passer l'un des plus beaux faits d'armes du siècle, fut une des plus belles journée de l'automne.

Cette bataille, que les soldats s'obstinent à appeler *la journée des trois empereurs*, que d'autres appellent *la journée de l'anniversaire*, et que l'empereur a nommée *la journée d'Austerlitz*, sera à jamais mémorable dans les fastes de la grande nation.

L'empereur, entouré de tous les maréchaux, attendait pour donner les derniers ordres, que l'horizon fût bien éclairci. Aux premiers rayons du soleil, les ordres furent donnés, et chaque maréchal rejoignit son corps au grand galop.

L'empereur dit en passant sur le front de bandière de plusieurs régiments : « Soldats ! il faut finir cette campagne par un coup de tonnerre qui confonde l'orgueil de nos ennemis. » Aussitôt les chapeaux au bout des baïonnettes et les cris de *Vive l'empereur !* furent le véritable signal du combat. Un instant après la canonnade se fit entendre à l'extrémité de la droite, que l'avant-garde ennemie avait déjà débordée ; mais la rencontre imprévue du maréchal Davoust arrêta l'ennemi tout court, et le combat s'engagea.

Le maréchal Soult s'ébranle au même instant, se dirige sur les hauteurs du village de Pringen avec les divisions des généraux Vandamme et Saint-Hilaire et coupe entièrement la droite de l'ennemi, dont tous les mouvements devinrent incertains. Surprise par une marche de flanc pendant qu'elle fuyait, se croyant attaquante et se voyant attaquée, elle se regarde à demi battue.

Le prince Murat s'ébranle avec sa cavalerie ; la gauche, commandée par le maréchal Lannes, marche en échelons par régiments, comme à l'exercice.

Une canonnade épouvantable s'engage sur toute la ligne, deux cents pièces de canon, et près de deux cent mille hommes, faisaient un bruit affreux : c'était un véritable combat de géants. Il n'y avait pas une heure qu'on se battait, et toute la gauche de l'ennemi était coupée. Sa droite se trouvait déjà arrivée à Austerlitz, quartier général des deux empereurs, qui durent faire marcher sur-le-champ la garde de l'empereur de Russie, pour tâcher de rétablir la communication du centre avec la gauche. Un bataillon du 4e de ligne fut chargé par la garde impériale russe à cheval, et culbuté; mais l'empereur n'était pas loin: il s'aperçut de ce mouvement; il ordonna au maréchal Bessières de se porter au secours de sa droite avec ses invincibles, et bientôt les deux gardes furent aux mains.

Le succès ne pouvait être douteux : dans un moment la garde russe fut en déroute. Colonel, artillerie, étendards, tout fut enlevé. Le régiment du grand-duc Constantin fut écrasé; lui-même ne dut son salut qu'à la vitesse de son cheval.

Des hauteurs d'Austerlitz, les deux empereurs virent la défaite de la garde russe. Au même moment, le centre de l'armée, commandé par le maréchal Bernadotte, s'avança ; trois de ses régiments soutinrent une très belle charge de cavalerie. La gauche, commandée par le maréchal Lannes, donna trois fois. Toutes les charges furent victorieuses. La division du général Caffarelli s'est distinguée. Les divisions de cuirassiers se sont emparées des batteries de l'ennemi. A une heure après midi la victoire était décidée ; elle n'avait pas été un moment douteuse. Pas un homme de la réserve n'avait été nécessaire et n'avait donné nulle part. La canonnade ne se soutenait plus qu'à notre droite. Le corps de l'ennemi, qui avait été cerné et chassé de toutes ses hauteurs, se trouvait dans un bas-fond et acculé à un lac. L'empereur s'y porta avec vingt pièces de canon. Ce corps fut chassé de position en position, et l'on vit un spectacle horrible, tel qu'on l'avait vu à Aboukir, vingt mille hommes se jetant dans l'eau et se noyant dans les lacs.

Deux colonnes, chacune de quatre mille Russes, mettent bas les armes et se rendent prisonniers ; tout le parc de l'ennemi est pris. Les résultats de cette journée sont quarante drapeaux russes, parmi lesquels sont les étendards de la garde impériale ; un nombre considérable de prisonniers ; l'état-major ne les connaît pas encore tous, on avait déjà la note de vingt mille ; douze ou quinze généraux ; au moins quinze mille Russes tués, restés sur le champ de bataille. Quoiqu'on n'ait pas encore les rapports, on peut, au premier coup d'œil, évaluer notre perte à huit cents hommes tués et à quinze ou seize cents blessés. Cela n'étonnera pas les militaires, qui savent que ce n'est que dans la déroute qu'on perd des hommes, et nul autre corps que le bataillon du 4ᵉ n'a été rompu. Parmi les blessés sont le général Saint-Hilaire, qui, blessé au commencement de l'action, est resté sur le champ de bataille ; il s'est couvert de gloire ; les généraux de division Kellermann et Walther ; les généraux de brigade Valhubert, Thiébault, Sébastiani, Compans et Rapp, aide de camp de l'empereur. C'est ce dernier qui, en chargeant à la tête des grenadiers de la garde, a pris le prince Repnin, commandant les chevaliers de la garde impériale de Russie. Quant aux hommes qui se sont distingués, c'est toute l'armée qui s'est couverte de gloire. Elle a constamment chargé aux cris de *Vive l'empereur !* et l'idée de célébrer si glorieusement l'anniversaire du couronnement animait encore le soldat.

L'armée française, quoique nombreuse et belle, était moins nombreuse que l'armée ennemie, qui était forte de cent cinq mille hommes, dont quatre-vingt mille Russes et vingt-cinq mille Autrichiens. La moitié de cette armée est détruite ; le reste a été mis en déroute complète, et la plus grande partie a jeté ses armes.

Cette journée coûtera des larmes de sang à Saint-Pétersbourg. Puisse-t-elle y faire rejeter avec indignation l'or de l'Angleterre ! et puisse ce jeune prince, que tant de vertus appelaient à être le père de ses sujets, s'arracher à l'influence de ces trente freluquets que l'Angleterre solde avec art, et dont les impertinences obscurcissent ses intentions, lui font perdre l'amour de ses soldats, et le jettent dans les opérations les plus erronées ! La nature, en le douant de si grandes qualités, l'avait appelé à être le consolateur de l'Europe. Des conseils perfides, en le rendant l'auxiliaire de l'Angleterre, le placeront dans l'histoire au rang des hommes qui, en perpétuant la guerre sur le continent, auront consolidé la tyrannie britannique sur les mers et fait le malheur de notre génération. Si la France ne peut arriver à la paix qu'aux conditions que l'aide de camp Dolgorouki a proposées à l'empereur, et que M. de Novozilzof avait été chargé de porter, la Russie ne les obtiendrait pas, quand même son armée serait campée sur les hauteurs de Montmartre.

Dans une relation plus détaillée de cette bataille, l'état-major fera connaître ce que chaque corps, chaque officier, chaque général, ont fait pour illustrer le nom français et donner un témoignage de leur amour à leur empereur.

Le 12, à la pointe du jour, le prince Jean de Lichtenstein, commandant l'armée autrichienne, est venu trouver l'empereur à son quartier général, établi dans une grange. Il en a eu une longue audience. Cependant nous poursuivons nos succès. L'ennemi s'est retiré sur le chemin d'Austerlitz à Godding. Dans cette retraite il prête le flanc ; l'armée française est déjà sur ses derrières, et le suit l'épée dans les reins.

Jamais champ de bataille ne fut plus horrible. Du milieu de lacs immenses, on entend encore les cris de milliers d'hommes qu'on ne peut secourir. Il faudra trois jours pour que tous les blessés ennemis soient évacués sur Brunn. Le cœur saigne. Puisse tant de sang versé, puissent tant de malheurs retomber enfin sur les perfides insulaires qui en sont la cause ! puissent les lâches olygarques de Londres porter la peine de tant de maux !

III

PLAN DE LA BATAILLE DE FRIEDLAND [1].

Le 14 juin 1807 [2].

Le maréchal Ney prendra la droite, depuis Posthenen jusque vers Sortlack, et il s'appuiera à la position actuelle du général Oudinot. Le maréchal Lannes fera le centre, qui commencera à la gauche du maréchal Ney, depuis Heinrischdorf jusqu'à peu près vis-à-vis le village de Posthenen. Les grenadiers

1. Dicté par Napoléon au maréchal Berthier. Reproduit par Abel Hugo. (1833.)
2. Anniversaire de Marengo.

d'Oudinot, qui forment actuellement la droite du maréchal Lannes, appuieront insensiblement à gauche pour attirer sur eux l'attention de l'ennemi. Le maréchal Lannes reploiera ses divisions autant qu'il le pourra, et par ce ploiement, il aura la facilité de se placer sur deux lignes. La gauche sera formée par le maréchal Mortier, tenant Heinrischdorf et la route de Kœnigsberg, et de là s'étendant en face de l'aile droite des Russes. Le maréchal Mortier n'avancera jamais, le mouvement devant être fait par notre droite qui pivotera sur la gauche.

La cavalerie du général Espagne et les dragons du général Grouchy, réunis à la cavalerie de l'aile gauche, manœuvreront pour faire le plus de mal possible à l'ennemi, lorsque celui-ci, pressé par l'attaque vigoureuse de notre droite, sentira la nécessité de battre en retraite.

Le général Victor et la garde impériale à pied et à cheval formeront la réserve, et seront placés à Grunhof, Botkein et derrière Posthenen.

La division des dragons Lahoussaye sera sous les ordres du général Victor; celle des dragons Latour-Maubourg obéira au maréchal Ney; la division de grosse cavalerie du général Nansouty sera à la disposition du maréchal Lannes, et combattra avec la cavalerie du corps d'armée de réserve au centre.

Je me trouverai à la réserve.

On doit toujours avancer par la droite, et on doit

laisser l'initiative du mouvement au maréchal Ney, qui attendra mes ordres pour commencer.

Du moment que la droite se portera sur l'ennemi, tous les canons de la ligne devront doubler leur feu dans la direction utile pour protéger l'attaque de cette aile.

IV

BATAILLE DE FRIEDLAND [1].

Au camp de Tilsitt, le 22 juin 1807.

Le 14 juin, à cinq heures du soir, les différents corps d'armée étaient à leur place. A la droite, le maréchal Ney ; au centre, le maréchal Lannes ; à la gauche, le maréchal Mortier ; à la réserve, le corps du général Victor et la garde.

La cavalerie, sous les ordres du général Grouchy, soutenait la gauche. La division de dragons du général Latour-Maubourg était en réserve derrière la droite, la division de dragons du général Lahoussaye et les cuirassiers saxons étaient en réserve derrière le centre.

Cependant l'ennemi avait déployé toute son ar-

1. 79º bulletin de la Grande Armée en 1806 et 1807.

mée; il appuyait sa gauche à la ville de Friedland, et sa droite se prolongeait à une lieue et demie.

L'empereur, après avoir reconnu la position, décida d'enlever sur-le-champ la ville de Friedland, en faisant brusquement un changement de front, la droite en avant, et fit commencer l'attaque par l'extrémité de sa droite.

A cinq heures et demie, le maréchal Ney se mit en mouvement, quelques salves d'une batterie de vingt pièces de canon furent le signal. Au même moment, la division du général Marchand avança, l'arme au bras, sur l'ennemi, prenant sa direction sur le clocher de la ville. La division du général Bisson la soutenait sur la gauche. Du moment où l'ennemi s'aperçut que le maréchal Ney avait quitté le bois où sa droite était en position, il le fit déborder par des régiments de cavalerie, précédés d'une nuée de cosaques. La division de dragons du général Latour-Maubourg se forma sur-le-champ au galop sur la droite, et repoussa la charge ennemie. Cependant le général Victor fit placer une batterie de trente pièces de canon en avant de son centre; le général Sennarmont, qui la commandait, se porta à plus de quatre cents pas en avant et fit éprouver une horrible perte à l'ennemi. Les différentes démonstrations que les Russes voulurent faire pour opérer une diversion furent inutiles. Le maréchal Ney, avec un sang-froid, et avec cette intrépidité qui lui est particulière, était en avant de ses échelons, dirigeant lui-même les plus petits détails, et donnait l'exemple à un corps d'armée, qui toujours s'est fait distinguer, même parmi les corps de la Grande Armée. Plusieurs colonnes d'infanterie ennemie, qui attaquaient la droite du maréchal Ney, furent chargées à la baïonnette et précipitées dans l'Alle. Plusieurs milliers d'hommes y trouvèrent la mort ; quelques-uns échappèrent à la nage. La gauche du maréchal Ney arriva sur ces entrefaites au ravin qui entoure la ville de Friedland. L'ennemi, qui y avait embusqué la garde impériale russe à pied et à cheval, déboucha avec intrépidité, et fit une charge sur la gauche du maréchal Ney, qui fut un moment ébranlée ; mais la division Dupont, qui formait la droite de la réserve, marcha sur la garde impériale, la culbuta et en fit un horrible carnage.

L'ennemi tira de ses réserves et de son centre d'autres corps pour défendre Friedland. Vains efforts ! Friedland fut forcé et ses rues furent jonchées de morts.

Le centre, que commandait le maréchal Lannes, se trouva dans ce moment engagé. L'effort que l'ennemi avait fait sur l'extrémité de la droite de l'armée française ayant échoué, il voulut essayer un semblable effort sur le centre. Il y fut reçu comme on devait l'attendre des braves divisions Oudinot et Verdier, et du maréchal qui les commandait.

Des charges d'infanterie et de cavalerie ne purent

pas retarder la marche de nos colonnes. Tous les efforts de la bravoure des Russes furent inutiles ; ils ne purent rien entamer, et vinrent trouver la mort sur nos baïonnettes.

Le maréchal Mortier, qui pendant toute la journée fit grandes preuves de sang-froid et d'intrépidité, en maintenant la gauche, marcha alors en avant, et fut soutenu par les fusiliers de la garde, que commandait le général Savary. Cavalerie, infanterie, artillerie, tout le monde s'est distingué.

La garde impériale à pied et à cheval, et deux divisions de la réserve du premier corps n'ont pas été engagées. La victoire n'a pas hésité un seul instant. Le champ de bataille est un des plus horribles qu'on puisse voir. Ce n'est pas exagérer que de porter le nombre des morts, du côté des Russes, de quinze à dix-huit mille hommes. Du côté des Français, la perte ne se monte pas à cinq cents morts, ni à plus de trois mille blessés. Nous avons pris quatre-vingts pièces de canon et une grande quantité de caissons. Plusieurs drapeaux sont restés en notre pouvoir. Les Russes ont eu vingt-cinq généraux tués, pris ou blessés. Leur cavalerie a fait des pertes immenses.

Les carabiniers et les cuirassiers, commandés par le général Nansouty, et les différentes divisions de dragons se sont fait remarquer. Le général Grouchy, qui commandait la cavalerie de l'aile gauche, a rendu des services importants.

Le général Drouet, chef de l'état-major du corps d'armée du maréchal Lannes; le général Cohorn ; le colonel Regnaud, du 15e de ligne ; le colonel Lajonquière, du 60e de ligne ; le colonel Lamotte, du 4e de dragons, et le général de brigade Brun, ont été blessés. Le général de division Latour-Maubourg l'a été à la main. Le colonel d'artillerie de Forno et le chef d'escadron Hulin, premier aide de camp du général Oudinot, ont été tués. Les aides de camp de l'empereur, Mouton et Lacoste, ont été légèrement blessés.

La nuit n'a point empêché de poursuivre l'ennemi ; on l'a suivi jusqu'à onze heures du soir. Le reste de la nuit, les colonnes qui avaient été coupées ont essayé de passer l'Alle, à plusieurs gués. Partout, le lendemain et à plusieurs lieues, nous avons trouvé des caissons, des canons et des voitures perdus dans la rivière.

La bataille de Friedland est digne d'être mise à côté de celles de Marengo, d'Austerlitz et d'Iéna. L'ennemi était nombreux, avait une belle et forte cavalerie, et s'est battu avec courage.

Le lendemain 15, pendant que l'ennemi essayait de se rallier, et faisait sa retraite sur la rive droite de l'Alle, l'armée française continuait, sur la rive gauche, ses manœuvres pour le couper de Kœnigsberg. Les têtes des colonnes sont arrivées ensemble à Wehlau, ville située au confluent de l'Alle et de la Prégel,

L'empereur avait son quartier-général au village de Peterswalde.

Le 16, à la pointe du jour, l'ennemi ayant coupé tous les ponts, mit à profit cet obstacle pour continuer son mouvement rétrograde sur la Russie.

A huit heures du matin, l'empereur fit jeter un pont sur la Prégel, et l'armée s'y mit en position.

Presque tous les magasins que l'ennemi avait sur l'Alle ont été par lui jetés à l'eau ou brûlés. Par ce qui nous reste, on peut connaître les pertes immenses qu'il a faites. Partout, dans les villages, les Russes avaient des magasins, et partout, en passant, ils les ont incendiés. Nous avons cependant trouvé à Wehlau plus de six mille quintaux de blé.

A la nouvelle de la victoire de Friedland, Kœnigsberg a été abandonné. Le maréchal Soult est entré dans cette place, où nous avons trouvé des richesses immenses, plusieurs centaines de milliers de quintaux de blé, plus de vingt mille blessés russes et prussiens, tout ce l'Angleterre a envoyé de munitions de guerre à la Russie, entre autres cent soixante mille fusils encore embarqués. Ainsi la Providence a puni ceux qui, au lieu de négocier de bonne foi pour arriver à l'œuvre salutaire de la paix, s'en sont fait un jeu, prenant pour faiblesse et pour impuissance la tranquillité du vainqueur.

L'armée occupe ici le plus beau pays possible. Les bords de la Prégel sont riches. Dans peu, les magasins et les caves de Dantzick et Kœnigsberg vont nous apporter de nouveaux moyens d'abondance et de santé.

Les noms des braves qui se sont distingués, les détails de ce que chaque corps a fait, passent les bornes d'un simple bulletin, et l'état-major s'occupe de réunir tous les faits.

Le prince de Neufchâtel a, dans la bataille de Friedland, donné des preuves particulières de son zèle et de ses talents. Plusieurs fois il s'est trouvé au fort de la mêlée, et y a fait des dispositions utiles.

L'ennemi avait recommencé les hostilités le 5 : on peut évaluer la perte qu'il a éprouvée en dix jours, et par suite des opérations, à soixante mille hommes pris, blessés, tués ou hors de combat. Il a perdu une partie de son artillerie, presque toutes ses munitions et tous ses magasins sur une ligne de plus de quarante lieues.

V

ENTRÉE A MADRID [1]

Madrid, le 5 décembre 1808 [2].

Le 3, à midi, S. M. arriva de sa personne sur les

1. 14° bulletin de l'armée d'Espagne.
2. Le bulletin de l'entrée à Madrid contient un des plus pittoresques et des plus colorés récits qui aient été faits sur le

hauteurs qui couronnent Madrid, et où étaient placées les divisions de dragons des généraux Latour-Maubourg et Lahoussaye, et la garde impériale à cheval. L'anniversaire du couronnement, cette époque qui a signalé tant de jours à jamais heureux pour la France, réveilla dans tous les cœurs les plus doux souvenirs et inspira à toutes les troupes un enthousiasme qui se manifesta par mille acclamations. Le temps était superbe et semblable à celui dont on jouit en France dans les belles journées du mois de mai.

Le maréchal duc d'Istrie envoya sommer la ville, où s'était formée une junte militaire, sous la présidence du général Castelar, qui avait sous ses ordres le général Morla, capitaine-général de l'Andalousie et inspecteur-général de l'artillerie. La ville renfermait un grand nombre de paysans armés qui s'y étaient rendus de tous côtés, six mille hommes de troupes de ligne et cent pièces de canon. Depuis huit jours on barricadait les rues et les portes de la ville ; soixante mille hommes étaient en armes ; des cris se faisaient entendre de toutes parts ; les cloches de deux cents

séjour des Français en Espagne. Au point de vue purement militaire, le lecteur devra consulter les *Mémoires* du maréchal Gouvion Saint-Cyr. On lira aussi avec fruit l'admirable nouvelle de Balzac, *El Verdugo*, les *Cahiers* du capitaine Coignet et les *Souvenirs de la guerre d'Espagne*, par L. A. Féo. (Michel Lévy, édit. 1861.)

églises sonnaient à la fois et tout présentait l'image du désordre et du délire.

Un général de troupes de ligne parut aux avant-postes pour répondre à la sommation du duc d'Istrie; il était accompagné et surveillé par trente hommes du peuple dont le costume, les regards et le farouche langage, rappelaient les assassins de septembre. Lorsqu'on demandait au général espagnol s'il voulait exposer des femmes, des enfants, des vieillards aux horreurs d'un assaut, il manifestait à la dérobée la douleur dont il était pénétré ; il faisait connaître par des signes qu'il gémissait sous l'oppression ainsi que tous les honnêtes gens de Madrid, et lorsqu'il élevait la voix, ses paroles étaient dictées par les misérables qui le surveillaient. On ne put avoir aucun doute de l'excès auquel était portée la tyrannie de la multitude, lorsqu'on le vit dresser procès-verbal de ses propres discours, et les faire attester par la signature des spadassins qui l'environnaient.

L'aide de camp du duc d'Istrie, qui avait été envoyé dans la ville, saisi par des hommes de la dernière classe du peuple, allait être massacré, lorsque les troupes de ligne indignées le prirent sous leur sauvegarde et le firent remettre à son général.

Un garçon boucher de l'Estramadure, qui commandait une des portes, osa demander que le duc d'Istrie vînt lui-même dans la ville les yeux bandés; le général Montbrun repoussa cette audace avec indignation; il fut aussitôt entouré, et il n'échappa qu'en tirant son sabre. Il faillit être victime de l'imprudence avec laquelle il avait oublié qu'il n'avait point affaire avec des ennemis civilisés.

Peu de temps après, des déserteurs des gardes wallonnes se rendirent au camp. Leurs dépositions donnèrent la conviction que les propriétaires, les honnêtes gens étaient sans influence, et l'on dut croire que toute conciliation était impossible.

La veille, le marquis de Perales, homme respectable qui avait paru jouir jusqu'alors de la confiance du peuple, fut accusé d'avoir fait mettre du sable dans les cartouches. Il fut aussitôt étranglé, et ses membres déchirés furent envoyés comme des trophées dans les quartiers de la ville. On arrêta que toutes les cartouches seraient refaites, et trois ou quatre mille moines furent conduits au Retiro et employés à ce travail. Il avait été ordonné que tous les palais, toutes les maisons, seraient constamment ouverts aux paysans des environs, qui devaient y trouver de la soupe et des aliments à discrétion.

L'infanterie française était encore à trois lieues de Madrid. L'empereur employa la soirée à reconnaître la ville et à arrêter un plan d'attaque qui se conciliait avec les ménagements que méritent le grand nombre d'hommes honnêtes qui se trouvent toujours dans une grande capitale.

Prendre Madrid d'assaut pouvait être une opération

militaire de peu de difficulté; mais amener cette grande ville à se soumettre en employant tour à tour la force et la persuasion et en arrachant les propriétaires et les véritables hommes de bien à l'oppression sous laquelle ils gémissaient, c'est là ce qui était difficile. Tous les efforts de l'empereur dans ces deux journées n'eurent pas d'autre but; ils ont été couronnés du plus grand succès.

A sept heures, la division Lapisse, du corps du maréchal duc de Bellune, arriva. La lune donnait une clarté qui semblait prolonger celle du jour. L'empereur ordonna au général de brigade Maison de s'emparer des faubourgs, et chargea le général de division Lauriston de protéger cette occupation par le feu de quatre pièces d'artillerie de la garde. Les voltigeurs du seizième s'emparèrent des maisons et notamment d'un grand cimetière. Au premier feu l'ennemi montra autant de lâcheté qu'il avait montré d'arrogance pendant toute la journée.

Le duc de Bellune employa toute la nuit à placer son artillerie dans les lieux désignés pour l'attaque.

A minuit, le prince de Neufchâtel envoya à Madrid un lieutenant-colonel d'artillerie espagnol qui avait été pris à Somo-Sierra et qui voyait avec effroi la folle obstination de ses concitoyens. Il se chargea de la lettre ci-jointe [1].

1. *A monsieur le commandant de la ville de Madrid.* — Les

Le 3, à neuf heures du matin, le même parlementaire revint au quartier-général avec la lettre ci-jointe [1].

Mais déjà le général de brigade d'artillerie Sénarmont, officier d'un grand mérite, avait placé ses trente pièces d'artillerie et avait commencé un feu très vif qui avait fait brèche aux murs du Retiro. Des voltigeurs de la division Villatte ayant passé la brèche, leur bataillon les suivit, et en moins d'une heure, quatre mille hommes qui défendaient le Retiro furent culbutés. Le palais du Retiro, les postes importants de l'observatoire, de la manufacture de porcelaine, de la grande caserne et de l'hôtel de Medina Celi, et tous les débouchés qui avaient été mis en défense, furent emportés par nos troupes.

D'un autre côté, vingt pièces de canon de la garde jetaient des obus et attiraient l'attention de l'ennemi sur une fausse attaque.

circonstances de la guerre ayant conduit l'armée française aux portes de Madrid, et toutes les dispositions étant faites pour s'emparer de la ville de vive force, je crois convenable et conforme à l'usage de toutes les nations de vous sommer, monsieur le général, de ne pas exposer une ville aussi importante à toutes les horreurs d'un assaut, et rendre tant d'habitants paisibles victimes des maux de la guerre. Voulant ne rien épargner pour vous éclairer sur votre véritable situation, je vous envoie la présente sommation par l'un de vos officiers fait prisonnier et qui a été à portée de voir les moyens qu'a l'armée pour réduire la ville. Recevez, monsieur le général, etc.

ALEXANDRE.

[1] *A S. A. S. le prince de Neufchâtel.* — Monseigneur, avant

On se serait peint difficilement le désordre qui régnait dans Madrid, si un grand nombre de prisonniers arrivant successivement n'avaient rendu compte des scènes épouvantables et de tout genre dont cette capitale offrait le spectacle. On avait coupé les rues, crénelé les maisons; des barricades de balles de coton et de laine avaient été formées; les fenêtres étaient matelassées; ceux des habitants qui désespéraient du succès d'une aveugle résistance, fuyaient dans les campagnes; d'autres qui avaient conservé quelque raison, et qui aimaient mieux se montrer au sein de leurs propriétés devant un ennemi généreux, que de les abandonner au pillage de leurs propres concitoyens, demandaient qu'on ne s'exposât point à un assaut. Ceux qui étaient étrangers à la ville, ou qui n'avaient rien à perdre, voulaient qu'on se défendît à toute outrance, accusaient les troupes de ligne de trahison et les obligeaient à continuer le feu.

de répondre catégoriquement à V. A., je ne puis me dispenser de consulter les autorités constituées de cette ville et de connaître les dispositions du peuple en lui donnant avis des circonstances présentes.

À ces fins, je supplie V. A. de m'accorder cette journée de suspension pour m'acquitter de ces obligations, vous promettant que demain, de bonne heure, ou même cette nuit, j'enverrai ma réponse à V. A. par un officier-général. Je prie V. A. d'agréer, etc.

F. marquis de CASTELAR.

L'ennemi avait plus de cent pièces de canon en batterie ; un nombre plus considérable de pièces de 2 et de 5 avaient été déterrées, tirées des caves et ficelées sur des charrettes, équipage grotesque qui seul aurait prouvé le délire d'un peuple abandonné à lui-même. Mais tous moyens de défense étaient devenus inutiles : étant maître du Retiro, on l'est de Madrid. L'empereur mit tous ses soins à empêcher qu'on entrât de maison en maison. C'en était fait de la ville si beaucoup de troupes avaient été employées. On ne laissa avancer que quelques compagnies de voltigeurs que l'empereur se refusa toujours à faire soutenir.

A onze heures, le prince de Neufchâtel écrivit la lettre ci-jointe [1]. S. M. ordonna aussitôt que le feu cessât sur tous les points.

---

1. *Au général commandant Madrid.* — Monsieur le général Castelar, défendre Madrid est contraire aux principes de la guerre et inhumain pour les habitants. S. M. m'autorise à vous envoyer une seconde sommation. Une artillerie immense est en batterie ; des mineurs sont prêts à faire sauter vos principaux édifices ; des colonnes sont à l'entrée des débouchés de la ville, dont quelques compagnies de voltigeurs se sont rendues maîtresses. Mais l'empereur, toujours généreux dans le cours de ses victoires, suspend l'attaque jusqu'à deux heures. La ville de Madrid doit espérer protection et sûreté pour ses habitants paisibles, pour le culte, pour ses ministres, enfin l'oubli du passé. Arborez un pavillon blanc avant deux heures et envoyez des commissaires pour traiter de la reddition de la ville. Recevez, monsieur le général, etc.

Le major général, ALEXANDRE.

A cinq heures, le maréchal Morla, l'un des membres de la junte militaire, et don Bernardo Yriarte, envoyé de la ville, se rendirent dans la tente de S. A. S. le major général. Ils firent connaître que tous les hommes bien pensants ne doutaient pas que la ville ne fût sans ressources, et que la continuation de la défense était un véritable délire ; mais que les dernières classes du peuple et la foule des hommes étrangers à Madrid voulaient se défendre et croyaient le pouvoir. Ils demandaient la journée du 4 pour faire entendre raison au peuple. Le prince major-général les présenta à S. M. l'empereur et roi, qui leur dit : « Vous employez en vain le nom du peuple; si vous ne pouvez parvenir à le calmer, c'est parce vous-mêmes vous l'avez excité, vous l'avez égaré par des mensonges. Rassemblez les curés, les chefs des couvents, les alcades, les principaux propriétaires, et que d'ici à six heures du matin la ville se rende, ou elle aura cessé d'exister. Je ne veux ni ne dois retirer mes troupes. Vous avez massacré les malheureux prisonniers français qui étaient tombés entre vos mains. Vous avez, il y a peu de jours, laissé traîner et mettre à mort dans les rues deux domestiques de l'ambassadeur de Russie parce qu'ils étaient nés Français. L'inhabileté et la lâcheté d'un général avaient mis en vos mains des troupes qui avaient capitulé sur le champ de bataille, et la capitulation a été violée. Vous, monsieur Morla, quelle lettre avez-vous écrite à ce général ? Il vous convenait bien de parler de pillage, vous qui, étant entré en Roussillon, avez enlevé toutes les femmes et les avez partagées comme un butin entre vos soldats. Quel droit aviez-vous, d'ailleurs, de tenir un pareil langage ? La capitulation vous l'interdisait. Voyez quelle a été la conduite des Anglais, qui sont bien loin de se piquer d'être rigides observateurs du droit des nations. Ils se sont plaints de la convention du Portugal, mais ils l'ont exécutée. Violer les traités militaires, c'est renoncer à toute civilisation, c'est se mettre sur la même ligne que les Bédouins du désert. Comment donc osez-vous demander une capitulation, vous qui avez violé celle de Baylen ? Voilà comme l'injustice et la mauvaise foi tournent toujours au préjudice de ceux qui s'en sont rendus coupables. J'avais une flotte à Cadix ; elle était l'alliée de l'Espagne, et vous avez dirigé contre elle les mortiers de la ville où vous commandiez. J'avais une armée espagnole dans mes rangs : j'ai mieux aimé la voir passer sur les vaisseaux anglais et être obligé de la précipiter du haut des rochers d'Espinosa, que de la désarmer ; j'ai préféré avoir sept mille ennemis de plus à combattre, que de manquer à la bonne foi et à l'honneur. Retournez à Madrid. Je vous donne jusqu'à demain à six heures du matin. Revenez alors, si vous n'avez à me parler du peuple que pour m'apprendre qu'il s'est soumis. Sinon vous et vos troupes, vous serez tous passés par les armes. »

Le 4, à six heures du matin, le général Morla et le général don Fernando de la Vera, gouverneur de la ville, se présentèrent à la tente du prince major-général. Les discours de l'empereur, répétés au milieu des notables, la certitude qu'il commandait en personne, les pertes éprouvées pendant la journée précédente avaient porté le repentir et la douleur dans tous les esprits ; pendant la nuit, les plus mutins s'étaient soustraits au danger par la fuite, et une partie des troupes s'était débandée.

A dix heures, le général Belliard prit le commandement de Madrid, tous les postes furent remis aux Français, et un pardon général fut proclamé.

A dater de ce moment, les hommes, les femmes, les enfants se rendirent dans les rues avec sécurité. Jusqu'à onze heures du soir les boutiques furent ouvertes. Tout les citoyens se mirent à détruire les barricades et à repaver les rues ; les moines restèrent dans leurs couvents, et en peu d'heures Madrid présenta le contraste le plus extraordinaire; contraste inexplicable pour qui ne connaît pas les mœurs des grandes villes. Tant d'hommes qui ne pouvaient se dissimuler à eux-mêmes ce qu'ils auraient fait dans pareille circonstance, s'étonnaient de la générosité des Français. Cinquante mille armes ont été rendues, et cent pièces de canon sont remises au Retiro. Au reste, les angoisses, dans lesquelles les habitants de cette malheureuse ville ont vécu depuis quatre mois, ne peuvent se dépeindre. La junte était sans puissance; les hommes les plus ignorants et les plus forcenés exerçaient le pouvoir, et le peuple, à chaque instant, massacrait ou menaçait de la potence ses magistrats et ses généraux. Le général de brigade Maison a été blessé. Le général Bruyère, qui s'était avancé imprudemment dans le moment où l'on avait cessé le feu, a été tué. Douze soldats ont été tués, cinquante ont été blessés. Cette perte, faible pour un événement aussi mémorable, est due au peu de troupes qu'on a engagées; on la doit aussi, il faut le dire, à l'extrême lâcheté de tout ce qui avait les armes à la main.

L'artillerie a, à son ordinaire, rendu les plus grands services.

Dix mille fuyards échappés de Burgos et de Somo-Sierra, et la deuxième division de l'armée de réserve se trouvaient, le 3, à trois lieues de Madrid; mais, chargés par un piquet de dragons, ils se sont sauvés en abandonnant quarante pièces de canon et soixante caissons.

Un trait mérite d'être cité :

Un vieux général, retiré du service et âgé de quatre-vingts ans, était dans sa maison à Madrid, près de la rue d'Alcala. Un officier français s'y loge avec sa troupe. Ce respectable vieillard paraît devant cet officier, tenant une jeune fille par la main, et dit : « Je suis un vieux soldat, voilà ma fille; je lui donne

» neuf cent mille livres de dot; sauvez-lui l'hon-
» neur et soyez son époux. » Le jeune officier prend
le vieillard, sa famille et sa maison sous sa protection [1]. Qu'ils sont coupables ceux qui exposent tant
de citoyens paisibles, tant d'infortunés habitants
d'une grande capitale à tant de malheurs!

Le duc de Dantzick est arrivé le 3 à Ségovie. Le
duc d'Istrie, avec quatre mille hommes de cavalerie,
s'est mis à la poursuite de la division Pennas, qui,
s'étant échappée de la bataille de Tudela, s'était dirigée sur Guadalaxara.

Florida Blanca et la junte s'étaient enfuis d'Aranjuez et s'étaient sauvés à Tolède; ils ne se sont pas
crus en sûreté dans cette ville, et se sont réfugiés
auprès des Anglais.

La conduite des Anglais est honteuse. Dès le 20,
ils étaient à l'Escurial au nombre de six mille, ils y
ont passé quelques jours. Ils ne prétendaient pas
moins que franchir les Pyrénées et venir sur la Garonne. Leurs troupes sont superbes et bien disciplinées. La confiance qu'elles avaient inspirée aux Espagnols est inconcevable; les uns espéraient que
cette division irait à Somo-Sierra, les autres qu'elle
viendrait défendre la capitale d'un allié si cher; mais
tous connaissaient mal les Anglais. A peine eut-on
avis que l'empereur était à Somo-Sierra, que les trou-

---

1. L'homme de lettres se montre ici à nu. Napoléon n'a eu
garde de passer sous silence ce sujet de roman ou de nouvelle.

pes anglaises battirent en retraite sur l'Escurial. De là, combinant leur marche avec la division de Salamanque, elles se dirigèrent sur la mer. Des armes, de la poudre, des habits, ils nous en ont donné, disait un Espagnol; mais leurs soldats ne sont venus que pour nous exciter, nous égarer et nous abandonner au milieu de la crise. — Mais, répondit un officier français, ignorez-vous donc les faits les plus récents de notre histoire? Qu'ont-ils donc fait pour le stathouder, pour la Sardaigne, pour l'Autriche? Qu'ont-ils fait plus récemment encore pour la Suède? Ils fomentent partout la guerre, ils distribuent des armes comme du poison, mais ils ne versent leur sang que pour leurs intérêts directs et personnels. N'attendez pas autre chose de leur égoïsme. — Cependant, répliqua l'Espagnol, leur cause était la nôtre. Quarante mille Anglais ajoutés à nos forces à Tudela et à Espinosa pouvaient balancer les destins et sauver le Portugal. Mais à présent que notre armée de Blake à la gauche, que celle du centre, que celle d'Aragon à la droite sont détruites, que les Espagnes sont presque conquises, et que la raison va achever de les soumettre, que deviendra le Portugal? Ce n'est pas à Lisbonne que les Anglais devaient le défendre, c'est à Espinosa, à Burgos, à Tudela, à Somo-Sierra et devant Madrid.

VI

BATAILLE DE WAGRAM [1].

Wolkersdorf, le 8 juillet 1809.

Les travaux du général comte Bertrand et du corps qu'il commande avaient, dès les premiers jours du mois, dompté entièrement le Danube. S. M. résolut, sur-le-champ, de réunir son armée dans l'île de Lobau, de déboucher sur l'armée autrichienne et de lui livrer une bataille générale. Ce n'était pas que la position de l'armée française ne fût très belle à Vienne ; maîtresse de toute la rive droite du Danube, ayant en son pouvoir l'Autriche et une forte partie de la Hongrie, elle se trouvait dans la plus grande abondance. Si l'on éprouvait quelques difficultés pour l'approvisionnement de la population de Vienne, cela tenait à la mauvaise organisation de l'adminis-nistration, à quelques embarras que chaque jour aurait fait cesser, et aux difficultés qui naissent naturellement de circonstances telles que celles où l'on se trouvait, et dans un pays où le commerce des grains est un privilège exclusif du gouvernement.

[1]. 25e bulletin de la Grande Armée pendant la seconde campagne d'Autriche.

Mais comment rester ainsi séparé de l'armée ennemie par un canal de trois ou quatre cents toises, lorsque les moyens de passage avaient été préparés et assurés? C'eût été accréditer les impostures que l'ennemi a débitées et répandues avec tant de profusion dans son pays et dans les pays voisins. C'était laisser du doute sur les événements d'Essling; c'était enfin autoriser à supposer qu'il y avait une égalité de consistance entre deux armées si différentes, dont l'une était animée et en quelque sorte renforcée par des succès et des victoires multipliées, et l'autre était découragée par les revers les plus mémorables.

Tous les renseignements que l'on avait sur l'armée autrichienne portaient qu'elle était considérable, qu'elle avait été recrutée par de nombreuses réserves, par les levées de Moravie et de Hongrie, par toutes les landwehrs des provinces; qu'elle avait remonté sa cavalerie par des réquisitions dans tous les cercles, et triplé ses attelages d'artillerie en faisant d'immenses levées de charrettes et de chevaux en Moravie, en Bohême et en Hongrie. Pour ajouter de nouvelles chances en leur faveur, les généraux autrichiens avaient établi des ouvrages de campagne dont la droite était appuyée à Gros-Aspern et la gauche à Enzersdorf.

Les villages d'Aspern, d'Essling et d'Enzersdorf, et les intervalles qui les séparaient, étaient couverts de redoutes palissadées, fraisées et armées de plus de cent cinquante pièces de canon de position, tirées des places de la Bohême et de la Moravie. On ne concevait pas comment il était possible qu'avec son expérience de la guerre, l'empereur voulût attaquer des ouvrages si puissamment défendus, soutenus par une armée qu'on évaluait à deux cent mille hommes, tant de troupes de ligne que des milices et de l'insurrection, et qui étaient appuyés par une artillerie de huit ou neuf cents pièces de campagne. Il paraissait plus simple de jeter de nouveaux ponts sur le Danube, quelques lieues plus bas, et de rendre ainsi inutile le champ de bataille préparé par l'ennemi. Mais dans ce dernier cas, on ne voyait pas comment écarter les inconvénients qui avaient déjà failli être funestes à l'armée, et parvenir en deux ou trois jours à mettre ces nouveaux ponts à l'abri des machines de l'ennemi.

D'un autre côté, l'empereur était tranquille. On voyait élever ouvrages sur ouvrages dans l'île de Lobau, et établir sur le même point plusieurs ponts sur pilotis et plusieurs rangs d'estacades.

Cette situation de l'armée française, placée entre ces deux grandes difficultés, n'avait pas échappé à l'ennemi. Il convenait que son armée trop nombreuse et pas assez maniable s'exposerait à une perte certaine, si elle prenait l'offensive; mais en même temps, il croyait qu'il était impossible de le déposter de la position centrale où il couvrait la Bohême, la Moravie et une partie de la Hongrie. Il est vrai que cette position ne couvrait pas Vienne, et que les Français étaient en possession de cette capitale ; mais cette position était, jusqu'à un certain point, disputée, puisque les Autrichiens se maintenaient maîtres du Danube, et empêchaient les arrivages des choses les plus nécessaires à la subsistance d'une si grande cité.

Telles étaient les raisons d'espérance et de crainte, et la matière des conversations des deux armées, lorsque le 1er juillet, à quatre heures du matin, l'empereur porta son quartier-général à l'île Lobau, qui avait déjà été nommée, par les ingénieurs, île Napoléon ; une petite île à laquelle on avait donné le nom du duc de Montebello et qui battait Enzersdorf, avait été armée de dix mortiers et de vingt pièces de dix-huit. Une autre île, nommée île Espagne, avait été armée de six pièces de position de douze et de quatre mortiers. Entre ces deux îles, on avait établi une batterie égale en force à celle de l'île Montebello et battant également Enzersdorf. Ces soixante-deux pièces de position avaient le même but et devaient, en deux heures de temps, raser la petite ville d'Enzersdorf, en chasser l'ennemi et en détruire les ouvrages. Sur la droite, l'île Alexandre, armée de quatre mortiers, de dix pièces de douze et de douze pièces de six de position, avaient pour but de battre la plaine et de protéger le ploiement et le déploiement de nos ponts.

Le 2, un aide de camp du duc de Rivoli passa avec cinq cents voltigeurs dans l'île du Moulin, et s'en empara. On arma cette île; on la joignit au continent par un petit pont qui allait à la rive gauche. En avant, on construisit une petite flèche que l'on appela redoute Petit. Le soir, les redoutes d'Essling en parurent jalouses : ne doutant pas que ce ne fût une première batterie que l'on voulait faire agir contre elles, elles tirèrent avec la plus grande activité. C'était précisément l'intention que l'on avait eue en s'emparant de cette île : on voulait y attirer l'attention de l'ennemi pour la détourner du véritable but de l'opération.

Le 4, à dix heures du soir, le général Oudinot fit embarquer, sur le grand bras du Danube, quinze cents voltigeurs, commandés par le général Conroux. Le colonel Baste, avec dix chaloupes canonnières, les convoya et les débarqua au-delà du petit bras de l'île Lobau dans le Danube. Les batteries de l'ennemi furent bientôt écrasées, et il fut chassé des bois jusqu'au village de Muhllenten.

A onze heures du soir les batteries dirigées contre Enzersdorf reçurent l'ordre de commencer leur feu. Les obus brûlèrent cette infortunée petite ville, et en moins d'une demi-heure les batteries ennemies furent éteintes.

Le chef de bataillon Dessales, directeur des équipages des ponts, et un ingénieur de marine, avaient préparé, dans le bras de l'île Alexandre, un pont de quatre-vingts toises d'une seule pièce et cinq gros bacs.

Le colonel Sainte-Croix, aide de camp du duc de Rivoli, se jeta dans des barques avec deux mille cinq cents hommes, et débarqua sur la rive gauche.

Le pont d'une seule pièce, le premier de cette espèce qui, jusqu'à ce jour, ait été construit, fut placé en moins de cinq minutes, et l'infanterie y passa au pas accéléré.

Le capitaine Buzelle jeta un pont de bateaux en une heure et demie.

Le capitaine Payerimoffe jeta un pont de radeaux en deux heures.

Ainsi, à deux heures après minuit, l'armée avait quatre ponts, et avait débouché, la gauche à quinze cents toises au-dessous d'Enzersdorf, protégée par les batteries, et la droite sur Vittau. Le corps du duc de Rivoli forma la gauche; celui du comte Oudinot le centre, et celui du duc d'Auerstaedt la droite. Les corps du prince de Ponte-Corvo, du vice-roi et du duc de Raguse, la garde et les cuirassiers, formaient la seconde ligne et les réserves. Une profonde obscurité, un violent orage et une pluie qui tombait par torrents, rendaient cette nuit aussi affreuse qu'elle était propice à l'armée française et qu'elle devait lui être glorieuse.

Le 5, aux premiers rayons du soleil, tout le monde reconnut quel avait été le projet de l'empereur, qui se trouvait alors avec son armée en bataille sur l'extrémité de la gauche de l'ennemi, ayant tourné ses camps retranchés, ayant rendu tous ses ouvrages inutiles, et obligeant ainsi les Autrichiens à sortir de leurs positions et à venir lui livrer bataille dans le terrain qui lui convenait. Ce grand problème était résolu, et sans passer le Danube ailleurs, sans recevoir aucune protection des ouvrages qu'on avait construits, on forçait l'ennemi à se battre à trois quarts de lieue de ses redoutes. On présagea dès lors les plus grands et les plus heureux résultats.

A huit heures du matin, les batteries qui tiraient sur Enzersdorf avaient produit un tel effet que l'ennemi s'était borné à laisser occuper cette ville par quatre bataillons. Le duc de Rivoli fit marcher contre elle son premier aide de camp Sainte-Croix, qui n'éprouva pas une grande résistance, s'en empara et fit prisonnier tout ce qui s'y trouvait.

Le comte Oudinot cerna le château de Sachsengau que l'ennemi avait fortifié, fit capituler les neuf cents hommes qui le défendaient, et prit douze pièces de canon.

L'empereur fit alors déployer toute l'armée dans l'immense plaine d'Enzersdorf.

Cependant l'ennemi, confondu dans ses projets, revint peu à peu de sa surprise, et tenta de ressaisir quelques avantages dans ce nouveau champ de bataille. A cet effet, il détacha plusieurs colonnes d'infanterie, un bon nombre de pièces d'artillerie, et sa cavalerie tant de ligne qu'insurgée, pour essayer de déborder la droite de l'armée française. En conséquence, il vint occuper le village de Rutzendorf. L'empereur ordonna au général Oudinot de faire enlever ce village, à la droite duquel il fit passer le duc d'Auerstaedt, pour se diriger sur le quartier-général du prince Charles, en marchant toujours de la droite à la gauche.

Depuis midi jusqu'à neuf heures du soir, on manœuvra dans cette immense plaine ; on occupa tous les villages, et à mesure qu'on arrivait à la hauteur des camps retranchés de l'ennemi, ils tombaient d'eux-mêmes et comme par enchantement. Le duc de Rivoli les faisait occuper sans résistance. C'est ainsi que nous nous sommes emparés des ouvrages d'Essling et de Gros-Aspern, et que le travail de quarante jours n'a été d'aucune utilité à l'ennemi. Il fit quelque résistance au village de Raschdorf, que le prince de Ponte-Corvo fit attaquer et enlever par les Saxons. L'ennemi fut partout mené battant et écrasé par la supériorité de notre feu. Cet immense champ de bataille resta couvert de ses débris.

Vivement effrayé des progrès de l'armée française

et des grands résultats qu'elle obtenait presque sans effort, l'ennemi fit marcher presque toutes ses troupes, et à six heures du soir, il occupa la position suivante : sa droite, de Stadelau à Gerardorf ; son centre, de Gerardorf à Wagram, et sa gauche, de Wagram à Neusiedel. L'armée française avait sa gauche à Gros-Aspern, son centre à Raschdorf, et sa droite à Gluzendorf. Dans cette position, la journée paraissait presque finie, et il fallait s'attendre à avoir le lendemain une grande bataille ; mais on l'évitait et on coupait la position de l'ennemi en l'empêchant de concevoir aucun système, si dans la nuit on s'emparait du village de Wagram. Alors sa ligne, déjà immense, prise à la hâte et par les chances du combat, laissait errer les différents corps de l'armée sans ordre et sans direction, et on en aurait eu bon marché sans engagement sérieux. L'attaque de Wagram eut lieu, nos troupes emportèrent ce village ; mais une colonne de Saxons et une colonne de Français se prirent dans l'obscurité pour des troupes ennemies, et cette opération fut manquée.

On se prépara alors à la bataille de Wagram. Il paraît que les dispositions du général français et du général autrichien furent inverses. L'empereur passa toute la nuit à rassembler ses forces sur son centre où il était de sa personne à une portée de canon de Wagram. A cet effet, le duc de Rivoli se porta sur la gauche d'Aderklau en laissant sur Aspern une seule division qui eut ordre de se replier en cas d'événement sur l'île de Lobau. Le duc d'Auerstaedt recevait l'ordre de dépasser le village de Grosshoffen pour s'approcher du centre. Le général autrichien, au contraire, affaiblissait son centre pour garnir et augmenter ses extrémités auxquelles il donnait une nouvelle étendue.

Le 6, à la pointe du jour, le prince de Ponte-Corvo occupa la gauche, ayant en seconde ligne le duc de Rivoli. Le vice-roi le liait au centre, où le corps du comte Oudinot, celui du duc de Raguse, ceux de la garde impériale, et les divisions de cuirassiers formaient sept ou huit lignes.

Le duc d'Auerstaedt marcha de la droite pour arriver au centre. L'ennemi, au contraire, mettait le corps de Bellegarde en marche sur Stadelau. Les corps de Kollowrath, de Lichtenstein et de Hiller liaient cette droite à la position de Wagram, où était le prince de Hohenzollern, et à l'extrémité de la gauche, à Neusiedel, où débouchait le corps de Rosemberg pour déborder également le duc d'Auerstaedt. Le corps de Rosemberg et celui du duc d'Auerstaedt faisant un mouvement inverse, se rencontrèrent aux premiers rayons du soleil, et donnèrent le signal de la bataille. L'empereur se porta aussitôt sur ce point, fit renfocrer le duc d'Auerstaedt par la division de cuirassiers du duc de Padoue, et fit prendre le corps de Rosemberg en flanc par une batterie de douze pièces de la division du général comte de Nansouty. En moins de trois quarts d'heure, le beau corps du duc d'Auerstaedt eut fait raison du corps de Rosemberg, le culbuta et le rejeta au delà de Neusiedel, après lui avoir fait beaucoup de mal.

Pendant ce temps, la canonnade s'engageait sur toute la ligne, et la disposition de l'ennemi se développait de moment en moment. Toute sa gauche se garnissait d'artillerie. On eût dit que le général autrichien ne se battait pas pour la victoire, mais qu'il n'avait en vue que le moyen d'en profiter. Cette disposition de l'ennemi paraissait si insensée, que l'on craignait quelque piège, et que l'empereur différa quelque temps avant d'ordonner les faciles dispositions qu'il avait à faire pour annuler celles de l'ennemi, et les lui rendre funestes. Il ordonna au duc de Rivoli de faire une attaque sur un village qu'occupait l'ennemi, et qui pressait un peu l'extrémité du centre de l'armée. Il ordonna au duc d'Auerstaedt de tourner la position de Neusiedel, et de pousser de là sur Wagram au moment où déboucherait le duc de Rivoli.

Sur ces entrefaites, on vint prévenir que l'ennemi attaquait avec fureur le village qu'avait enlevé le duc de Rivoli, que notre gauche était débordée de trois mille toises, qu'une vive canonnade se faisait déjà entendre à Gros-Aspern, et que l'intervalle de Gros-Aspern à Wagram paraissait couvert d'une immense ligne d'artillerie. Il n'y eut plus à douter ; l'ennemi commettait une énorme faute ; il ne s'agissait que d'en profiter. L'empereur ordonna sur-le-champ au général Macdonald de disposer les divisions Broussier et Lamarque en colonnes d'attaque ; il les fit soutenir par la division du général Nansouty, plaa garde à cheval, et par une batterie de soixante pièces de la garde et de quarante pièces de différents corps. Le général comte de Lauriston, à la tête de cette batterie de cent pièces d'artillerie, marcha au trot à l'ennemi, s'avança sans tirer jusqu'à demi-portée de canon, et là commença un feu prodigieux qui éteignit celui de l'ennemi, et porta la mort dans ses rangs. Le général Macdonald marcha alors au pas de charge ; le général de division Reille, avec la brigade de fusiliers et de tirailleurs de la garde, soutenait le général Macdonald. La garde avait fait un changement de front pour rendre cette attaque infaillible. Dans un clin d'œil, le centre de l'ennemi perdit une lieue de terrain ; sa droite, épouvantée, sentit le danger de la position où elle s'était placée, et rétrograda en grande hâte. Le duc de Rivoli l'attaqua alors en tête. Pendant que la déroute du centre portait la consternation et forçait les mouvements de la droite de l'ennemi, sa gauche était attaquée et dérobée par le duc d'Auerstaedt, qui avait enlevé Neusiedel, et qui, étant monté sur le plateau, marchait sur Wagram. La division Broussier et la division Gudin se sont couvertes de gloire.

Il n'était alors que dix heures du matin, et les hommes les moins clairvoyants voyaient que la journée était décidée et que la victoire était à nous.

A midi, le comte Oudinot marcha sur Wagram pour aider à l'attaque du duc d'Auerstaedt. Il y réussit, et enleva cette importante position. Dès dix heures, l'ennemi ne se battait plus que pour sa retraite; dès midi, elle était prononcée et se faisait en désordre, et beaucoup avant la nuit, l'ennemi était hors de vue. Notre gauche était placée à Jetessée et Ebersdorf, notre centre sur Obersdorf, et la cavalerie de notre droite avait des postes jusqu'à Shoukirchen.

Le 7, à la pointe du jour, l'armée était en mouvement et marchait sur Kornenbourg et Wolkersdorf, et avait des postes sur Nicolsbourg. L'ennemi, coupé de la Hongrie et de la Moravie, se trouvait acculé du côté de la Bohême.

Tel est le récit de la bataille de Wagram, bataille décisive et à jamais célèbre, où trois à quatre cent mille hommes, douze à quinze cents pièces de canon se battaient pour de grands intérêts, sur un champ de bataille étudié, médité, fortifié par l'ennemi depuis plusieurs mois. Dix drapeaux, quarante pièces de canon, vingt mille prisonniers, dont trois ou quatre cents officiers, et bon nombre de généraux, de colonels et de majors, sont les trophées de cette victoire. Les champs de bataille sont couverts de morts, parmi lesquels on trouve les corps de plusieurs généraux, et entre autres d'un nommé Normann, Français, traître à sa patrie, qui avait prostitué ses talents contre elle.

Tous les blessés de l'ennemi sont tombés en notre pouvoir. Ceux qu'il avait évacués au commencement de l'action ont été trouvés dans les villages environnants. On peut calculer que le résultat de cette bataille sera de réduire l'armée autrichienne à moins de soixante mille hommes.

Notre perte a été considérable : on l'évalue à quinze cents hommes tués et à trois ou quatre mille blessés.

Le duc d'Istrie, au moment où il disposait l'attaque de la cavalerie, a eu son cheval emporté d'un coup de canon ; le boulet est tombé sur sa selle, et lui a fait une légère contusion à la cuisse.

Le général de division Lasalle a été tué d'une balle. C'était un officier du plus grand mérite et l'un de nos meilleurs généraux de cavalerie légère.

Le général bavarois de Wrede, et les généraux Seras, Gremier, Vignolle, Sahuc, Frère et Defrance ont été blessés.

Le colonel prince Aldobrandini a été frappé au bras par une balle. Les majors de la garde Daumesnil et Corbineau, et le colonel Sainte-Croix, ont aussi été blessés. L'adjudant-commandant Dupart a été tué. Le colonel du neuvième d'infanterie de ligne est resté sur le champ de bataille. Ce régiment s'est couvert de gloire.

L'état-major fait dresser l'état de nos pertes.

Une circonstance particulière de cette grande bataille, c'est que les colonnes les plus rapprochées de Vienne n'en étaient pas à douze cents toises. La nombreuse population de cette capitale couvrait les tours, les clochers, les toits, les monticules, pour être témoin de ce grand spectacle.

VII

PLAN DE LA BATAILLE DE LA MOSKOWA [1].

Borodino, le 7 septembre 1812.

Il sera construit pendant la nuit deux redoutes, vis-à-vis de celles que l'ennemi a élevées, et qui ont été reconnues pendant la journée.

La redoute de la gauche sera armée de quarante-deux bouches à feu, et celle de droite de soixante et douze.

A la pointe du jour, la redoute de droite commencera à tirer. Celle de gauche commencera aussitôt qu'elle aura entendu tirer à sa droite.

1. Dicté au maréchal Berthier par Napoléon. Reproduit par A. Dumas. (*Napoléon*, p. 141-142.)

Le vice-roi jettera alors dans la plaine une masse considérable de tirailleurs, qui fourniront une fusillade bien nourrie.

Le troisième corps et le huitième, sous les ordres du maréchal Ney, jetteront aussi quelques tirailleurs en avant.

Le prince d'Eckmuhl restera en position.

Le prince Poniatowsky, avec le cinquième corps, se mettra en route avant la pointe du jour, afin d'avoir, avant six heures du matin, débordé la gauche de l'ennemi.

L'action engagée, l'empereur donnera ses ordres suivant l'exigence de la situation.

VIII

BATAILLE DE LA MOSKOWA [1].

Septembre 1812.

Le 5 septembre, à douze cents toises en avant de la gauche, l'ennemi avait commencé à fortifier un beau mamelon entre deux bois, où il avait placé neuf à dix mille hommes. L'empereur, l'ayant reconnu, résolut de ne pas différer un moment et d'enlever cette position. Il ordonna au roi de Naples de

---

[1] 18e bulletin de la Grande Armée pendant la campagne de Russie.

passer la Kalogha avec la division Compans et la cavalerie. Le prince Poniatowski, qui était venu par la droite, se trouva en mesure de tourner la position. A quatre heures, l'attaque commença. En une heure de temps, la redoute ennemie fut prise avec ses canons, le corps ennemi chassé du bois et mis en déroute, après avoir laissé le tiers de son monde sur le champ de bataille. A sept heures du soir, le feu cessa.

Le 6, à deux heures du matin, l'empereur parcourut les avant-postes ennemis: on passa la journée à se reconnaître. L'ennemi avait une position très resserrée. Sa gauche était affaiblie par la perte de la position de la veille ; elle était appuyée à un grand bois, soutenue par un beau mamelon couronnée d'une redoute armée de vingt-cinq pièces de canon. Deux autres mamelons couronnés de redoutes, à cent pas l'un de l'autre, protégeaient sa ligne jusqu'à un grand village que l'ennemi avait démoli, pour couvrir le plateau d'artillerie et d'infanterie, et y appuyer son centre. Sa droite passait derrière la Kalogha en arrière du village de Borodino, et était appuyée à deux beaux mamelons couronnés de redoutes et armés de batteries. Cette position parut belle et forte. Il était facile de manœuvrer et d'obliger l'ennemi à l'évacuer ; mais cela aurait remis la partie, et sa position ne fut pas jugée tellement forte qu'il fallût éluder le combat. Il fut facile de distinguer que les redoutes n'étaient qu'ébauchées, le fossé peu profond, non palissadé ni fraisé. On évaluait les forces de l'ennemi à cent vingt ou cent trente mille hommes. Nos forces étaient égales ; mais la supériorité de nos troupes n'était pas douteuse.

Le 7, à deux heures du matin, l'empereur était entouré des maréchaux à la position prise l'avant-veille. A cinq heures et demie, le soleil se leva sans nuages ; la veille il avait plu : « C'est le soleil d'Austerlitz, » dit l'empereur. Quoiqu'au mois de septembre il faisait aussi froid qu'en décembre en Moravie. L'armée en accepta l'augure. On battit un ban, et on lut l'ordre du jour [1].

L'armée répondit par des acclamations réitérées. Le plateau sur lequel était l'armée était couvert de cadavres russes du combat de l'avant-veille.

Le prince Poniatowski, qui formait la droite se mit en mouvement pour tourner la forêt sur laquelle l'ennemi appuyait sa gauche. Le prince d'Eckmuhl se mit en marche le long de la forêt, la division Compans en tête. Deux batteries de soixante pièces de canon chacune, battant la position de l'ennemi, avaient été construites pendant la nuit.

A six heures, le général comte Sorbier, qui avait armé la batterie droite avec l'artillerie de la réserve de la garde, commença le feu. Le général Pernetty, avec trente pièces de canon, prit la tête de la divi-

[1] Voyez l'ordre du jour, ou plutôt la proclamation, page 50

sion Compans (quatrième du premier corps), qui longea le bois, tournant la tête de la position de l'ennemi. A six heures et demie, le général Compans est blessé. A sept heures, le prince d'Eckmuhl a son cheval tué. L'attaque avance, la mousqueterie s'engage. Le vice-roi, qui formait notre gauche, attaque et prend le village de Borodino que l'ennemi ne pouvait défendre, ce village étant sur la rive gauche de la Kalogha. A sept heures, le maréchal duc d'Elchingen se met en mouvement, et sous la protection de soixante pièces de canon que le général Foucher avait placées la veille contre le centre de l'ennemi, se porte sur le centre. Mille pièces de canon vomissent de part et d'autre la mort.

A huit heures, les positions de l'ennemi sont enlevées, ses redoutes prises, et notre artillerie couronne ses mamelons. L'avantage de position qu'avaient eu pendant deux heures les batteries ennemies, nous appartient maintenant. Les parapets qui ont été contre nous pendant l'attaque, redeviennent pour nous. L'ennemi voit la bataille perdue, qu'il ne la croyait que commencée. Partie de son artillerie est prise, le reste est évacué sur ses lignes en arrière. Dans cette extrémité, il prend le parti de rétablir le combat, et d'attaquer avec toutes ses masses ces fortes positions qu'il n'a pu garder. Trois cents pièces de canon françaises placées sur ces hauteurs foudroient ses masses, et ses soldats viennent mourir au pied de ces parapets qu'ils avaient élevés les jours précédents avec tant de soin, et comme des abris protecteurs.

Le roi de Naples, avec la cavalerie, fit diverses charges. Le duc d'Elchingen se couvrit de gloire, et montra autant d'intrépidité que de sang-froid. L'empereur ordonne une charge de front, la droite en avant : ce mouvement nous rend maîtres des trois quarts du champ de bataille. Le prince Poniatowski se bat dans le bois avec des succès variés.

Il restait à l'ennemi ses redoutes de droite ; le général comte Morand y marche et les enlève ; mais à neuf heures du matin, attaqué de tous côtés, il ne peut s'y maintenir. L'ennemi, encouragé par ce succès, fit avancer sa réserve et ses dernières troupes pour tenter encore la fortune. La garde impériale en fait partie. Il attaque notre centre sur lequel avait pivoté notre droite. On craint pendant un moment qu'il n'enlève le village brûlé ; la division Friant s'y porte ; quatre-vingts pièces de canon françaises arrêtent d'abord et écrasent ensuite les colonnes ennemies qui se tiennent pendant deux heures serrées sous la mitraille, n'osant pas avancer, ne voulant pas reculer, et renonçant à l'espoir de la victoire. Le roi de Naples décide leur incertitude ; il fait charger le quatrième corps de cavalerie qui pénètre par les brèches que la mitraille de nos canons a faites dans les masses serrées des Russes et les escadrons de leurs cuirassiers ; ils se débandent de tous côtés.

Le général de division comte Caulaincourt, gouverneur des pages de l'empereur, se porte à la tête du cinquième de cuirassiers, culbute tout, entre dans la redoute de gauche par la gorge. Dès ce moment, plus d'incertitude, la bataille est gagnée : il tourne contre les ennemis les vingt-une pièces de canon qui se trouvent dans la redoute. Le comte Caulaincourt, qui venait de se distinguer par cette belle charge, avait terminé ses destinées ; il tombe mort frappé par un boulet ; mort glorieuse et digne d'envie !

Il est deux heures après midi, toute espérance abandonne l'ennemi : la bataille est finie, la canonnade continue encore ; il se bat pour sa retraite et pour son salut, mais non plus pour la victoire.

La perte de l'ennemi est énorme : douze à treize mille hommes et huit à neuf mille chevaux russes ont été comptés sur le champ de bataille : soixante pièces de canon et cinq mille prisonniers sont restés en notre pouvoir.

Nous avons eu deux mille cinq cents hommes tués et le triple de blessés. Notre perte totale peut être évaluée à dix mille hommes : celle de l'ennemi à quarante ou cinquante mille. Jamais on n'a vu pareil champ de bataille. Sur six cadavres, il y en avait un français et cinq russes. Quarante généraux russes ont été tués, blessés ou pris : le général Bagration a été blessé.

Nous avons perdu le général de division comte Montbrun, tué d'un coup de canon ; le général comte Caulaincourt, qui avait été envoyé pour le remplacer, tué d'un même coup une heure après.

Les généraux de brigade Compère, Plauzonne, Marion, Huart, ont été tués ; sept ou huit généraux ont été blessés, la plupart légèrement. Le prince d'Eckmühl n'a eu aucun mal. Les troupes françaises se sont couvertes de gloire et ont montré leur grande supériorité sur les troupes russes.

Telle est en peu de mots l'esquisse de la bataille de la Moskowa, donnée à deux lieues en arrière de Mojaïsk et à vingt-cinq lieues de Moscou, près de la petite rivière de la Moskowa. Nous avons tiré soixante mille coups de canon, qui sont déjà remplacés par l'arrivée de huit cents voitures d'artillerie qui avaient dépassé Smolensk avant la bataille. Tous les bois et les villages, depuis le champ de bataille jusqu'ici, sont couverts de morts et de blessés. On a trouvé ici deux mille morts ou amputés russes. Plusieurs généraux et colonels sont prisonniers.

L'empereur n'a jamais été exposé ; la garde, ni à pied, ni à cheval, n'a pas donné et n'a pas perdu un seul homme. La victoire n'a jamais été incertaine. Si l'ennemi, forcé dans ses positions, n'avait pas voulu les reprendre, notre perte aurait été plus forte que la sienne ; mais il a détruit son armée en la tenant depuis huit heures jusqu'à deux sous le feu de nos batteries, et en s'opiniâtrant à reprendre ce qu'il avait perdu. C'est la cause de son immense perte.

Tout le monde s'est distingué : le roi de Naples et le duc d'Elchingen se sont fait remarquer.

L'artillerie, et surtout celle de la garde, s'est surpassée. Des rapports détaillés feront connaître les actions qui ont illustré cette journée.

IX

INCENDIE DE MOSCOU [1].

Moscou, le 17 septembre 1812.

On a chanté des *Te Deum* en Russie pour le combat de Polotsk ; on en a chanté pour les combats de Riga, pour le combat d'Ostrowno, pour celui de Smolensk ; partout, selon les relations des Russes, ils étaient vainqueurs, et l'on avait repoussé les Français loin du champ de bataille ; c'est donc au bruit des *Te Deum* russes que l'armée est arrivée à Moscou. On s'y croyait vainqueur, du moins la populace ; car les gens instruits savaient ce qui se passait.

1. 20e bulletin de la Grande Armée pendant la campagne de Russie.

Moscou est l'entrepôt de l'Asie et de l'Europe ; ses magasins étaient immenses ; toutes les maisons étaient approvisionnées de tout pour huit mois. Ce n'était que de la veille et du jour même de notre entrée, que le danger avait été bien connu. On a trouvé dans la maison de ce misérable Rostopchin, des papiers et une lettre à demi-écrite : il s'est sauvé sans l'achever.

Moscou, une des plus belles et des plus riches villes du monde, n'existe plus. Dans la journée du 14, le feu a été mis par les Russes à la bourse, au bazar et à l'hôpital. Le 16, un vent violent s'est élevé ; trois à quatre cents brigands ont mis le feu dans la ville en cinq cents endroits à la fois, par l'ordre du gouverneur Rostopchin. Les cinq sixièmes des maisons sont en bois : le feu a pris avec une prodigieuse rapidité ; c'était un océan de flammes. Des églises, il y en avait seize cents ; des palais, plus de mille ; d'immenses magasins : presque tout a été consumé. On a préservé le Kremlin.

Cette perte est incalculable pour la Russie, pour son commerce, pour sa noblesse qui y avait tout laissé. Ce n'est pas l'évaluer trop haut que de la porter à plusieurs milliards.

On a arrêté et fusillé une centaine de ces chauffeurs ; tous ont déclaré qu'ils avaient agi par les ordres du gouverneur Rostopchin et du directeur de la police.

Trente mille blessés et malades russes ont été brûlés. Les plus riches maisons de commerce de la Russie se trouvent ruinées : la secousse doit être considérable ; les effets d'habillement, magasins et fournitures de l'armée russe ont été brûlés ; elle y a tout perdu. On n'avait rien voulu évacuer, parce qu'on a toujours voulu penser qu'il était impossible d'arriver à Moscou, et qu'on a voulu tromper le peuple. Lorsqu'on a tout vu dans la main des Français, on a conçu l'horrible projet de brûler cette première capitale, cette ville sainte, centre de l'empire, et l'on a réduit deux cent mille bons habitants à la mendicité. C'est le crime de Rostopchin, exécuté par des scélérats délivrés des prisons.

Les ressources que l'armée trouvait, sont par là fort diminuées ; cependant l'on a ramassé, et l'on ramasse beaucoup de choses. Toutes les caves sont à l'abri du feu, et les habitants, dans les vingt-quatre dernières heures, avaient enfoui beaucoup d'objets. On a lutté contre le feu ; mais le gouvernement avait eu l'affreuse précaution d'emmener ou de faire briser toutes les pompes.

L'armée se remet de ses fatigues ; elle a en abondance du pain, des pommes de terre, des choux, des légumes, des viandes, des salaisons, du vin, de l'eau-de-vie, du sucre, du café, enfin des provisions de toute espèce.

L'avant-garde est à vingt werstes sur la route de

Kasan, par laquelle se retire l'ennemi. Une autre avant-garde française est sur la route de Saint-Pétersbourg, où l'ennemi n'a personne.

La température est encore celle de l'automne : le soldat a trouvé et trouve beaucoup de pelisses et des fourrures pour l'hiver. Moscou en est le magasin.

X

RETRAITE DE L'ARMÉE [1].

Molodetschino, le 3 décembre 1812.

Jusqu'au 6 novembre, le temps a été parfait, et le mouvement de l'armée s'est exécuté avec le plus grand succès. Le froid a commencé le 7 ; dès ce moment, chaque nuit nous avons perdu plusieurs centaines de chevaux, qui mouraient au bivouac. Arrivés à Smolensk, nous avions déjà perdu bien des chevaux de cavalerie et d'artillerie.

L'armée russe de Volhynie était opposée à notre droite. Notre droite quitta la ligne d'opération de Minsk, et prit pour pivot de ses opérations la ligne de Varsovie. L'empereur apprit à Smolensk, le 9, ce

1. Morceau douloureusement célèbre. 29e bulletin de la Grande Armée pendant la campagne de Russie.

changement de ligne d'opérations, et présuma ce que ferait l'ennemi. Quelque dur qu'il lui parût de se mettre en mouvement dans une si cruelle saison, le nouvel état des choses le nécessitait; il espérait arriver à Minsk, ou du moins sur la Bérésina, avant l'ennemi; il partit le 13 de Smolensk; le 16, il coucha à Krasnoï. Le froid, qui avait commencé le 7, s'accrut subitement, et, du 14 au 15 et au 16, le thermomètre marqua seize et dix-huit degrés au-dessous de glace. Les chemins furent couverts de verglas; les chevaux de cavalerie, d'artillerie, de train, périssaient toutes les nuits, non par centaines, mais par milliers, surtout les chevaux de France et d'Allemagne : plus de trente mille chevaux périrent en peu de jours; notre cavalerie se trouva toute à pied; notre artillerie et nos transports se trouvaient sans attelage. Il fallut abandonner et détruire une bonne partie de nos pièces et de nos munitions de guerre et de bouche.

Cette armée, si belle le 6, était bien différente dès le 14, presque sans cavalerie, sans artillerie, sans transports. Sans cavalerie, nous ne pouvions pas nous éclairer à un quart de lieue; cependant, sans artillerie, nous ne pouvions pas risquer une bataille et attendre de pied ferme; il fallait marcher pour ne pas être contraint à une bataille, que le défaut de munitions nous empêchait de désirer; il fallait occuper un certain espace pour ne pas être tournés, et cela sans cavalerie qui éclairât et liât les colonnes. Cette difficulté, jointe à un froid excessif subitement venu, rendit notre situation fâcheuse. Les hommes que la nature n'a pas trempés assez fortement pour être au-dessus de toutes les chances du sort et de la fortune, parurent ébranlés, perdirent leur gaieté, leur bonne humeur, et ne rêvèrent que malheurs et catastrophes, ceux qu'elle a créés supérieurs à tout, conservèrent leur gaieté, leurs manières ordinaires, et virent une nouvelle gloire dans des difficultés différentes à surmonter.

L'ennemi, qui voyait sur les chemins les traces de cette affreuse calamité qui frappait l'armée française, chercha à en profiter. Il enveloppait toutes les colonnes par ses cosaques, qui enlevaient, comme les Arabes dans les déserts, les trains et les voitures qui s'écartaient. Cette méprisable cavalerie, qui ne fait que du bruit, et n'est pas capable d'enfoncer une compagnie de voltigeurs, se rendit redoutable à la faveur des circonstances. Cependant l'ennemi eut à se repentir de toutes les tentatives sérieuses qu'il voulut entreprendre ; il fut culbuté par le vice-roi au-devant duquel il s'était placé, et y perdit beaucoup de monde.

Le duc d'Elchingen, qui, avec trois mille hommes, faisait l'arrière-garde, avait fait sauter les remparts de Smolensk. Il fut cerné et se trouva dans une position critique : il s'en tira avec cette intrépidité qui le distingue. Après avoir tenu l'ennemi éloigné de lui pendant toute la journée du 18, et l'avoir constamment repoussé, à la nuit, il fit un mouvement par le flanc droit, passa le Borysthène, et déjoua tous les calculs de l'ennemi. Le 19, l'armée passa le Borysthène à Orza, et l'armée russe fatiguée, ayant perdu beaucoup de monde, cessa là ses tentatives.

L'armée de Volhynie s'était portée dès le 16 sur Minsk, et marchait sur Borisow. Le général Dombrowski défendit la tête de pont de Borisow avec trois mille hommes. Le 25, il fut forcé, et obligé d'évacuer cette position. L'ennemi passa alors la Bérésina marchant sur Bobr; la division Lambert faisait l'avant-garde. Le deuxième corps, commandé par le duc de Reggio, qui était à Tscheroin, avait reçu l'ordre de se porter sur Borisow pour assurer à l'armée le passage de la Bérésina. Le 24, le duc de Reggio rencontra la division Lambert à quatre lieues de Borisow, l'attaqua, la battit, lui fit deux mille prisonniers, lui prit six pièces de canon, cinq cents voitures de bagages de l'armée de Volhynie, et rejeta l'ennemi sur la rive droite de la Bérésina. Le général Berkeim, avec le quatrième de cuirassiers, se distingua par une belle charge. L'ennemi ne trouva son salut qu'en brûlant le pont, qui a plus de trois cents toises.

Cependant l'ennemi occupait tous les passages de

la Bérésina ; cette rivière est large de quarante toises ; elle charriait assez de glaces ; mais ses bords sont couverts de marais de trois cents toises de long, ce qui la rend un obstacle difficile à franchir.

Le général ennemi avait placé ses quatre divisions dans différents débouchés où il présumait que l'armée française voudrait passer.

Le 26, à la pointe du jour, l'empereur, après avoir trompé l'ennemi par divers mouvements faits dans la journée du 25, se porta sur le village de Studzianca, et fit aussitôt, malgré une division ennemie, et en sa présence, jeter deux ponts sur la rivière. Le duc de Reggio passa, attaqua l'ennemi, et le mena battant deux heures ; l'ennemi se retira sur la tête de pont de Borisow. Le général Legrand, officier du premier mérite, fut blessé grièvement, mais non dangereusement. Toute la journée du 26 et du 27, l'armée passa.

Le duc de Bellune, commandant le neuvième corps, avait reçu ordre de suivre le mouvement du duc de Reggio, de faire l'arrière-garde, et de contenir l'armée russe de la Dwina qui le suivait. La division Partounaux faisait l'arrière-garde de ce corps. Le 27, à midi, le duc de Bellune arriva avec deux divisions au pont de Studzianca.

La division Partounaux partit à la nuit de Borisow. Une brigade de cette division qui formait l'arrière-garde, et qui était chargée de brûler les ponts, partit à sept heures du soir ; elle arriva entre dix et onze heures du soir ; elle chercha sa première brigade et son général de division, qui étaient partis deux heures avant, et qu'elle n'avait pas rencontrés en route. Ses recherches furent vaines; on conçut alors des inquiétudes. Tout ce qu'on a pu connaître depuis, c'est que cette première brigade, partie à cinq heures, s'est égarée à six, a pris à droite au lieu de prendre à gauche, et a fait deux ou trois lieues dans cette direction ; que dans la nuit, et transie de froid, elle s'est ralliée aux feux de l'ennemi, qu'elle a pris pour ceux de l'armée française ; entourée ainsi, elle aura été enlevée. Cette cruelle méprise doit nous avoir fait perdre deux mille hommes d'infanterie, trois cents chevaux et trois pièces d'artillerie. Des bruits couraient que le général de division n'était pas avec sa colonne, et avait marché isolément.

Toute l'armée ayant passé le 28 au matin, le duc de Bellune gardait la tête de pont sur la rive gauche ; le duc de Reggio, et derrière lui toute l'armée, était sur la rive droite.

Borisow ayant été évacué, les armées de la Dwina et de Volhynie communiquèrent; elles concertèrent une attaque. Le 28, à la pointe du jour, le duc de Reggio fit prévenir l'empereur qu'il était attaqué ; une demi-heure après, le duc de Bellune le fut sur la rive gauche ; l'armée prit les armes. Le duc d'Elchingen se porta à la suite du duc de Reggio, et le duc de Trévise derrière le duc d'Elchingen. Le combat devint vif; l'ennemi voulut déborder notre droite; le général Doumerc, commandant la cinquième division de cuirassiers, et qui faisait partie du deuxième corps resté sur la Dwina, ordonna une charge de cavalerie aux quatrième et cinquième régiments de cuirassiers, au moment où la légion de la Vistule s'engageait dans les bois pour percer le centre de l'ennemi, qui fut culbuté et mis en déroute. Ces braves cuirassiers enfoncèrent successivement six carrés d'infanterie, et mirent en déroute la cavalerie ennemie qui venait au secours de son infanterie : six mille prisonniers, deux drapeaux et six pièces de canon tombèrent en notre pouvoir.

De son côté, le duc de Bellune fit charger vigoureusement l'ennemi, le battit, lui fit cinq à six cents prisonniers, et le tint hors la portée du canon du pont. Le général Fournier fit une belle charge de cavalerie.

Dans le combat de la Bérésina, l'armée de Volhynie a beaucoup souffert. Le duc de Reggio a été blessé ; sa blessure n'est pas dangereuse ; c'est une balle qu'il a reçue dans le côté.

Le lendemain 29, nous restâmes sur le champ de bataille. Nous avions à choisir entre deux routes, celle de Minsk et celle de Wilna. La route de Minsk passe au milieu d'une forêt et de marais incultes, et il eût été impossible à l'armée de s'y nourrir. La route de Wilna, au contraire, passe dans de très bons pays ; l'armée, sans cavalerie, faible en munitions, horriblement fatiguée de cinquante jours de marche, traînant à sa suite ses malades et les blessés de tant de combats, avait besoin d'arriver à ses magasins. Le 30, le quartier-général fut à Plechnitsi ; le 1er décembre à Slaiki, et le 3 à Molodetschino, où l'armée a reçu les premiers convois de Wilna.

Tous les officiers et soldats blessés, et tout ce qui est embarras, bagages, etc., ont été dirigés sur Wilna.

Dire que l'armée a besoin de rétablir sa discipline, de se refaire, de remonter sa cavalerie, son artillerie et son matériel, c'est le résultat de l'exposé qui vient d'être fait. Le repos est son premier besoin. Le matériel et les chevaux arrivent. Le général Bourcier a déjà plus de vingt mille chevaux de remonte dans différents dépôts. L'artillerie a déjà réparé ses pertes ; les généraux, les officiers et les soldats ont beaucoup souffert de la fatigue et de la disette. Beaucoup ont perdu leurs bagages par suite de la perte de leurs chevaux ; quelques-uns par le fait des embuscades des cosaques. Les cosaques ont pris nombre d'hommes isolés, d'ingénieurs-géographes qui levaient les positions, et d'officiers blessés qui marchaient sans précaution, préférant courir des risques plutôt que de marcher posément et dans les convois.

Les rapports des officiers-généraux commandant les corps feront connaître les officiers et soldats qui se sont le plus distingués, et les détails de tous ces mémorables événements.

Dans tous ces mouvements, l'empereur a toujours marché au milieu de sa garde, la cavalerie commandée par le maréchal duc d'Istrie, et l'infanterie commandée par le duc de Dantzick. S. M. a été satisfaite du bon esprit que sa garde a montré ; elle a toujours été prête à se porter partout où les circonstances l'auraient exigé ; mais les circonstances ont toujours été telles que sa simple présence a suffi, et qu'elle n'a pas été dans le cas de donner.

Le prince de Neufchâtel, le grand-maréchal, le grand-écuyer et tous les aides de camp et les officiers militaires de la maison de l'empereur, ont toujours accompagné Sa Majesté.

Notre cavalerie était tellement démontée, que l'on a dû réunir les officiers auxquels il restait un cheval, pour en former quatre compagnies de cent cinquante hommes chacune. Les généraux y faisaient les fonctions de capitaines, et les colonels celles de sous-officiers. Cet escadron sacré, commandé par le général Grouchy, et sous les ordres du roi de Naples, ne perdait pas de vue l'empereur dans tous ses mouvements.

La santé de Sa Majesté n'a jamais été meilleure.

XI

BATAILLE DE LUTZEN [1].

Le 2 mai 1813.

Les combats de Weissenfels et de Lutzen n'étaient que le prélude d'événements de la plus haute importance. L'empereur Alexandre et le roi de Prusse qui étaient arrivés à Dresde avec toutes leurs forces dans les derniers jours d'avril, apprenant que l'armée française avait débouché de la Thuringe, adoptèrent le plan de lui livrer bataille dans les plaines de Lutzen, et se mirent en marche pour en occuper la position; mais ils furent prévenus par la rapidité des mouvements de l'armée française; ils persistèrent cependant dans leurs projets, et résolurent d'attaquer l'armée pour la déposter des positions qu'elle avait prises.

La position de l'armée française au 2 mai, à neuf heures du matin, était la suivante :

La gauche de l'armée s'appuyait à l'Elster; elle était formée par le vice-roi, ayant sous ses ordres les cinquième et onzième corps. Le centre était commandé par le prince de la Moskowa, au village

1. Bulletin adressé à l'impératrice Marie-Louise.

de Kaïa. L'empereur avec la jeune et la vieille garde était à Lutzen.

Le duc de Raguse était au défilé de Poserna, et formait la droite avec ses trois divisions. Enfin le général Bertrand, commandant le quatrième corps, marchait pour se rendre à ce défilé. L'ennemi débouchait et passait l'Elster aux ponts de Zwenkau, Pegau et Zeist. S. M. ayant l'espérance de le prévenir dans son mouvement, et pensant qu'il ne pourrait attaquer le 3, ordonna au général Lauriston, dont le corps formait l'extrémité de la gauche, de se porter sur Leipsick, afin de déconcerter les projets de l'ennemi, et de placer l'armée française, pour la journée du 3, dans une position toute différente de celle où les ennemis avaient compté la trouver et où elle était effectivement le 2, et de porter ainsi de la confusion et du désordre dans leurs colonnes.

A neuf heures du matin, S. M. ayant entendu une canonnade du côté de Leipsick, s'y porta au galop. L'ennemi défendait la petit village de Listenau et les ponts en avant de Leipsick. S. M. n'attendait que le moment où ces dernières positions seraient enlevées, pour mettre en mouvement toute son armée dans cette direction, la faire pivoter sur Leipsick, passer sur la droite de l'Elster, et prendre l'ennemi à revers; mais à dix heures, l'armée ennemie déboucha vers Kaïa, sur plusieurs colonnes d'une noire profondeur! l'horizon en était obscurci. L'ennemi présentait des forces qui paraissaient immenses. L'empereur fit sur-le-champ ses dispositions. Le vice-roi reçut l'ordre de se porter sur la gauche du prince de la Moskowa; mais il lui fallait trois heures pour exécuter ce mouvement. Le prince de la Moskowa prit les armes, et avec ses cinq divisions soutint le combat, qui au bout d'une demi-heure devint terrible. S. M. se porta elle-même à la tête de la garde derrière le centre de l'armée, soutenant la droite du prince de la Moskowa. Le duc de Raguse, avec ses trois divisions, occupait l'extrême droite. Le général Bertrand eut ordre de déboucher sur les derrières de l'armée ennemie, au moment où la ligne se trouverait le plus fortement engagée. La fortune se plut à couronner du plus brillant succès toutes ces dispositions. L'ennemi, qui paraissait certain de la réussite de son entreprise, marchait pour déborder notre droite et gagner le chemin de Weissenfels. Le général Compans, général de bataille du premier mérite, à la tête de la première division du duc de Raguse, l'arrêta tout court. Les régiments de marins soutinrent plusieurs charges avec sang-froid, et couvrirent le champ de bataille de l'élite de la cavalerie ennemie. Mais les grands efforts d'infanterie, d'artillerie et de cavalerie, étaient sur le centre. Quatre des cinq divisions du prince de la Moskowa étaient déjà engagées. Le village de Kaïa fut pris et repris plusieurs fois. Ce village était resté au pouvoir de l'ennemi ; le comte de Lobau dirigea le général Ricard pour reprendre le village ; il fut repris.

La bataille embrassait une ligne de deux lieues couvertes de feu, de fumée et de tourbillons de poussière. Le prince de la Moskowa, le général Girard, étaient partout, faisaient face à tout. Blessé de plusieurs balles, le général Girard voulut rester sur le champ de bataille. Il déclara vouloir mourir en commandant et dirigeant ses troupes, puisque le moment était arrivé pour tous les Français qui avaient du cœur de vaincre ou de mourir.

Cependant, on commençait à apercevoir dans le lointain la poussière et les premiers feux du corps du général Bertrand. Au même moment le vice-roi entrait en ligne sur la gauche, et le duc de Tarente attaquait la réserve de l'ennemi, et abordait au village où l'ennemi appuyait sa droite. Dans ce moment, l'ennemi redoubla ses efforts sur le centre ; le village de Kaïa fut emporté de nouveau ; notre centre fléchit ; quelques bataillons se débandèrent ; mais cette valeureuse jeunesse, à la vue de l'empereur, se rallia en criant *vive l'empereur!* S. M. jugea que le moment de crise qui décide du gain ou de la perte des batailles était arrivé : il n'y avait plus un moment à perdre. L'empereur ordonna au duc de Trévise de se porter avec seize bataillons de la jeune garde au village de Kaïa, de donner tête baissée, de culbuter l'ennemi, de reprendre le village, et de faire main basse sur tout ce qui s'y trouvait. Au même moment, S. M. ordonna à son aide de camp le général Drouot, officier d'artillerie de la plus grande distinction, de réunir une batterie de quatre-vingts pièces, et de la placer en avant de la vieille garde, qui fut disposée en échelons comme quatre redoutes, pour soutenir le centre, toute notre cavalerie rangée en bataille derrière. Les généraux Dulauloy, Drouot et Devaux partirent au galop avec leurs quatre-vingts bouches à feu placées en un même groupe. Le feu devint épouvantable. L'ennemi fléchit de tous côtés. Le duc de Trévise emporta sans coup férir le village de Kaïa, culbuta l'ennemi et continua à se porter en avant en battant la charge. Cavalerie, infanterie, artillerie de l'ennemi, tout se mit en retraite.

Le général Bonnet, commandant une division du duc de Raguse, reçut ordre de faire un mouvement par sa gauche sur Kaïa, pour appuyer les succès du centre. Il soutint plusieurs charges de cavalerie dans lesquelles l'ennemi éprouva de grandes pertes.

Cependant le général comte Bertrand s'avançait et entrait en ligne. C'est en vain que la cavalerie ennemie caracola autour de ses carrés; sa marche n'en fut pas ralentie. Pour le rejoindre plus promptement, l'empereur ordonna un changement de direction en pivotant sur Kaïa. Toute la droite fit un changement de front, la droite en avant.

L'ennemi ne fit plus que fuir ; nous le poursuivîmes une lieue et demie. Nous arrivâmes bientôt sur la hauteur que l'empereur Alexandre, le roi de Prusse et la famille de Brandebourg occupaient pendant la bataille. Un officier prisonnier qui se trouvait là, nous apprit cette circonstance.

Nous avons fait plusieurs milliers de prisonniers. Le nombre n'en a pu être considérable, vu l'infériorité de notre cavalerie et le désir que l'empereur avait montré de l'épargner.

Au commencement de la bataille, l'empereur avait dit aux troupes : *C'est une bataille d'Égypte. Une bonne infanterie doit savoir se suffire.*

Le général Gouré, chef d'état-major du prince de la Moskowa a été tué, mort digne d'un si bon soldat ! Notre perte se monte à dix mille hommes tués ou blessés ; celle de l'ennemi peut être évaluée de vingt-cinq à trente mille hommes. La garde royale de Prusse a été détruite. Les gardes de l'empereur de Russie ont considérablement souffert : les deux divisions de dix régiments de cuirassiers russes ont été écrasées.

S. M. ne saurait trop faire l'éloge de la bonne volonté, du courage et de l'intrépidité de l'armée. Nos jeunes soldats ne considéraient pas le danger. Ils ont dans cette circonstance relevé toute la noblesse du sang français.

L'état-major général, dans sa relation, fera connaître les belles actions qui ont illustré cette brillante journée, qui, comme un coup de tonnerre, a pulvérisé les chimériques espérances et tous les calculs de destruction et de démembrement de l'empire. Les trames ténébreuses ourdies par le cabinet de Saint-James pendant tout un hiver, se trouvent en un instant dénouées comme le nœud gordien par l'épée d'Alexandre.

Le prince de Hesse-Hombourg a été tué. Les prisonniers disent que le jeune prince royal de Prusse a été blessé, que le prince de Mecklembourg-Strélitz a été tué.

L'infanterie de la vieille garde, dont six bataillons étaient seulement arrivés, a soutenu par sa présence l'affaire avec ce sang-froid qui la caractérise. Elle n'a pas tiré un seul coup de fusil. La moitié de l'armée n'a pas donné, car les quatre divisions du corps du général Lauriston n'ont fait qu'occuper Leipsick; les trois divisions du duc de Reggio étaient encore à deux journées du champ de bataille; le comte Bertrand n'a donné qu'avec une de ses divisions, et si légèrement, qu'elle n'a pas perdu cinquante hommes; ses seconde et troisième divisions n'ont pas donné. La seconde division de la jeune garde, commandée par le général Barrois, était encore à cinq journées; il en est de même de la moitié de la vieille garde, commandée par le général Decouz, qui n'était encore qu'à Erfurth : des batteries de réserve formant plus de cent bouches à feu n'avaient pas rejoint, et elles sont encore en marche depuis Mayence jusqu'à Erfurth : le corps du duc de Bellune était aussi à trois jours du champ de bataille. Le corps de cavalerie du général Sébastiani, avec les trois divisions du prince d'Eckmuhl, étaient du côté du Bas-Elbe. L'armée alliée forte de cent cinquante à deux cent mille hommes, commandée par les deux souverains, ayant un grand nombre de princes de la maison de Prusse à sa tête, a donc été défaite et mise en déroute par moins de la moitié de l'armée française.

Les ambulances et le champ de bataille offraient le spectacle le plus touchant : les jeunes soldats, à la vue de l'empereur, faisaient trêve à leur douleur en criant : *vive l'empereur!* — *Il y a vingt ans*, a dit l'empereur, *que je commande des armées françaises, je n'ai pas encore vu autant de bravoure et de dévouement.*

L'Europe serait enfin tranquille, si les souverains et les ministres qui dirigent leurs cabinets pouvaient avoir été présents sur ce champ de bataille. Ils renonceraient à l'espérance de faire rétrograder l'étoile de la France; ils verraient que les conseillers qui veulent démembrer l'empire français et humilier l'empereur, préparent la perte de leurs souverains.

XII

BATAILLE DE BAUTZEN [1].

Le 22 mai 1813.

L'empereur Alexandre et le roi de Prusse attribuaient la perte de la bataille de Lutzen à des fautes que leurs généraux avaient commises dans la direction des forces combinées, et surtout aux difficultés attachées à un mouvement offensif de cent cinquante à cent quatre-vingt mille hommes. Ils résolurent de prendre la position de Bautzen et de Hochkirch, déjà célèbre dans l'histoire de la guerre de sept ans; d'y réunir tous les renforts qu'ils attendaient de la Vistule et d'autres points en arrière; d'ajouter à cette position tout ce que l'art pourrait fournir de moyens, et là, de courir les chances d'une nouvelle bataille, dont toutes les probabilités pourraient être en leur faveur.

Le duc de Tarente, commandant le 11ᵉ corps, était parti de Bischofswerda, le 15, et se trouvait, le 15 au soir, à une portée de canon de Bautzen, où il reconnut toute l'armée ennemie. Il prit position.

---

1. Bulletin adressé à l'impératrice Marie Louise.

Dès ce moment, les corps de l'armée française furent dirigés sur le champ de Bautzen.

L'empereur partit de Dresde le 18; il coucha à Harta, et le 19, il arriva, à dix heures du matin, devant Bautzen. Il employa toute la journée à reconnaître les positions de l'ennemi.

On apprit que les corps russes de Barclay de Tolly, de Langeron et de Sass, et le corps prussien de Kleist avaient rejoint l'armée combinée, et que sa force pouvait être évaluée de cent cinquante à cent soixante mille hommes.

Le 19 au soir, la position de l'ennemi était la suivante : sa gauche était appuyée à des montagnes couvertes de bois, et perpendiculaires au cours de la Sprée, à peu près à une lieue de Bautzen. Bautzen soutenait son centre. Cette ville avait été crénelée, retranchée et couverte par des redoutes. La droite de l'ennemi s'appuyait sur des mamelons fortifiés qui défendent les débouchés de la Sprée, du côté du village de Nimschütz : tout son front était couvert sur la Sprée. Cette position très forte n'était qu'une première position.

On apercevait distinctement, à trois mille toises en arrière, de la terre fraîchement remuée, et des travaux qui marquaient leur seconde position. La gauche était encore appuyée aux mêmes montagnes, à deux mille toises en arrière de celles de la première position, et fort en avant du village de Hochkirch.

Le centre était appuyé à trois villages retranchés, où l'on avait fait tant de travaux, qu'on pouvait les considérer comme places fortes. Un terrain marécageux et difficile couvrait les trois quarts du centre. Enfin leur droite s'appuyait en arrière de la première position à des villages et à des mamelons également retranchés.

Le front de l'armée ennemie, soit dans la première, soit dans la seconde position, pouvait avoir une lieue et demie.

D'après cette reconnaissance, il était facile de concevoir comment, malgré une bataille perdue comme celle de Lutzen, et huit jours de retraite, l'ennemi pouvait encore avoir des espérances dans les chances de la fortune. Selon l'expression d'un officier russe à qui on demandait ce qu'ils voulaient faire : *Nous ne voulons*, disait-il, *ni avancer ni reculer. — Vous êtes maîtres du premier point*, répondit un officier français; *dans peu de jours, l'événement prouvera si vous êtes maîtres de l'autre!* Le quartier-général des deux souverains était au village de Natchen.

Au 19, la position de l'armée française était la suivante :

Sur la droite était le duc de Reggio, s'appuyant aux montagnes sur la rive gauche de la Sprée, et séparé de la gauche de l'ennemi par cette vallée. Le duc de Tarente était devant Bautzen, à cheval sur la route de Dresde. Le duc de Raguse était sur la gauche de Bautzen, vis-à-vis le village de Niemonschütz. Le général Bertrand était sur la gauche du duc de Raguse, appuyé à un moulin à vent et à un bois, et faisant mine de déboucher de Jaselitz sur la droite de l'ennemi.

Le prince de la Moskowa, le général Lauriston et le général Reynier étaient à Hoyerswerda, sur la route de Berlin, hors de ligne et en arrière de notre gauche.

L'ennemi ayant appris qu'un corps considérable arrivait par Hoyerswerda, se douta que les projets de l'empereur étaient de tourner la position par la droite, de changer le champ de bataille, de faire tomber tous ses retranchements, élevés avec tant de peine et l'objet de tant d'espérances. N'étant encore instruits que de l'arrivée du général Lauriston, il ne supposait pas que cette colonne fût de plus de dix-huit à vingt mille hommes. Il détacha donc contre elle, le 19, à quatre heures du matin, le général Yorck avec douze mille Prussiens, et le général Barclay de Tolly avec dix-huit mille Russes. Les Russes se placèrent au village de Weissig.

Cependant le comte Bertrand avait envoyé le général Pery, avec la division italienne, à Kœnigswartha, pour maintenir notre communication avec les corps détachés. Arrivé à midi, le général Pery fit de mauvaises dispositions; il ne fit pas fouiller la forêt voisine. Il plaça mal ses postes, et à quatre heures il fut assailli par un *hourra* qui mit du désordre dans quelques bataillons. Il perdit six cents hommes, parmi lesquels se trouve le général de brigade italien Balathier, blessé; deux canons et trois caissons; mais la division ayant pris les armes, s'appuya au bois, et fit face à l'ennemi.

Le comte de Valmy étant arrivé avec de la cavalerie, se mit à la tête de la division italienne, et reprit le village de Kœnigswartha. Dans ce même moment, le corps du comte Lauriston, qui marchait en tête du prince de la Moskowa pour tourner la position de l'ennemi, parti de Hoyerswerda, arriva sur Weissig. Le combat s'engagea, et le corps d'Yorck aurait été écrasé, sans la circonstance d'un défilé à passer, qui fit que nos troupes ne purent arriver que successivement. Après trois heures de combat, le village de Weissig fut emporté, le corps d'Yorck, culbuté, fut rejeté sur l'autre côté de la Sprée.

Le combat de Weissig serait seul un événement important. Un rapport détaillé en fera connaître les circonstances.

Le 19, le comte Lauriston coucha donc sur la position de Weissig; le prince de la Moskowa à Mankersdorf, et le comte Reynier à une lieue en arrière. La droite de la position de l'ennemi se trouvait évidemment débordée.

Le 20, à huit heures du matin, l'empereur se porta sur la hauteur en arrière de Bautzen. Il donna ordre au duc de Reggio de passer la Sprée, et d'attaquer les montagnes qui appuyaient la gauche de l'ennemi;

au duc de Tarente de jeter un pont sur chevalets sur la Sprée, entre Bautzen et les montagnes; au duc de Raguse de jeter un autre pont sur chevalets sur la Sprée, dans l'enfoncement que forme cette rivière sur la gauche, à une demi-lieue de Bautzen; au duc de Dalmatie, auquel S. M. avait donné le commandement supérieur du centre, de passer la Sprée pour inquiéter la droite de l'ennemi; enfin, au prince de la Moskowa, sous les ordres duquel étaient le troisième corps, le comte Lauriston et le général Reynier, de s'approcher sur Klix, de passer la Sprée, de tourner la droite de l'ennemi, et de se porter sur son quartier-général de Wurtchen, et de là sur Weissemberg.

A midi, la canonnade s'engagea. Le duc de Tarente n'eut pas besoin de jeter son pont sur chevalets : il trouva devant lui un pont de pierre, dont il força le passage. Le duc de Raguse jeta son pont; tout son corps d'armée passa sur l'autre rive de la Sprée. Après six heures d'une vive canonnade et plusieurs charges que l'ennemi fit sans succès, le général Compans fit occuper Bautzen; le général Bonnet fit occuper le village de Niedkayn, et enleva au pas de charge un plateau qui le rendit maître de tout le centre de la position de l'ennemi; le duc de Reggio s'empara des hauteurs, et à sept heures du soir, l'ennemi fut rejeté sur sa seconde position. Le général Bertrand passa un des bras de la Sprée; mais l'ennemi conserva les hauteurs qui appuyaient sa droite, et par ce moyen se maintint entre le corps du prince de la Moskowa et notre armée.

L'empereur entra à huit heures du soir à Bautzen, et fut accueilli par les habitants et les autorités avec les sentiments que devaient avoir des alliés, heureux de se voir délivrés des Stein, des Kotzbue et des cosaques. Cette journée, qu'on pourrait appeler, si elle était isolée, *la bataille de Bautzen*, n'était que le prélude de la bataille de Wurtchen.

Cependant l'ennemi commençait à comprendre la possibilité d'être forcé dans sa position. Ses espérances n'étaient plus les mêmes, et il devait avoir dès ce moment le présage de sa défaite. Déjà toutes ses dispositions étaient changées. Le destin de la bataille ne devait plus se décider derrière ses retranchements. Ses immenses travaux, et trois cents redoutes devenaient inutiles. La droite de sa position, qui était opposée au quatrième corps, devenait son centre, et il était obligé de jeter sa droite, qui formait une bonne partie de son armée, pour l'opposer au prince de la Moskowa, dans un lieu qu'il n'avait pas étudié et qu'il croyait hors de sa position.

Le 21, à cinq heures du matin, l'empereur se porta sur les hauteurs, à trois quarts de lieue en avant de Bautzen.

Le duc de Reggio soutenait une vive fusillade sur les hauteurs que défendait la gauche de l'ennemi.

Les Russes, qui sentaient l'importance de cette position, avaient placé là une forte partie de leur armée, afin que leur gauche ne fût pas tournée. L'empereur ordonna aux ducs de Reggio et de Tarente d'entretenir le combat, afin d'empêcher la gauche de l'ennemi de se dégarnir et de lui masquer la véritable attaque dont le résultat ne pouvait pas se faire sentir avant midi ou une heure.

A onze heures, le duc de Raguse marcha à mille toises en avant de sa position, et engagea une épouvantable canonnade devant les redoutes et tous les retranchements ennemis.

La garde et la réserve de l'armée, infanterie et cavalerie, masqués par un rideau, avaient des débouchés faciles pour se porter en avant par la gauche ou par la droite, selon les vicissitudes que présenterait la journée. L'ennemi fut tenu ainsi incertain sur le véritable point d'attaque.

Pendant ce temps, le prince de la Moskowa culbutait l'ennemi au village de Klix, passait la Sprée, et menait battant ce qu'il avait devant lui jusqu'au village de Preilitz. A dix heures il enleva le village ; mais les réserves de l'ennemi s'étant avancées pour couvrir le quartier-général, le prince de la Moskowa fut ramené et perdit le village de Preilitz. Le duc de Dalmatie commença à déboucher à une heure après-midi. L'ennemi, qui avait compris tout le danger dont il était menacé par la direction qu'avait prise la bataille, sentit que le seul moyen de soutenir avec avantage le combat contre le prince de la Moskowa, était de nous empêcher de déboucher. Il voulut s'opposer à l'attaque du duc de Dalmatie. Le moment de décider la bataille se trouvait dès lors bien indiqué. L'empereur, par un mouvement à gauche, se porta, en vingt minutes, avec la garde, les quatre divisions du général Latour-Maubourg, et une grande quantité d'artillerie, sur le flanc de la droite de la position de l'ennemi, qui était devenue le centre de l'armée russe.

La division Morand et la division wurtembergeoise enlevèrent le mamelon dont l'ennemi avait fait son point d'appui.

Le général Devaux établit une batterie dont il dirigea le feu sur les masses qui voulaient reprendre la position. Les généraux Dulauloy et Drouot, avec soixante pièces de batterie de réserve, se portèrent en avant. Enfin, le duc de Trévise, avec les divisions Dumoutier et Barrois, de la jeune garde, se dirigea sur l'auberge de Klein-Baschwit, coupant le chemin de Wurtchen à Baugen.

L'ennemi fut obligé de dégarnir sa droite pour parer à cette nouvelle attaque. Le prince de la Moskowa en profita et marcha en avant. Il prit le village de Preisig, et s'avança, ayant débordé l'armée ennemie, sur Wurtchen. Il était trois heures après midi, et lorsque l'armée était dans la plus grande incertitude du succès, et qu'un feu épouvantable se faisait entendre sur une ligne de trois lieues, l'empereur annonça que la bataille était gagnée.

L'ennemi, voyant sa droite tournée, se mit en retraite, et bientôt sa retraite devint une fuite.

A sept heures du soir, le prince de la Moskowa et le général Lauriston arrivèrent à Wurtchen. Le duc de Raguse reçut alors l'ordre de faire un mouvement inverse de celui que venait de faire la garde, occupa tous les villages retranchés et toutes les redoutes que l'ennemi était obligé d'évacuer, s'avança dans la direction d'Hochkirch, et prit ainsi en flanc toute la gauche de l'ennemi, qui se mit alors dans une épouvantable déroute. Le duc de Tarente, de son côté, poussa vivement cette gauche, et lui fit beaucoup de mal.

L'empereur coucha sur la route, au milieu de sa garde, à l'auberge de Klein-Baschwitz. Ainsi, l'ennemi, forcé dans toutes ses positions, laissa en notre pouvoir le champ de bataille couvert de ses morts et de ses blessés, et plusieurs milliers de prisonniers.

Le 22, à quatre heures du matin, l'armée française se mit en mouvement. L'ennemi avait fui toute la nuit par tous les chemins et par toutes les directions. On ne trouva ses premiers postes qu'au delà de Weissemberg, et il n'opposa de résistance que sur les hauteurs en arrière de Reichenbach. L'ennemi n'avait pas encore vu notre cavalerie.

Le général Lefèvre-Desnouettes, à la tête de quinze cents chevaux lanciers polonais et des lanciers rouges de la garde, chargea, dans la plaine de Reichenbach, la cavalerie ennemie, et la culbuta. L'ennemi, croyant qu'ils étaient seuls, fit avancer une division de cavalerie, et plusieurs divisions s'engagèrent successivement. Le général Latour-Maubourg, avec ses quatorze mille chevaux, et les cuirassiers français et saxons, arriva à leur secours, et plusieurs charges de cavalerie eurent lieu. L'ennemi, tout surpris de trouver devant lui quinze à seize mille hommes de cavalerie, quand il nous en croyait dépourvus, se retira en désordre. Les lanciers rouges de la garde se composent en grande partie des volontaires de Paris et des environs. Le général Lefèvre-Desnouettes et le général Colbert, leur colonel, en font le plus grand éloge.

Dans cette affaire de cavalerie, le général Bruyères, général de cavalerie légère de la plus haute distinction, a eu la jambe emportée par un boulet.

Le général Reynier se porta, avec le corps saxon, sur les hauteurs au-delà de la Reichenbach, et poursuivit l'ennemi jusqu'au village de Hotterndorf. La nuit nous prit à une lieue de Gœrlitz. Quoique la journée eût été extrêmement longue, puisque nous nous trouvions à huit lieues du champ de bataille, et que les troupes eussent éprouvé tant de fatigues, l'armée française aurait couché à Gœrlitz; mais l'ennemi avait placé un corps d'arrière-garde sur la hauteur en avant de cette ville, et il aurait fallu une demi-heure de jour de plus pour la tourner par la gauche. L'empereur ordonna donc qu'on prît position.

Dans les batailles des 20 et 21, le général wurtembergeois Franquemont et le général Lorencez ont été blessés. Notre perte dans ces journées peut s'évaluer à onze ou douze mille hommes tués ou blessés. Le soir de la journée du 22, à sept heures, le grand-maréchal duc de Frioul, étant sur une petite éminence à causer avec le duc de Trévise et le général Kirgener, tous les trois pied à terre et assez éloignés du feu, un des derniers boulets de l'ennemi rasa de près le duc de Trévise, ouvrit le bas-ventre au grand-maréchal, et jeta roide mort le général Kirgener. Le duc de Frioul se sentit aussitôt frappé à mort; il expira douze heures après.

Dès que les postes furent placés et que l'armée eut pris ses bivouacs, l'empereur alla voir le duc de Frioul. Il le trouva avec toute sa connaissance, et montrant le plus grand sang-froid. Le duc serra la main de l'empereur, qu'il porta sur ses lèvres. *Toute ma vie,* lui dit-il, *a été consacrée à votre service, et je ne la regrette que par l'utilité dont elle pouvait vous être encore!* — Duroc, lui dit l'empereur, *il est une autre vie! C'est là que vous irez m'attendre, et que nous nous retrouverons un jour!* — Oui, sire;

mais ce sera dans trente ans, quand vous aurez triomphé de vos ennemis, et réalisé toutes les espérances de notre patrie... J'ai vécu en honnête homme; je ne me reproche rien. Je laisse une fille, Votre Majesté lui servira de père.

L'empereur, serrant de la main droite le grand-maréchal, resta un quart d'heure la tête appuyée sur la main gauche dans le plus profond silence. Le grand-maréchal rompit le premier ce silence : *Ah! sire, allez-vous en! ce spectacle vous peine!* L'empereur, s'appuyant sur le duc de Dalmatie et sur le grand-écuyer, quitta le duc de Frioul sans pouvoir lui dire autre chose que ces mots : *Adieu donc, mon ami!* S. M. rentra dans sa tente, et ne reçut personne pendant toute la nuit.

Le 25, à neuf heures du matin, le général Regnier entra dans Gœrlitz. Des ponts furent jetés sur la Neiss, et l'armée se porta au delà de cette rivière.

Au 23 au soir, le duc de Bellune était sur Botzemberg; le comte Lauriston avait son quartier-général à Hochkirch, le comte Reynier en avant de Trotskendorf, sur le chemin de Lauban, et le comte Bertrand en arrière du même village; le duc de Tarente était sur Schœnberg; l'empereur était à Gœrlitz.

Un parlementaire, envoyé par l'ennemi, portait plusieurs lettres où l'on croit qu'il est question de négocier un armistice.

L'armée ennemie s'est retirée, par Banalau et

Lauban, en Silésie. Toute la Saxe est délivrée de ses ennemis, et, dès demain 24, l'armée française sera en Silésie.

L'ennemi a brûlé beaucoup de bagages, fait sauter beaucoup de parcs, disséminé dans les villages une grande quantité de blessés. Ceux qu'il a pu emmener sur des charrettes n'étaient pas pansés; les habitants en portent le nombre à dix-huit mille. Il en est resté plus de dix mille en notre pouvoir.

La ville de Gœrlitz, qui compte huit à dix mille habitants, a reçu les Français comme des libérateurs.

La ville de Dresde et le ministère saxon ont mis la plus grande activité à approvisionner l'armée, qui jamais n'a été dans une plus grande abondance.

Quoiqu'une grande quantité de munitions ait été consommée, les ateliers de Torgau et de Dresde, et les convois qui arrivent par les soins du général Sorbier, tiennent notre artillerie bien approvisionnée.

On a des nouvelles de Glogau, Custrin et Stettin. Toutes ces places étaient dans un bon état.

Ce récit de la bataille de Wurtchen ne peut être considéré que comme une esquisse. L'état-major général recueillera les rapports qui feront connaître les officiers, soldats, et les corps qui se sont distingués.

Dans le petit combat du 22, à Reichenbach, nous avons acquis la certitude que notre jeune cavalerie est, à nombre égal, supérieure à celle de l'ennemi.

Nous n'avons pu prendre de drapeaux; l'ennemi les retire toujours du champ de bataille. Nous n'avons pris que dix-neuf canons, l'ennemi ayant fait sauter ses parcs et ses caissons. D'ailleurs l'empereur tient sa cavalerie en réserve; et, jusqu'à ce qu'elle soit assez nombreuse, il veut la ménager..

XIII

BATAILLE DE LEIPSICK [1].

Le 24 octobre 1813.

La bataille de Wachau avait déconcerté tous les projets de l'ennemi; mais son armée était tellement nombreuse qu'il avait encore des ressources. Il rappela en toute hâte, dans la nuit, les corps qu'il avait laissés sur sa ligne d'opération et les divisions restées sur la Saale; et il pressa la marche du général Benigsen, qui arrivait avec quarante mille hommes.

Après le mouvement de retraite qu'il avait fait le 16 au soir et pendant la nuit, l'ennemi occupa une belle position à deux lieues en arrière. Il fallut em-

1. Bulletin adressé à l'Impératrice Marie-Louise.

ployer la journée du 17 à le reconnaître et à bien déterminer le point d'attaque. Cette journée était d'ailleurs nécessaire pour faire venir les parcs de réserve et remplacer les quatre-vingt mille coups de canon qui avaient été consommés dans la bataille. L'ennemi eut donc le temps de rassembler ses troupes qu'il avait disséminées lorsqu'il se livrait à des projets chimériques, et de recevoir les renforts qu'il attendait.

Ayant eu avis de l'arrivée de ces renforts, et ayant reconnu que la position de l'ennemi était très forte, l'empereur résolut de l'attirer sur un autre terrain. Le 18, à deux heures du matin, il se rapprocha de Leipsick de deux lieues, et plaça son armée, la droite à Connewitz, le centre à Probstheide, la gauche à Stötteritz, en se plaçant de sa personne au moulin de Ta.

De son côté, le prince de la Moskowa avait placé ses troupes vis-à-vis l'armée de Silésie, sur la Partha ; le sixième corps à Schœnfeld, et le troisième et le septième le long de la Partha à Neutsch et à Teckla. Le duc de Padoue, avec le général Dombrowski, gardait la position et le faubourg de Leipsick, sur la route de Halle.

A trois heures du matin, l'empereur était au village de Lindenau. Il ordonna au général Bertrand de se porter sur Lutzen et Weissenfels, de balayer la plaine et de s'assurer des débouchés sur la Saale et de la communication avec Erfurt. Les troupes légères de l'ennemi se dispersèrent; et à midi, le général Bertrand était maître de Weissenfels et du pont sur la Saale.

Ayant ainsi assuré ses communications, l'empereur attendit de pied ferme l'ennemi.

A neuf heures, les coureurs annoncèrent qu'il marchait sur toute la ligne. A dix heures, la canonnade s'engagea.

Le prince Poniatowski et le général Lefol défendaient le pont de Connewitz. Le roi de Naples, avec le deuxième corps, était à Probstheide, et le duc de Tarente à Holzhausen.

Tous les efforts de l'ennemi, pendant la journée, contre Connewitz et Probstheide, échouèrent. Le duc de Tarente fut débordé à Holzhausen. L'empereur ordonna qu'il se plaçât au village de Stœtteritz. La canonnade fut terrible. Le duc de Castiglione, qui défendait un bois sur le centre, s'y soutint toute la journée.

La vieille garde était rangée en réserve sur une élévation, formant quatre grosses colonnes dirigées sur les quatre principaux points d'attaque.

Le duc de Reggio fut envoyé pour soutenir le prince Poniatowski, et le duc de Trévise pour garder les débouchés de la ville de Leipsick.

Le succès de la bataille était dans le village de Probstheide. L'ennemi l'attaqua quatre fois avec des forces considérables; quatre fois il fut repoussé avec une grande perte.

A cinq heures du soir, l'empereur fit avancer ses réserves d'artillerie, et reploya tout le feu de l'ennemi, qui s'éloigna à une lieue du champ de bataille.

Pendant ce temps, l'armée de Silésie attaqua le faubourg de Halle. Ses attaques, renouvelées un grand nombre de fois dans la journée, échouèrent toutes. Elle essaya, avec la plus grande partie de ses forces, de passer la Partha à Schœnfeld et à Saint-Teckla. Trois fois elle parvint à se placer sur la rive gauche, et trois fois le prince de la Moskowa la chassa et la culbuta à la baïonnette.

A trois heures après midi, la victoire était pour nous de ce côté contre l'armée de Silésie, comme du côté où était l'empereur contre la grande armée. Mais en ce moment l'armée saxonne, infanterie, cavalerie et artillerie, et la cavalerie wurtembergeoise, passèrent tout entières à l'ennemi. Il ne resta de l'armée saxonne que le général Zeschau, qui la commandait en chef, et cinq cents hommes. Cette trahison, non seulement mit le vide dans nos lignes, mais livra à l'ennemi le débouché important confié à l'armée saxonne, qui poussa l'infamie au point de tourner sur-le-champ ses quarante pièces de canon contre la division Durutte. Un moment de désordre s'ensuivit; l'ennemi passa la Partha et marcha sur

Reidnitz, dont il s'empara : il ne se trouvait plus qu'à une demi-lieue de Leipsick.

L'empereur envoya sa garde à cheval, commandée par le général Nansouty, avec vingt pièces d'artillerie, afin de prendre en flanc les troupes qui s'avançaient le long de la Partha pour attaquer Leipsick. Il se porta lui-même avec une division de la garde, au village de Reidnitz. La promptitude de ces mouvements rétablit l'ordre, le village fut repris, et l'ennemi poussé fort loin.

Le champ de bataille resta en entier en notre pouvoir, et l'armée française resta victorieuse aux champs de Leipsick, comme elle l'avait été aux champs de Wachau.

A la nuit, le feu de nos canons avait, sur tous les points, repoussé à une lieue du champ de bataille le feu de l'ennemi.

Les généraux de division Vial et Rochambeau sont morts glorieusement. Notre perte dans cette journée peut s'évaluer à quatre mille tués ou blessés ; celle de l'ennemi doit avoir été extrêmement considérable. Il ne nous a fait aucun prisonnier, et nous lui avons pris cinq cents hommes.

A six heures du soir, l'empereur ordonna les dispositions pour la journée du lendemain. Mais à sept heures, les généraux Sorbier et Dulauloy, commandant l'artillerie de l'armée et de la garde, vinrent à son bivouac lui rendre compte des consommations de la journée : on avait tiré quatre-vingt-quinze mille coups de canon : ils dirent que les réserves étaient épuisées, qu'il ne restait pas plus de seize mille coups de canon ; que cela suffisait à peine pour entretenir le feu pendant deux heures, et qu'ensuite on serait sans munitions pour les événements ultérieurs ; que l'armée, depuis cinq jours, avait tiré plus de deux cent vingt mille coups de canon, et qu'on ne pourrait se réapprovisionner qu'à Magdebourg ou à Erfurt.

Cet état de choses rendait nécessaire un prompt mouvement sur un de nos deux grands dépôts : l'empereur se décida pour Erfurt, par la même raison qui l'avait décidé à venir sur Leipsick, pour être à portée d'apprécier l'influence de la défection de la Bavière.

L'empereur donna sur-le-champ les ordres pour que les bagages, les parcs, l'artillerie, passassent les défilés de Lindenau ; il donna le même ordre à la cavalerie et à différents corps d'armée ; et il vint dans les faubourgs de Leipsick, à l'hôtel de Prusse, où il arriva à neuf heures du soir.

Cette circonstance obligea l'armée française à renoncer aux fruits des deux victoires où elle avait, avec tant de gloire, battu des troupes de beaucoup supérieures en nombre et les armées de tout le continent.

Mais ce mouvement n'était pas sans difficulté. De

Leipsick à Lindenau, il y a un défilé de deux lieues, traversé par cinq ou six ponts. On proposa de mettre six mille hommes et soixante pièces de canon dans la ville de Leipsick, qui a des remparts, d'occuper cette ville comme tête de défilé, et d'incendier ses vastes faubourgs, afin d'empêcher l'ennemi de s'y loger, et de donner jeu à notre artillerie placée sur les remparts.

Quelque odieuse que fût la trahison de l'armée saxonne, l'empereur ne put se résoudre à détruire une des belles villes de l'Allemagne, à la livrer à tous les genres de désordre inséparables d'une telle défense, et cela sous les yeux du roi, qui, depuis Dresde, avait voulu accompagner l'empereur, et qui était si vivement affligé de la conduite de son armée. L'empereur aima mieux s'exposer à perdre quelques centaines de voitures que d'adopter ce parti barbare.

A la pointe du jour, tous les parcs, les bagages, toute l'artillerie, la cavalerie, la garde et les deux tiers de l'armée avaient passé le défilé.

Le duc de Tarente et le prince Poniatowski furent chargés de garder les faubourgs, de les défendre assez de temps pour laisser tout déboucher, et d'exécuter eux-mêmes le passage du défilé vers onze heures.

Le magistrat de Leipsick envoya, à six heures du matin, une députation au prince de Schwartzenberg, pour lui demander de ne pas rendre la ville le théâtre d'un combat qui entraînerait sa ruine.

A neuf heures, l'empereur monta à cheval, entra dans Leipsick et alla voir le roi. Il a laissé ce prince maître de faire ce qu'il voudrait, et de ne pas quitter ses états, en les laissant exposés à cet esprit de sédition qu'on avait fomenté parmi les soldats. Un bataillon saxon avait été formé à Dresde, et joint à la jeune garde. L'empereur le fit ranger à Leipsick, devant le palais du roi, pour lui servir de garde, et pour le mettre à l'abri du premier mouvement de l'ennemi.

Une demi-heure après, l'empereur se rendit à Lindenau, pour y attendre l'évacuation de Leipsick, et voir les dernières troupes passer les ponts avant de se mettre en marche.

Cependant l'ennemi ne tarda pas à apprendre que la plus grande partie de l'armée avait évacué Leipsick, et qu'il n'y restait qu'une forte arrière-garde. Il attaqua vivement le duc de Tarente et le prince Poniatowski; il fut plusieurs fois repoussé; et, tout en défendant les faubourgs, notre arrière-garde opéra sa retraite. Mais les Saxons restés dans la ville tirèrent sur nos troupes de dessus nos remparts; ce qui obligea d'accélérer la retraite et mit un peu de désordre.

L'empereur avait ordonné au génie de pratiquer des fougasses sous le grand pont qui est entre Leipsick et Lindenau, afin de le faire sauter au dernier moment, de retarder ainsi la marche de l'ennemi, et de laisser le temps aux bagages de filer. Le général Dulauloy avait chargé le colonel Montfort de cette opération. Ce colonel, au lieu de rester sur les lieux pour la diriger et pour donner le signal, ordonna à un caporal et à quatre sapeurs de faire sauter le pont aussitôt que l'ennemi se présenterait. Le caporal, homme sans intelligence, et comprenant mal sa mission, entendant les premiers coups de fusil tirés des remparts de la ville, mit le feu aux fougasses, et fit sauter le pont : une partie de l'armée était encore de l'autre côté, avec un parc de quatre-vingts bouches à feu et de quelques centaines de voitures.

La tête de cette partie de l'armée, qui arrivait au pont, le voyant sauter, crut qu'il était au pouvoir de l'ennemi. Un cri d'épouvante se propagea de rang en rang : *L'ennemi est sur nos derrières, et les ponts sont coupés!* — Ces malheureux se débandèrent et cherchèrent à se sauver. Le duc de Tarente passa la rivière à la nage; le comte Lauriston moins heureux se noya; le prince Poniatowski, monté sur un cheval fougueux, s'élança dans l'eau et n'a plus reparu. L'empereur n'apprit ce désastre que lorsqu'il n'était plus temps d'y remédier; aucun remède même n'eût été possible. Le colonel Montfort et le caporal des sapeurs sont traduits à un conseil de guerre.

On ne peut encore évaluer les pertes occasionnées

par ce malheureux événement; mais on les porte, par approximation, à douze mille hommes, et à plusieurs centaines de voitures. Les désordres qu'il a portés dans l'armée ont changé la situation des choses : l'armée française victorieuse arrive à Erfurt comme y arriverait une armée battue. Il est impossible de peindre les regrets que l'armée a donnés au prince Poniatowski, au comte Lauriston et à tous les braves qui ont péri par la suite de ce funeste événement.

On n'a pas de nouvelles du général Reynier; on ignore s'il a été pris ou tué. On se figurera facilement la profonde douleur de l'empereur, qui voit, par un oubli de ses prudentes dispositions, s'évanouir les résultats de tant de fatigues et de travaux.

Le 19, l'empereur a couché à Markansteaed; le duc de Reggio était resté à Lindenau.

Le 20, l'empereur a passé la Saale à Weissenfels.

Le 21, l'armée a passé l'Unstrut à Frybourg; le général Bertrand a pris position sur les hauteurs de Coesen.

Le 22, l'empereur a couché au village d'Ollendorf.

Le 23, il est arrivé à Erfurt.

L'ennemi, qui avait été consterné des batailles du 16 et du 18, a repris, par le désastre du 19, du courage et l'ascendant de la victoire. L'armée française, après de si brillants succès, a perdu son attitude victorieuse.

Nous avons trouvé à Erfurt, en vivres, munitions, habits, souliers, tout ce dont l'armée pouvait avoir besoin.

L'état-major publiera les rapports des différents chefs d'armée sur les officiers qui se sont distingués dans les grandes journées de Wachau et de Leipsick.

XIV

BATAILLE DE MONTMIRAIL [1].

Février 1814.

Le 10 février, à huit heures du soir, le général Nansouty, ayant débouché sur la chaussée, se porta sur Montmirail avec les divisions de cavalerie de la garde des généraux Colbert et Laferrière, s'empara de la ville et de six cents cosaques qui l'occupaient.

Le 11, à cinq heures du matin, la division de cavalerie du général Guyot se porta également sur Montmirail. Différentes divisions d'infanterie furent retardées dans leur mouvement par la nécessité d'attendre leur artillerie. Les chemins de Sézanne à Champ-Aubert sont affreux. Notre artillerie n'a pu s'en tirer que par la constance des canonniers et qu'au moyen des secours fournis avec empressement par les habitants, qui ont amené leurs chevaux.

1. Bulletin adressé à l'Impératrice Marie-Louise.

Le combat de Champ-Aubert, où une partie de l'armée russe a été détruite, ne nous a pas coûté plus de deux cents hommes tués ou blessés. Le général de division comte Lagrange est du nombre de ces derniers; il a été légèrement blessé à la tête.

L'empereur arriva le 11, à dix heures du matin, à une demi-lieue en avant de Montmirail. Le général Nantsouty était en position avec la cavalerie de la garde, et contenait l'armée de Sacken, qui commençait à se présenter. Instruit du désastre d'une partie de l'armée russe, ce général avait quitté la Ferté-sous-Jouarre le 10 à neuf heures du soir, et marché toute la nuit. Le général Yorck avait également quitté Château-Thierry. A onze heures du matin, le 11, il commençait à se former, et tout présageait la bataille de Montmirail, dont l'issue était d'une si haute importance. Le duc de Raguse, avec son corps et le premier corps de cavalerie, avait porté son quartier-général à Étoges, sur la route de Châlons.

La division Ricart et la vieille garde arrivèrent sur les dix heures du matin. L'empereur ordonna au prince de la Moskowa de garnir le village de Marchais, par où l'ennemi paraissait vouloir déboucher. Ce village fut défendu par la brave division du général Ricart avec une rare constance; il fut pris et repris plusieurs fois dans la journée.

A midi, l'empereur ordonna au général Nansouty de se porter sur la droite, coupant la route de

Château-Thierry, et forma les seize bataillons de la première division de la vieille garde sous le commandement du général Friant en une seule colonne le long de la route, chaque colonne de bataillon étant éloignée de cent pas.

Pendant ce temps, nos batteries d'artillerie arrivaient successivement. A trois heures, le duc de Trévise, avec les seize bataillons de la deuxième division de la vieille garde, qui étaient partis la matin de Sézanne, déboucha sur Montmirail.

L'empereur aurait voulu attendre l'arrivée des autres divisions; mais la nuit approchait. Il ordonna au général Friant de marcher avec quatre bataillons de la vieille garde, dont deux du deuxième régiment de grenadiers et deux du deuxième régiment de chasseurs, sur la ferme de l'Epine-aux-Bois, qui était la clef de la position, et de l'enlever. Le duc de Trévise se porta avec six bataillons de la deuxième division de la vieille garde sur la droite de l'attaque du général Friant.

De la position de la ferme de l'Epine-aux-Bois dépendait le succès de la journée. L'ennemi le sentait. Il y avait placé quarante pièces de canon; il avait garni les haies d'un triple rang de tirailleurs, et formé en arrière des masses d'infanterie.

Cependant, pour rendre cette attaque plus facile, l'empereur ordonna au général Nansouty de s'étendre sur la droite, ce qui donna à l'ennemi de l'inquiétude d'être coupé et le força de dégarnir une partie de son centre pour soutenir sa droite. Au même moment, il ordonna au général Ricart de céder une partie du village de Marchais, ce qui porta aussi l'ennemi à dégarnir son centre pour renforcer cette attaque, dans la réussite de laquelle il supposait qu'était le gain de la bataille.

Aussitôt que le général Friant eut commencé son mouvement, et que l'ennemi eut dégarni son centre pour profiter de l'apparence d'un succès qu'il croyait réel, le général Friant s'élança sur la ferme de la Haute-Épine avec les quatre bataillons de la vieille garde. Ils abordèrent l'ennemi au pas de course, et firent sur lui l'effet de la tête de Méduse. Le prince de la Moskowa marchait le premier, et leur montrait le chemin de l'honneur. Les tirailleurs se retirèrent épouvantés sur les masses qui furent attaquées. L'artillerie ne put plus jouer ; la fusillade devint alors effroyable, et le succès était balancé ; mais au même moment, le général Guyot, à la tête du premier de lanciers, des vieux dragons et des vieux grenadiers de la garde impériale, qui défilaient sur la grande route au grand trot et aux cris de *vive l'empereur*, passa à la droite de la Haute-Epine ; ils se jetèrent sur les derrières des masses d'infanterie, les rompirent, les mirent en désordre, et tuèrent tout ce qui ne fut pas fait prisonnier. Le duc de Trévise, avec six bataillons de la division du général Michel, secondait alors l'attaque de la vieille garde, arrivait au bois, enlevait le village de Fontenelle, et prenait tout un parc ennemi.

La division des gardes d'honneur défila après la vieille garde sur la grande route, et arrivée à la hauteur de l'Epine-aux-Bois, fit un à gauche pour enlever ce qui s'était avancé sur le village de Marchais. Le général Bertrand, grand maréchal du palais, et le maréchal duc de Dantzick, à la tête de deux bataillons de la vieille garde, marchèrent en avant sur le village et le mirent entre deux feux. Tout ce qui s'y trouvait fut pris ou tué.

En moins d'un quart d'heure, un profond silence succéda au bruit du canon et d'une épouvantable fusillade. L'ennemi ne chercha plus son salut que dans la fuite : généraux, officiers, soldats, infanterie, cavalerie, artillerie, tout s'enfuit pêle-mêle.

A huit heures du soir, la nuit étant obscure, il fallut prendre position. L'empereur prit son quartier-général à la ferme de l'Épine-aux-Bois.

Le général Michel, de la garde, a été blessé d'une balle au bras. Notre perte s'élève au plus à mille hommes tués ou blessés. Celle de l'ennemi est au moins de huit mille tués ou prisonniers ; on lui a pris beaucoup de canons et six drapeaux. Cette mémorable journée, qui confond l'orgueil et la jactance de l'ennemi, a anéanti l'élite de l'armée russe. Le quart de notre armée n'a pas été engagé,

Le lendemain 12, à neuf heures du matin, le duc de Trévise suivit l'ennemi sur la route de Château-Thierry. L'empereur, avec deux divisions de cavalerie de la garde et quelques bataillons, se rendit à Vieux-Maisons, et de là prit la route qui va droit à Château-Thierry. L'ennemi soutenait sa retraite avec huit bataillons qui étaient arrivés tard la veille, et qui n'avaient pas donné. Il les appuyait de quelques escadrons et de trois pièces de canon. Arrivé au petit village des Carquerets, il parut vouloir défendre la position qui est derrière le ruisseau, et couvrir le chemin de Château-Thierry.

Une compagnie de la vieille garde se porta sur la Petite-Noue, culbuta les tirailleurs de l'ennemi, qui fut poursuivi jusqu'à sa dernière position. Six bataillons de la vieille garde, à toute distance de déploiement, occupaient la plaine, à cheval sur la route.

Le général Nansouty, avec les divisions de cavalerie des généraux Laferrière et Defrance, eut ordre de faire un mouvement à droite, et de se porter entre Château-Thierry et l'arrière-garde ennemie. Ce mouvement fut exécuté avec autant d'habileté que d'intrépidité.

La cavalerie ennemie se porta de tous les points sur sa gauche pour s'opposer à la cavalerie française; elle fut culbutée, et forcée de disparaître du champ de bataille.

Le brave général Letort, avec les dragons de la

seconde division de la garde, après avoir repoussé la cavalerie de l'ennemi, s'élança sur les flancs et les derrières de huit masses d'infanterie qui formaient l'arrière-garde ennemie. Cette division brûlait d'égaler ce que les chevau-légers, les dragons et les grenadiers à cheval du général Guyot avaient fait la veille. Elle enveloppa de tous côtés ces masses, et en fit un horrible carnage. Les trois pièces de canon, le général russe Freudenreich, qui commandait cette arrière-garde, ont été pris. Tout ce qui composait ses bataillons a été tué ou fait prisonnier. Le nombre de prisonniers faits dans cette brillante affaire s'élève à plus de deux mille hommes. Le colonel Curely, du dixième de hussards, s'est fait remarquer. Nous arrivâmes alors sur les hauteurs de Château-Thierry, d'où nous vîmes les restes de cette armée fuyant dans le plus grand désordre, et gagnant en toute hâte ses ponts. Les grandes routes leur étaient coupées; ils cherchèrent leur salut sur la rive droite de la Marne. Le prince Guillaume de Prusse, qui était resté à Château-Thierry avec une réserve de deux mille hommes, s'avança à la tête des faubourgs pour protéger la fuite de cette masse désorganisée. Deux bataillons de la garde arrivèrent alors au pas de course. A leur aspect, le faubourg et la rive gauche furent nettoyés; l'ennemi brûla ses ponts, et démasqua sur la rive droite une batterie de douze pièces de canon : cinq cents hommes de la réserve du prince Guillaume ont été pris.

Le 12 au soir, l'empereur a pris son quartier-général au petit château de Nesle.

Le 13, dès la pointe du jour, on s'est occupé à réparer les ponts de Château-Thierry.

L'ennemi, ne pouvant se retirer ni sur la route d'Épernay, qui lui était coupée, ni sur celle qui passe par la ville de Soissons, que nous occupons, a pris la traverse dans la direction de Reims. Les habitants assurent que, de toute cette armée, il n'est pas passé à Château-Thierry dix mille hommes, dans le plus grand désordre. Peu de jours auparavant, ils l'avaient vue florissante et pleine de jactance. Le général d'Yorck disait que dix obusiers suffiraient pour se rendre maître de Paris. En allant, ces troupes ne parlaient que de Paris ; en revenant, c'est la paix qu'elles invoquaient.

III

PRÉCIS DES GUERRES DE CÉSAR [1]

LIVRE 1er [2].

1. César [3] mit huit jours pour se rendre de Rome à Genève ; il pourrait aujourd'hui faire ce trajet en quatre jours.

---

1. Dicté par Napoléon à Marchand, à Sainte-Hélène. Publié à Strasbourg, en 1836. Généralement reproduit à la suite des *Commentarii De Bello Gallico*.
2. Comparez avec l'ouvrage de Jules César. Napoléon l'a annoté livre par livre.
3. Caïus Julius César, de l'illustre famille des Jules (*gens Julia*), né à Rome, l'an 100 av. J. C. Neveu de Marius, il échappa aux proscriptions de Sylla, fit ses premières armes en Asie Mineure, et étudia ensuite l'art oratoire à Rhodes, à l'école du rhéteur grec Molon. Questeur en Espagne en 66,

2. Les retranchements ordinaires des Romains étaient composés d'un fossé de douze pieds de large sur neuf pieds de profondeur, en cul-de-lampe ; avec les déblais ils faisaient un coffre de quatre pieds de hauteur, douze pieds de largeur, sur lequel ils élevaient un parapet de quatre pieds de haut, en y plantant leurs palissades et les fichant de deux pieds en terre, ce qui donnait à la crête du parapet dix-sept pieds de commandement sur le fond du fossé. La toise courante de ce retranchement, cubant 324 pieds (une toise et demie), était faite par un homme en trente-deux heures ou trois jours de travail, et par douze hommes en deux ou trois heures. La légion qui était en service a pu faire ces six lieues de retranchement, qui cubaient 21,000 toises, en cent vingt heures ou dix à quinze jours de travail.

3. C'est au mois d'avril que les Helvétiens essayèrent de passer le Rhône. (Le calendrier romain était alors dans un grand désordre ; il avançait de quatre-vingts jours : ainsi le 13 avril répondait au 23 janvier.) Depuis ce moment les légions d'Illyrie eurent le temps d'arriver à Lyon et sur la haute Saône : cela

---

édile curule, grand-pontife en 63, préteur la même année, propréteur en Espagne, il soumit la Lusitanie, fut salué *imperator*, et nommé consul en 60. Gouverneur de la Gaule, il la soumit de 58 à 51, se défit de Pompée et de ses fils par la guerre civile, de 50 à 48, et devint dictateur perpétuel de la République l'an 47. Assassiné en plein sénat par Cassius et Brutus le 15 mars 44. Orateur et historien.

a exigé cinquante jours. C'est vingt jours après son passage de la Saône que César a vaincu les Helvétiens en bataille rangée : cette bataille a donc eu lieu du 1er au 15 mai, qui correspondait à la mi-août du calendrier romain.

4. Il fallait que les Helvétiens fussent intrépides pour avoir soutenu l'attaque aussi longtemps contre une armée de ligne romaine aussi nombreuse que la leur. Il est dit qu'ils ont mis vingt jours à passer la Saône, ce qui donnerait une étrange idée de leur mauvaise organisation ; mais cela est peu croyable.

5. De ce que les Helvétiens étaient 130,000 à leur retour en Suisse, il ne faudrait pas en conclure qu'ils aient perdu 230,000 hommes, parce que beaucoup se réfugièrent dans les villes gauloises et s'y établirent, et qu'un grand nombre d'autres rentrèrent depuis dans leur patrie. Le nombre de leurs combattants était de 90,000 : ils étaient donc, par rapport à la population, comme un à quatre, ce qui paraît très fort. Une trentaine de mille du canton de Zurich avaient été tués ou pris au passage de la Saône. Ils avaient donc 60,000 combattants au plus à la bataille. César, qui avait six légions et beaucoup d'auxiliaires, avait une armée plus nombreuse.

6. L'armée d'Arioviste n'était pas plus nombreuse que celle de César ; le nombre des Allemands établis dans la Franche-Comté était de 120,000 hommes : mais quelle différence ne devait-il pas exister entre

des armées formées de milices, c'est-à-dire de tous les hommes d'une nation capables de porter les armes, avec une armée romaine composée de troupes de ligne, d'hommes la plupart non mariés et soldats de profession ! Les Helvétiens, les Suèves, étaient braves, sans doute, mais que peut la bravoure contre une armée disciplinée et constituée comme l'armée romaine ? Il n'y a donc rien d'extraordinaire dans les succès qu'a obtenus César dans cette campagne, ce qui ne diminue pas cependant la gloire qu'il mérite.

7. La bataille contre Arioviste a été donnée dans le mois de septembre, et du côté de Belfort.

LIVRE II.

1. César, dans cette campagne, avait huit légions, et outre les auxiliaires attachés à chaque légion, il avait un grand nombre de Gaulois à pied et à cheval, un grand nombre de troupes légères des îles Baléares, de Crète et d'Afrique, qui lui formaient une armée très nombreuse. Les 300,000 hommes que les Belges lui opposèrent étaient composés de nations diverses, sans discipline et sans consistance.

2. Les commentateurs ont supposé que la ville de Fismes ou de Laon était celle que les Belges avaient voulu surprendre avant de se porter sur le camp de

César. C'est une erreur : cette ville est Bièvre ; le camp de César était au-dessous de Pont-à-Vaire ; il était campé, la droite appuyée au coude de l'Aisne, entre Pont-à-Vaire et le village de Chaudarde ; la gauche à un petit ruisseau ; vis-à-vis de lui étaient les marais qu'on y voit encore. Galba avait sa droite du côté de Craonne, sa gauche au ruisseau de la Mielle, et le marais sur son front. Le camp de César à Pont-à-Vaire se trouvait éloigné de 8,000 toises de Bièvre, de 14,000 de Reims, de 22,000 de Soissons, de 16,000 de Laon, ce qui satisfait à toutes les conditions du texte des Commentaires. Les combats sur l'Aisne ont eu lieu au commencement de juillet.

3. La bataille de la Sambre a eu lieu à la fin de juillet, aux environs de Maubeuge.

4. La position de Falais remplit les conditions des Commentaires. César dit que la contrevallation qu'il fit établir autour de la ville était de douze pieds de haut, ayant un fossé de dix-huit pieds de profondeur ; cela paraît être une erreur ; il faut lire dix-huit pieds de largeur, car dix-huit de profondeur supposeraient une largeur de six toises ; le fossé était en cul-de-lampe, ce qui donne une excavation de neuf toises cubes. Il est probable que ce retranchement avait un fossé de seize pieds de largeur sur neuf pieds de profondeur, cubant 486 pieds par toise courante ; avec ces déblais il avait élevé une muraille et un parapet dont la crête avait dix-huit pieds sur le fond du fossé.

Il est difficile de faire des observations purement militaires sur un texte aussi bref et sur des armées de nature aussi différente : comment comparer une armée de ligne romaine, levée et choisie dans toute l'Italie, et dans les provinces romaines, avec des armées barbares, composées de levées en masse, braves, féroces, mais qui avaient si peu de notions de la guerre, qui ne connaissaient pas l'art de jeter un pont, de construire promptement un retranchement, ni de bâtir une tour, qui étaient tout étonnés de voir des tours s'approcher de leurs remparts ?

5. On a cependant avec raison reproché à César de s'être laissé surprendre à la bataille de la Sambre, ayant tant de cavalerie et de troupes légères. Il est vrai que sa cavalerie et ses troupes légères avaient passé la Sambre ; mais, du lieu où il était, il s'apercevait qu'elles étaient arrêtées à 150 toises de lui, à la lisière de la forêt ; il devait donc ou tenir une partie de ses troupes sous les armes, ou attendre que ses coureurs eussent traversé la forêt et éclairé le pays. Il se justifie en disant que les bords de la Sambre étaient si escarpés qu'il se croyait en sûreté dans la position où il voulait camper.

LIVRE III

1. L'on ne peut que détester la conduite que tint César contre le sénat de Vannes. Ces peuples ne s'é-

taient point révoltés ; ils avaient fourni des otages, avaient promis de vivre tranquilles ; mais ils étaient en possession de toute leur liberté et de tous leurs droits. Ils avaient donné lieu à César de leur faire la guerre sans doute, mais non de violer le droit des gens à leur égard et d'abuser de la victoire d'une manière aussi atroce. Cette conduite n'était pas juste ; elle était encore moins politique. Ces moyens ne remplissent jamais leur but ; ils exaspèrent et révoltent les nations. La punition de quelques chefs est tout ce que la justice et la politique permettent ; c'est une règle importante de bien traiter les prisonniers...

2. La Bretagne, cette province si grande et si difficile, se soumit sans faire des efforts proportionnés à sa puissance. Il en est de même de l'Aquitaine et de la basse Normandie ; cela tient à des causes qu'il n'est pas possible d'apprécier ou de déterminer exactement, quoiqu'il soit facile de voir que la principale était dans l'esprit d'isolement et de localité qui caractérisait les peuples des Gaules : à cette époque ils n'avaient aucun esprit national ni même de province ; ils étaient dominés par un esprit de ville. C'est le même esprit qui depuis a forgé les fers de l'Italie. Rien n'est plus opposé à l'esprit national, aux idées générales de liberté, que l'esprit particulier de famille ou de bourgade. De ce morcellement il résultait aussi que les Gaulois n'avaient aucune armée de ligne entretenue, exercée, et dès lors aucun art

ni aucune science militaire. Aussi, si la gloire de César n'était fondée que sur la conquête des Gaules, elle serait problématique. Toute nation qui perdrait de vue l'importance d'une armée de ligne perpétuellement sur pied, et qui se confierait à des levées ou des armées nationales éprouverait le sort des Gaules, mais sans même avoir la gloire d'opposer la même résistance, qui a été l'effet de la barbarie d'alors et du terrain, couvert de forêts, de marais, de fondrières, sans chemins, ce qui le rendait difficile pour les conquêtes et facile pour la défense.

LIVRE IV.

1. Les deux incursions que tenta César dans cette campagne étaient toutes les deux prématurées et ne réussirent ni l'une ni l'autre. Sa conduite envers les peuples de Berg et de Zutphen est contre le droit des gens. C'est en vain qu'il cherche dans ses Mémoires à colorer l'injustice de sa conduite. Aussi Caton le lui reprochait-il hautement. Cette victoire contre les peuples de Zutphen a été, du reste, peu glorieuse ; car, quand même ceux-ci eussent passé le Rhin effectivement au nombre de 450,000 âmes, cela ne leur donnerait pas plus de 80,000 combattants, incapables de tenir tête à huit légions soutenues par les troupes auxiliaires et gauloises qui avaient tant d'intérêt à défendre leur territoire.

2. Plutarque vante son pont du Rhin, qui lui paraît un prodige ; c'est un ouvrage qui n'a rien d'extraordinaire et que toute armée moderne eût pu faire aussi facilement. Il ne voulut pas passer sur un pont de bateaux, parce qu'il craignait la perfidie des Gaulois, et que ce pont ne vînt à se rompre. Il en construisit un sur pilotis en dix jours ; il le pouvait faire en peu de temps : le Rhin, à Cologne, a trois cents toises ; c'était dans la saison de l'année où il est le plus bas ; probablement qu'il n'en avait pas alors deux cent cinquante.

3. César échoua dans son incursion en Allemagne, puisqu'il n'obtint pas que la cavalerie de l'armée vaincue lui fût remise, pas plus qu'aucun acte de soumission des Suèves, qui, au contraire, le bravèrent. Il échoua également dans son incursion en Angleterre. Deux légions n'étaient plus suffisantes ; il lui en eût fallu au moins quatre, et il n'avait pas de cavalerie, arme qui était indispensable dans un pays comme l'Angleterre. Il n'avait pas fait assez de préparatifs pour une expédition de cette importance : elle tourna à sa confusion, et on considéra comme un effet de sa bonne fortune qu'il s'en fût retiré sans perte.

LIVRE V.

1. La seconde expédition de César en Angleterre n'a pas eu une issue plus heureuse que la première,

puisqu'il n'y a laissé aucune garnison ni aucun établissement, et que les Romains n'en ont pas été plus maîtres après qu'avant.

2. Le massacre des légions de Sabinus est le premier échec considérable que César ait reçu en Gaule.

3. Cicéron a défendu pendant plus d'un mois, avec 5,000 hommes, contre une armée dix fois plus forte, un camp retranché qu'il occupait depuis quinze jours : serait-il possible aujourd'hui d'obtenir un pareil résultat?

Les bras de nos soldats ont autant de force et de vigueur que ceux des anciens Romains ; nos outils de pionniers sont les mêmes ; nous avons un agent de plus, la poudre. Nous pouvons donc élever des remparts, creuser des fossés, couper des bois, bâtir des tours en aussi peu de temps et aussi bien qu'eux, mais les armes offensives des modernes ont une tout autre puissance, et agissent d'une manière toute différente que les armes offensives des anciens.

Les Romains doivent la constance de leurs succès à la méthode dont ils ne se sont jamais départis, de se camper tous les soirs dans un camp fortifié, de ne jamais donner bataille sans avoir derrière eux un camp retranché pour leur servir de retraite et renfermer leurs magasins, leurs bagages et leurs blessés. La nature des armes dans ces siècles était telle, que dans ces camps ils étaient non seulement à l'abri des insultes d'une armée égale, mais même d'une armée supérieure ; ils étaient les maîtres de combattre ou d'attendre une occasion favorable. Marius est assailli par une nuée de Cimbres et de Teutons ; il s'enferme dans son camp, y demeure jusqu'au jour où l'occasion se présente favorable ; il sort alors précédé par la victoire. César arrive près du camp de Cicéron ; les Gaulois abandonnent celui-ci et marchent à la rencontre du premier : ils sont quatre fois plus nombreux. César prend position en peu d'heures, retranche son camp, y essuie patiemment les insultes et les provocations d'un ennemi qu'il ne veut pas combattre encore ; mais l'occasion ne tarde pas à se présenter belle ; il sort alors par toutes les portes : les Gaulois sont vaincus.

Pourquoi donc une règle si sage, si féconde en grands résultats, a-t-elle été abandonnée par les généraux modernes ? Parce que les armes offensives ont changé de nature : les armes de main étaient les armes principales des anciens ; c'est avec sa courte épée que le légionnaire a vaincu le monde ; c'est avec la pique macédonienne qu'Alexandre a conquis l'Asie. L'arme principale des armées modernes est l'arme de jet, le fusil, cette arme supérieure à tout ce que les hommes ont jamais inventé : aucune arme défensive ne peut en parer l'effet ; les boucliers, les cottes de mailles, les cuirasses, reconnus impuissants, ont été abandonnés. Avec cette redoutable machine, un soldat peut, en un quart d'heure, blesser ou tuer soixante hommes ; il ne manque jamais de cartouches, parce qu'elles ne pèsent que six gros ; la balle atteint à cinq cents toises ; elle est dangereuse à cent vingt toises, très meurtrière à quatre-vingt-dix toises.

De ce que l'arme principale des anciens était l'épée ou la pique, leur formation habituelle a été l'ordre profond. La légion et la phalange, dans quelque situation qu'elles fussent attaquées, soit de front, soit par le flanc droit ou par le flanc gauche, faisaient face partout sans aucun désavantage : elles ont pu camper sur des surfaces de peu d'étendue, afin d'avoir moins de peine à en fortifier les pourtours et pouvoir se garder avec le plus petit détachement. Une armée consulaire renforcée par des troupes légères et des auxiliaires, forte de 24,000 hommes d'infanterie, de 1,800 chevaux, en tout près de 30,000 hommes, campait dans un carré de 330 toises de côté, ayant 1,344 toises de pourtour ou vingt et un hommes par toise ; chaque homme portant trois pieux, ou soixante-trois pieux par toise courante. La surface du camp était de 11,000 toises carrées ; trois toises et demie par homme, en ne comptant que les deux tiers des hommes, parce qu'au travail cela donnait quatorze travailleurs par toise courante : en travaillant chacun trente minutes au plus, ils fortifiaient leur camp et le mettaient hors d'insulte.

De ce que l'arme principale des modernes est l'arme de jet, leur ordre habituel a dû être l'ordre mince, qui seul leur permet de mettre en jeu toutes leurs machines de jet. Ces armes atteignant à des distances très grandes, les modernes tirent leur principal avantage de la position qu'ils occupent : s'ils dominent, s'ils enfilent, s'ils prolongent l'armée ennemie, elles font d'autant plus d'effet. Une armée moderne doit donc éviter d'être débordée, enveloppée, cernée ; elle doit occuper un camp ayant un front aussi étendu que sa ligne de bataille elle-même : que si elle occupait une surface carrée et un front insuffisant à son déploiement, elle serait cernée par une armée de force égale, et exposée à tout le feu de ses machines de jet, qui convergeraient sur elle et atteindraient sur tous les points du camp, sans qu'elle pût répondre à un feu si redoutable qu'avec une petite partie du sien. Dans cette position, elle serait insultée, malgré ses retranchements, par une armée égale en force, même par une armée inférieure. Le camp moderne ne peut être défendu que par l'armée elle-même, et, en l'absence, de celle-ci, il ne saurait être gardé par un simple détachement.

L'armée de Miltiade à Marathon, ni celle d'Alexandre à Arbelles, ni celle de César à Pharsale, ne pourraient maintenir leur champ de bataille contre une armée moderne d'égale force ; celle-ci ayant uu ordre de bataille étendu, déborderait les deux ailes de l'armée grecque ou romaine ; ses fusiliers porteraient à la fois la mort sur son front et sur les deux flancs ; car les armés à la légère, sentant l'insuffisance de leurs flèches et de leurs frondes, abandonneraient la partie pour se réfugier derrière les pesamment armés, qui alors, l'épée ou la pique à la main, s'avanceraient au pas de charge, pour se prendre corps à corps avec les fusiliers: mais, arrivés à cent vingt toises, ils seraient accueillis par trois côtés par un feu de ligne qui porterait le désordre et affaiblirait tellement ces braves et intrépides légionnaires, qu'ils ne soutiendraient pas la charge de quelques bataillons en colonne serrée qui marcheraient alors à eux la baïonnette au bout du fusil. Si, sur le champ de bataille, il se trouve un bois, une montagne, comment la légion ou la phalange pourra-t-elle résister à cette nuée de fusiliers qui s'y seront placés ? Dans les plaines mêmes, il y a des villages, des maisons, des fermes, des cimetières, des murs, des fossés, des haies ; et s'il n'y en a pas, il ne faudra pas un grand effort de génie pour créer des obstacles et arrêter la légion ou la phalange sous le feu meurtrier, qui ne tarde point à la détruire. On n'a point fait mention des soixante ou quatre-vingts bouches à feu qui composent l'artillerie de l'armée moderne, qui prolongeront les légions ou phalanges de la droite à la gauche, de la gauche à la droite, du front à la queue, vomiront la mort à cinq cents toises de distance. Les soldats d'Alexandre, de César, les héros de la liberté d'Athènes et de Rome fuiront en désordre, abandonnant leur champ de bataille à ces demi-dieux armés de la foudre de Jupiter. Si les Romains furent presque constamment battus par les Parthes, c'est que les Parthes étaient tous armés d'une arme de jet, supérieure à celle des armés à la légère de l'armée romaine, de sorte que les boucliers des légions ne la pouvaient parer. Les légionnaires, armés de leur courte épée, succombaient sous une grêle de traits, à laquelle ils ne pouvaient rien opposer, puisqu'ils n'étaient armés que de javelots (ou *pilum*). Aussi, depuis ces expériences funestes, les Romains donnèrent cinq javelots (ou *hastes*), traits de trois pieds de long, à chaque légionnaire, qui les plaçait dans le creux de son bouclier.

Une armée consulaire renfermée dans son camp, attaquée par une armée moderne d'égale force, en serait chassée sans assaut et sans en venir à l'arme blanche; il ne serait pas nécessaire de combler ses fossés, d'escalader ses remparts : environnée de tous côtés par l'armée assaillante, prolongée, enveloppée, enfilée par les feux, le camp serait l'égout de tous les coups, de toutes les balles, de tous les boulets : l'incendie, la dévastation et la mort ouvriraient les portes et feraient tomber les retranchements. Une armée moderne, placée dans un camp romain, pourrait d'abord, sans doute, faire jouer toute son artillerie; mais, quoique égale à l'artillerie de l'assiégeant, elle serait prise en rouage et promptement réduite au silence; une partie seule de l'infanterie pourrait se servir de ses fusils; mais elle tirerait sur une ligne moins étendue, et serait bien loin de produire un effet équivalent au mal qu'elle recevrait. Le feu du centre à la circonférence est nul; celui de la circonférence au centre est irrésistible.

Une armée moderne, de force égale à une armée consulaire, aurait 26 bataillons de 840 hommes, formant 22,840 hommes d'infanterie; 42 escadrons de cavalerie, formant 5,040 hommes; 90 pièces d'artillerie servies par 2,500 hommes. L'ordre de bataille moderne étant plus étendu, exige une plus grande quantité de cavalerie pour appuyer les ailes, éclairer le front. Cette armée en bataille, rangée sur trois lignes, dont la première serait égale aux deux autres réunies, occuperait un front de 1,500 toises, sur 500 toises de profondeur; le camp aurait un pourtour de 4,500 toises, c'est-à-dire triple de l'armée consulaire; elle n'aurait que sept hommes par toise d'enceinte, mais elle aurait vingt-cinq toises carrées par homme: l'armée tout entière serait nécessaire pour le garder. Une étendue aussi considérable se trouvera difficilement sans qu'elle soit dominée à portée de canon par une hauteur: la réunion de la plus grande partie de l'armée assiégeante sur ce point d'attaque détruirait promptement les ouvrages de campagne qui forment le camp. Toutes ces considérations ont décidé les généraux modernes à renoncer au système des camps retranchés, pour y suppléer par celui des *positions naturelles* bien choisies.

Un camp romain était placé indépendamment des localités : toutes étaient bonnes pour des armées dont toute la force consistait dans les armes blanches ; il ne fallait ni coup d'œil ni génie militaire pour bien camper ; au lieu que le choix des positions, la manière de les occuper et de placer les différentes armes, en profitant des circonstances du terrain, est un art qui fait une partie du génie du capitaine moderne.

La tactique des armées modernes est fondée sur deux principes : 1° qu'elles doivent occuper un front qui leur permette de mettre en action avec avantage toutes les armes de jet ; 2° qu'elles doivent préférer, avant tout, l'avantage d'occuper des positions qui dominent, prolongent, enfilent les lignes ennemies, à l'avantage d'être couvert par un fossé, un parapet, ou toute autre pièce de la fortification de campagne.

La nature des armes décide de la composition des armées, des places de campagne, des marches, des positions, du campement, des ordres de bataille, du tracé et des profils des places fortes ; ce qui met une opposition constante entre le système de guerre des anciens et celui des modernes. Les armes anciennes voulaient l'ordre profond, les modernes l'ordre mince; les unes, des places fortes saillantes, ayant des tours et des murailles élevées; les autres, des places rasantes, couvertes par des glacis de terre, qui masquent la maçonnerie; les premières, des camps resserrés, où les hommes, les animaux et les magasins étaient réunis comme dans une ville; les autres, des positions étendues.

Si on disait aujourd'hui à un général : Vous aurez, comme Cicéron, sous vos ordres, 5,000 hommes, 16 pièces de canon, 5,000 outils de pionniers, 5,000 sacs à terre; vous serez à portée d'une forêt, dans un terrain ordinaire; dans quinze jours vous serez attaqué par une armée de 60,000 hommes, ayant 120 pièces de canon, vous ne serez secouru que quatre-vingts ou quatre-vingt-seize heures après avoir été attaqué; quels sont les ouvrages, quels sont les tracés, quels sont les profils que l'art lui prescrit? L'art de l'ingénieur a-t-il des secrets qui puissent satisfaire à ce problème?

LIVRE VI.

Le second passage du Rhin qu'effectua César n'a pas eu plus de résultat que le premier; il ne laissa aucune trace en Allemagne; il n'osa pas même établir une forteresse en forme de tête de pont. Tout ce qu'il raconte de ces pays, les idées obscures qu'il en a, font connaître à quel degré de barbarie était encore alors réduite cette partie du monde aujourd'hui si civilisée. Il n'a également sur l'Angleterre que des notions fort obscures.

LIVRE VII.

1. Dans cette campagne, César a donné plusieurs batailles et fait trois grands sièges, dont deux lui ont réussi ; c'est la première fois qu'il a eu à combattre les Gaulois réunis. Leur résolution, le talent de leur général Vercingétorix, la force de leur armée, tout rend cette campagne glorieuse pour les Romains. Ils avaient dix légions, ce qui, avec la cavalerie, les auxiliaires, les Allemands, les troupes légères, devait faire une armée de quatre-vingt mille hommes. La conduite des habitants de Bourges, celle de l'armée de secours, la conduite des Clermontais, celle des habitants d'Alise, font connaître à la fois la résolution, le courage des Gaulois, et leur impuissance par le manque d'ordre, de discipline et de conduite militaire.

2. Mais est-il vrai que Vercingétorix s'était renfermé avec quatre-vingt mille hommes dans la ville, qui était d'une médiocre étendue ? Lorsqu'il renvoie sa cavalerie, pourquoi ne pas renvoyer les trois quarts

do son infanterie? Vingt mille hommes étaient plus que suffisants pour renforcer la garnison d'Alise, qui est un mamelon élevé, qui a 3,000 toises de pourtour, et qui contenait d'ailleurs une population nombreuse et aguerrie. Il n'y avait dans la place de vivres que pour trente jours; comment donc enfermer tant d'hommes inutiles à la défense, mais qui devaient hâter la reddition? Alise était une place forte par sa position; elle n'avait à craindre que la famine. Si au lieu de quatre-vingt mille hommes, Vercingétorix n'eût eu que vingt mille hommes, il eût eu pour cent vingt jours de vivres, tandis que soixante mille hommes tenant la campagne eussent inquiété les assiégeants. Il fallait plus de cinquante jours pour réunir une nouvelle armée gauloise, et pour qu'elle pût arriver au secours de la place. Enfin, si Vercingétorix eût eu quatre-vingt mille hommes, peut-on croire qu'il se fût enfermé dans les murs de la ville? il eût tenu les dehors à mi-côte, et fût resté campé, se couvrant de retranchements, prêt à déboucher et à attaquer César. L'armée de secours était, dit César, de deux cent quarante mille hommes. Elle ne campe pas, ne manœuvre pas comme une armée si supérieure à celle de l'ennemi, mais comme une armée égale. Après deux attaques, elle détache soixante mille hommes pour attaquer la hauteur du nord: ce détachement échoue, ce qui ne devait pas obliger l'armée à se retirer en désordre.

3. Les ouvrages de César étaient considérables ; l'armée eut quarante jours pour les construire, et les armes offensives des Gaulois étaient impuissantes pour détruire de pareils obstacles. Un pareil problème pourrait-il être résolu aujourd'hui ? cent mille hommes pourraient-ils bloquer une place par les lignes de contrevallation, et se mettre en sûreté contre les attaques de cent mille hommes derrière sa circonvallation ?

LIVRE VII.

1. Dans cette campagne, César n'éprouva de résistance que de la part des Beauvoisins ; c'est qu'effectivement ces peuples n'avaient pas eu ou n'avaient pris que peu de part à la guerre de Vercingétorix ; ils n'eurent que deux mille hommes devant Alise ; ils opposèrent plus de résistance, parce qu'ils mirent plus d'habileté et de prudence que n'avaient encore fait les Gaulois ; mais les autres Gaulois n'en ont fait aucune en Berri comme à Chartres ; tous sont frappés de terreur et cèdent.

2. La garnison de Cahors était formée du reste des armées gauloises. Le parti que prit César de faire couper la main à tous les soldats était bien atroce. Il fut clément dans la guerre civile envers les siens, mais cruel et souvent féroce contre les Gaulois.

IV

PRÉCIS DES GUERRES DE TURENNE [1]

I

CAMPAGNE DE 1644 [2].

I. Le vicomte de Turenne [3] est né à Sedan en 1611. Son père, prince souverain de Sedan, le laissa en bas

---

1. Dicté par Napoléon à Sainte-Hélène.
2. Comparez avec les très curieux *Mémoires* de Turenne.
3. Henry de la Tour d'Auvergne, vicomte de Turenne, né à Sedan, en 1611. Fils du prince souverain de Sedan, il entra comme volontaire dans l'armée hollandaise, devint sous-officier, puis lieutenant d'infanterie. Capitaine en 1626, sorti de l'armée hollandaise en 1629, passé dans l'armée française, co-

âge sous la tutelle de sa mère, sœur du prince d'Orange. Le duc de Bouillon, l'un des principaux chefs de la Fronde, était son frère aîné. Turenne fit ses premières armes dans l'armée hollandaise, sous le prince d'Orange, son oncle; il fut volontaire et porta le mousquet. Capitaine en 1626, il servit dans ce grade pendant quatre campagnes contre Spinola, et se distingua au siège de Bois-le-Duc, en 1629.

En 1630, sa mère l'envoya à Paris ; il entra au service de France en qualité de colonel d'infanterie; il se fit remarquer au siège de la Motte, en Lorraine. Le cardinal de Richelieu le nomma maréchal de camp, alors qu'il n'était encore âgé que de vingt-trois ans. Il fit en cette qualité la campagne d'Allemagne, sous le cardinal de la Valette, en 1636 ; il y donna des preuves de talent dans la retraite du Palatinat. L'année suivante, il assiégea et prit Saverne. En 1637, il servit en Flandre, attaqua et prit le château de Solre-sur-Sambre, ce qui lui valut le grade de lieutenant général.

Il servit en cette qualité au siège de Brisach, sous

lonel d'infanterie en 1630, maréchal de camp en 1634, lieutenant-général en 1639, il reçut le bâton de maréchal de France en 1643, après le siège de Trino. Dans la seconde guerre de la Fronde, il prit le parti de la cour, fut créé maréchal-général par Louis XIV, et s'affirma comme le plus grand homme de guerre de son temps. Tué d'un coup de canon à Salzbach, le 27 juillet 1675, après avoir pris part à 31 campagnes, dont 21 comme général en chef.

les ordres du duc de Weimar ; ce siège dura huit mois, pendant lesquels on livra trois batailles et trois combats contre l'armée autrichienne et celle du duc de Lorraine. Turenne se distingua à ce siège.

En 1639, le cardinal de Richelieu l'envoya en Piémont, où il servit sous le comte de Harcourt, commanda au combat de *la Route de Quiers*[1], et fut blessé au siège de Turin, en 1640. Ce siège a offert un spectacle extraordinaire : la citadelle, qu'occupaient les Français, était assiégée par le prince Thomas de Savoie, maître de la ville, pendant que lui-même était assiégé par l'armée française, qu'assiégeait à son tour, dans ses lignes de circonvallation, l'armée espagnole, commandée par le marquis de Leganes. Le 2 juillet, le prince Thomas capitula, les Français entrèrent dans la ville. En 1643, Turenne assiégea et prit Trino, sur le Pô. La régente Anne d'Autriche lui envoya, à cette occasion, le bâton de maréchal de France : il était alors âgé de trente-deux ans. Il avait été quatre ans capitaine, quatre ans colonel, trois ans maréchal de camp, cinq ans lieutenant général. Il avait servi sous quatre généraux : le prince d'Orange, son oncle, auquel il disait devoir ses préceptes pour bien choisir un camp et bien attaquer une place ; le duc de Weimar : il disait de lui

---

1. Ce combat eut lieu le 20 novembre 1639, près du hameau de la Rota, sur la Santona, à deux lieues S.-S.-O. de Chieri (Quiers) (*Note de Napoléon*).

qu'il faisait toute chose de rien ; le cardinal de la Valette, de qui il avait appris à renoncer aux fausses délicatesses de la cour et de la galanterie pour prendre le ton des camps ; enfin le comte de Harcourt, duquel il apprit que la diligence et l'activité sont les plus grands moyens de réussite dans les affaires de guerre.

II. Le maréchal de Guébriant commanda les troupes weimariennes après la mort du duc de Weimar. Il assiégea et prit Rottweil, en Souabe, mais y fut tué. M. de Rantzau, qui lui succéda dans le commandement de cette armée, marcha sur Tuttlingen, y fut battu et fait prisonnier. Toute l'infanterie allemande au service de France se dispersa ; la cavalerie fit sa retraite sur le Rhin. Le cardinal Mazarin confia à Turenne le commandement sur cette frontière, et le chargea de réorganiser l'armée weimarienne ; il arriva en décembre 1643 à Colmar. L'Alsace était ruinée ; il établit ses cantonnements derrière les Vosges, dans la Lorraine, s'emparant des petites places de Vesoul et de Luxeuil, et parvint à rétablir l'armée weimarienne pendant l'hiver. Au printemps de 1644, elle était de 9,000 hommes sous les armes, dont 5,000 de cavalerie. Il marcha alors sur le Rhin, occupa Vieux-Brisach et Fribourg, où il mit 600 hommes de garnison. Instruit que le baron de Mercy était avec 2,000 hommes aux sources du Danube, il passa les montagnes Noires, l'attaqua, le battit et lui prit 400 hommes. Le baron se retira dans le camp de son frère, le comte de Mercy. Après ce coup de main, Turenne revint sur la rive gauche du Rhin. Mercy mit le siège devant Fribourg avec 15,000 hommes. Turenne passa le Rhin à Brisach avec 10,000 hommes et vingt canons, pour secourir cette place importante. Depuis huit jours que Mercy l'avait investie, il n'avait construit aucune ligne. Le vicomte fit marcher une brigade pour se saisir du sommet de la montagne Noire; mais une grand'garde de vingt grenadiers bavarois, s'en étant aperçue, grimpa sur le sommet, imposa à la brigade française, qui abandonna l'attaque en désordre. Cet événement honteux et les bonnes dispositions que fit Mercy empêchèrent tout secours. La ville capitula le 28 juillet, en présence du maréchal, qui était campé à une lieue et demie.

III. La cour envoya le prince de Condé avec un renfort de 10,000 hommes, dont moitié de cavalerie, dite *armée de France*, commandée par le maréchal de Gramont. Il passa le Rhin à Brisach, joignit le camp de Turenne, et prit le commandement des deux armées, fortes de 20,000 hommes. Le comte de Mercy occupait une forte position retranchée sur les hauteurs de Fribourg; Condé, que rien ne pouvait arrêter, l'attaqua de front, le 3 août, à cinq heures après midi, avec l'armée de France, dans le temps que Turenne, qui s'était mis en marche à la pointe du jour par la vallée, débouchait par un ravin sur le flanc de l'ennemi. Le combat fut chaud sur tous les points ; les positions de l'ennemi étaient fortes et bien défendues. Le prince de Condé mit pied à terre et s'élança le premier dans les retranchements : à la nuit il était maître des hauteurs, il y établit ses bivouacs. Turenne, de son côté, se battit toute la nuit : à la pointe du jour les deux armées se réunirent dans la plaine. Mercy avait fait sa retraite et pris une nouvelle position, la droite appuyée à Fribourg, formée de cavalerie en plaine, la gauche sur la montagne Noire. Le 4, les troupes françaises se reposèrent ; le général bavarois employa cette journée à se retrancher. Le 5 les deux généraux français reconnurent la position de l'ennemi. Espenan, qui commandait l'infanterie de Condé, engagea le combat sans ordres ; le résultat en fut fâcheux : l'armée française et weimarienne fut repoussée avec perte. Le prince changea alors l'attaque, se porta dans la plaine pour aborder la droite de l'ennemi, la cavalerie bavaroise mit pied à terre et combattit comme la plus vaillante infanterie ; elle repoussa toutes les attaques des Français, qui perdirent 3,000 hommes. Les armées restèrent en présence jusqu'au 9, que le prince de Condé prit le parti de manœuvrer. Il se porta sur Langon-Denzlingen et le Val-de-Glotterthal, menaçant de couper le Val-de-Saint-Pierre. Aussitôt que Mercy s'en aperçut, il leva son camp et se porta au delà des montagnes Noires, dans le pays de Wurtemberg. La perte des deux armées fut également considérable : les Bavarois perdirent 8,000 hommes, les Français et Weimariens 9,000 hommes, un homme sur deux.

L'armée bavaroise était hors d'état de rien entreprendre ; le prince de Condé, sans consulter le mauvais état de son armée, se porta sur le bas Rhin, négligeant Fribourg, investit Philippsburg, fit descendre de Brisach un équipage de siège ; la ville de Strasbourg lui accorda le passage. Il forma en quatre jours ses lignes de circonvallation autour de Philippsburg, jeta un pont, s'empara, pendant ce siège, de Germersheim et de Spire. La tranchée fut ouverte par deux attaques, l'une commandée par Turenne, l'autre par le maréchal de Gramont : Philippsburg capitula le 12 septembre. Le prince de Condé, menacé par une armée fraîche qu'amenait le comte de Mercy, repassa le Rhin, conservant Philippsburg par une bonne garnison. Il fit prendre Landau, ainsi que Worms, Mayence, Oppenheim, et occuper tout le pays entre Rhin et Moselle par Turenne ; après quoi il rentra en France avec l'armée du duc de Gramont, laissant Turenne sur le Rhin, renforcé de quelques régiments. Aussitôt que Mercy en fut instruit, il marcha sur Manheim et s'en empara en menaçant de passer le Rhin ; le duc de Lorraine passa la Moselle et entra dans le Hundsruck, faisant mine de se réunir à l'armée bavaroise. Turenne manœuvra pour s'opposer à leur jonction : il y réussit et s'empara de Kreuznach. Les armées entrèrent en quartier d'hiver.

II

CAMPAGNE DE 1645.

I. Turenne hiverna à Spire. Au printemps, son armée était de 12,000 hommes, dont 5,000 de cavalerie, et quinze pièces de canon. Le comte de Mercy s'était affaibli d'un détachement de 4,000 hommes qu'il avait fait en Bavière ; Turenne en profita pour passer le Rhin. Il entra dans Stuttgart, passa le Neckar, se porta sur la Tauber, s'empara de Rothenburg, et s'établit à Mergentheim, petite ville située sur la rive gauche de cette rivière. L'armée bavaroise ne tint nulle part devant lui ; il se trouva maître de toute la Franconie. Ses coureurs levèrent des contributions sous les murs de Wurzburg et de Nuremberg. L'armée de Mercy se trouvant éloignée de deux marches, il jugea convenable de mettre ses troupes en quartiers de rafraîchissement ; mais, ayant conçu quelques inquiétudes, il resserra ses quartiers à trois lieues autour de Mergentheim. Le 2 mai, à la pointe du jour, il apprit que Mercy arrivait sur lui avec toutes ses forces. Il fit partir aussitôt le major général suédois Rosen du quartier général pour Herbsthausen, qu'il donna pour point de rassemblement à ses quartiers ; ce village est situé à deux lieues en avant de Mergentheim sur la route de Feuchtwang, par où venait l'ennemi. Il se porta lui-même au point de rassemblement ; il y trouva 3,000 hommes de son infanterie déjà réunis et une partie de sa cavalerie. Au même moment, il aperçut l'armée bavaroise qui débouchait d'un bois à un quart de lieue de là. Il n'eut que le temps de ranger sa petite armée en bataille, fit occuper un bois sur sa droite par son infanterie, qu'il plaça sur une seule ligne. Il se mit lui-même à la tête de la gauche, qu'il forma de sa cavalerie, également sur une seule ligne. Mercy se déploya, mit son infanterie au centre, donna sa gauche à Jean de Weerdt, garda pour lui sa droite, formée de cavalerie comme l'aile gauche de l'armée française, couvrit le bois qu'occupait l'infanterie française et qui empêchait la cavalerie de la gauche de s'avancer. Mercy se mit à la tête de l'infanterie de son centre et attaqua ce bois. Turenne comprit toute la conséquence de ce mouvement ; il partit, chargea la cavalerie de la droite bavaroise, la rompit, s'empara de son canon et de douze étendards ; mais son infanterie, effrayée du grand nombre de bataillons qui marchaient à elle, lâcha pied sans presque rendre le combat. La cavalerie de Jean de Weerdt traversa alors le bois, prit en flanc la cavalerie française, qui s'éparpilla : Turenne lui-même eut peine à se sauver : mais, après avoir traversé un bois qui se trouvait derrière sa ligne de bataille, il rencontra heureusement quelques-uns de ses escadrons qui venaient d'arriver ; il rallia sur cette réserve sa petite armée et fit bonne contenance. Il ordonna à son infanterie de faire sa retraite sur Philippsburg, et, avec tout ce qu'il put rallier de sa cavalerie, il se dirigea sur la Hesse. Il perdit à cette bataille de Marienthal ou de Mergentheim, 500 hommes de cavalerie, les cinq sixièmes de son infanterie et tous ses canons.

Arrivé dans la Hesse, le landgrave, pour couvrir ses Etats, le renforça de son armée, qu'il mit sous son commandement ; quelques jours après, le comte Kœnigsmark le joignit avec l'armée suédoise ; huit jours après sa défaite, Turenne se trouva ainsi à la tête d'une nouvelle armée de 15,000 hommes, et était en état de rejeter Mercy en Franconie, lorsqu'il reçut les ordres de la cour de ne rien entreprendre : le prince de Condé était en marche avec 8,000 hommes pour prendre le commandement de l'armée.

II. Le prince arriva à Spire sur le Rhin ; Turenne repassa le Main et le joignit dans cette ville le 2 juillet. De son côté, Mercy avait été renforcé d'une division autrichienne commandée par le général Gleen ; mais l'armée française se trouvait encore beaucoup plus forte. Le prince de Condé passa le Neckar, s'empara de Heilbronn et de Wimpfen. Mercy se retira en toute hâte en Franconie. Après le passage du Neckar, le général suédois, croyant avoir à se plaindre de la hauteur du prince, quitta l'armée avec ses troupes. Ce contre-temps ne l'arrêta pas ; il passa la Tauber et marcha sur Nœrdlingen. Le 2 août, les deux armées se côtoyèrent plusieurs heures dans la nuit ; mais, au soleil levant, elles se reconnurent et se canonnèrent toute la journée sans s'aborder. Dans la nuit du 3 au 4, le prince de Condé se mit en marche pour se porter sur Nœrdlingen, place fortifiée gardée par les bourgeois. Il apprit que Mercy, par une marche habile, l'avait prévenu, qu'il occupait une forte position en arrière de cette ville, la protégeant et couvrant Donauwœrth. Il reconnut que sa droite, composée d'Autrichiens, occupait le Winne-Berg et s'appuyait à la Wœrnitz ; que son centre, qui était son corps de bataille, était à cent toises en arrière d'Allerheim, qu'il occupait, et dont il avait crénelé le clocher et le cimetière ; que sa gauche, commandée par Jean de Weerdt, occupait la colline et le château d'Allerheim, et s'appuyait à l'Eger, ruisseau encaissé ; que déjà Mercy, suivant l'usage, quoique à peine arrivé, commençait à se retrancher. Le prince plaça son armée en bataille :

la gauche à la Wœrnitz, formée par seize escadrons et six bataillons hessois commandés par Turenne ; son centre en face d'Allerheim, sous le comte de Marcin, et sa droite, composée de dix escadrons et quatre bataillons, sous le maréchal de Gramont, appuyant à l'Éger, et ayant en deuxième ligne une réserve de six escadrons et de quatre bataillons, sous les ordres du chevalier de Chabot. Son armée était forte de 17,000 hommes, l'armée bavaroise de 14,000; le nombre des canons était à peu près le même des deux côtés. A trois heures après midi, Condé, malgré la bonne position qu'occupait l'ennemi, ordonna au comte de Marcin, avec l'infanterie, de se porter au village d'Allerheim. L'infanterie bavaroise y soutint un combat terrible ; toute l'infanterie du prince de Condé y fut successivement engagée. Il ne réussit pas. En vain se précipita-t-il au fort de la mêlée, son habit fut criblé de balles ; le comte de Marcin fut grièvement blessé ; toute l'infanterie française fut tuée, blessée ou dispersée, mais Mercy fut frappé à mort par un coup de mousquet. Jean de Weerdt, qui commandait la gauche, se trouvait opposé au duc de Gramont : la cavalerie française se battit mal ; elle fut enfoncée ; le maréchal fut fait prisonnier. La réserve du chevalier de Chabot ne tint pas davantage; Jean de Weerdt la culbuta ; plusieurs de ses escadrons entrèrent dans le camp des bagages et y mirent le désordre. La bataille paraissait perdue sans ressources. Le prince, désespéré, n'ayant plus ni centre ni droite, se porta à sa gauche, où était Turenne: tous deux marchèrent sur l'aile droite de l'ennemi, où commandait le général autrichien Gleen, l'enfoncèrent, firent ce général prisonnier, et s'emparèrent de la batterie du Winne Berg et de toute la position. Turenne s'approcha, par un changement de front la gauche en avant, de la batterie du centre, et se trouva toucher par la droite à Allerheim, toujours occupé en force par l'infanterie bavaroise. Jean de Weerdt, instruit de ce qui se passait, rétrograda pour arrêter Turenne, mais il fit la faute de rétrograder par son même terrain et en reprenant d'abord sa position, puis fit un changement de front la droite en arrière, et marcha contre Turenne. La victoire était encore aux Bavarois, lorsque, à la nuit, l'infanterie qui occupait le village d'Allerheim, ayant eu connaissance de la mort de son général en chef, le comte de Mercy, se croyant cernée par Turenne, et ignorant la position qu'avait reprise Jean de Weerdt, eut la simplicité de capituler. Cette résolution inattendue donna la victoire aux Français. Le vaincu se trouva vainqueur. Jean de Weerdt, le seul général qui restât à l'armée ennemie, voyant que sa gauche et son centre avaient disparu, fit sa retraite sur Donauwœrth, où il passa le Danube, abandonnant toute son artillerie, hormis quatre canons. Turenne le suivit jusqu'au fleuve. A quelques jours de là, le général Gleen fut échangé contre le général de Gramont. Le lendemain de la bataille, Nœrdlingen capitula. L'armée prit huit jours de repos pour réparer ses pertes.

III

CAMPAGNE DE 1647.

I. Le 14 mars 1647, la régente et le duc de Bavière signèrent une convention par laquelle le prince s'engagea à rester neutre, à ne fournir aucun secours à l'empereur, à laisser entre les mains des Français les places fortes d'Ulm, Lauingen, Gundelfingen, Hœchstædt et Donauwœrth. Ces places de sûreté parurent nécessaires pour avoir une garantie contre les changements de dispositions de la cour de Munich. Abandonnée par les Bavarois, l'armée impériale ne fut plus que de 11,000 hommes, dont 6,000 chevaux. L'armée française, weimarienne et suédoise, était de 34,000 hommes, dont 20,000 de cavalerie.

Turenne reçut l'ordre de se porter en Flandre avec son armée. La cour de Saint-Germain avait en cela deux buts : se renforcer en Flandre, où elle s'était affaiblie d'un fort détachement envoyé en Catalogne, où devait, cette campagne, commander le prince de

Condé ; empêcher que le parti protestant ne dominât outre mesure en Allemagne et n'y détruisît entièrement le parti catholique. Le Saint-Siège s'était employé avec activité ; il avait mis en jeu tous les ressorts secrets de sa politique. Turenne, qui était campé, représenta inutilement tous les inconvénients attachés à un pareil mouvement: 1° si la France profitait de la supériorité qu'elle avait en Allemagne, elle contraindrait promptement la maison d'Autriche à la paix, et toute l'influence que perdrait le parti catholique, par l'affaiblissement de cette maison, serait gagnée par la France, qui demeurerait toujours maîtresse d'arrêter le progrès des protestants ; 2° les troupes weimariennes, composées d'Allemands, et auxquelles il était dû six mois de solde, passeraient difficilement le Rhin ; on risquait de voir se désorganiser cette petite armée, à laquelle on devait les succès de Nœrdlingen, et qui était si précieuse par son courage et son inclination militaire. Mais, dans les premiers jours de mai, Anne d'Autriche réitéra ses ordres par une lettre de sa main : il fallut obéir.

L'armée repassa le Rhin à Philippsburg et arriva le 6 juin à Saverne ; c'était la dernière étape de l'Allemagne. Les officiers des troupes weimariennes se réunirent et se présentèrent chez le maréchal pour lui demander leur solde. Il lui était impossible de les satisfaire ; cependant ils ne voulurent entendre à aucune promesse, levèrent leur camp et repassèrent le Rhin ; il les suivit avec 5,000 hommes, les atteignit au passage du Rhin, et délibéra s'il les chargerait. Il préféra les moyens de douceur, leur laissa effectuer leur passage, et, passant lui-même sur la rive droite avec peu de monde, il se rendit au logement du comte de Rosen, leur chef, se logea chez lui et continua ses fonctions de général en chef comme si de rien n'était. Les révoltés résolurent de descendre la rive droite ; ils nommèrent les députés de leur confiance pour diriger leurs mouvements. Arrivé à Ettlingen, dans le pays de Bade, Turenne fit venir dans la nuit 100 hommes de Philippsburg, fit garrotter Rosen et l'envoya à Philippsburg. Les révoltés se divisèrent en deux partis : presque tous les officiers et sous-officiers et deux régiments entiers se déclarèrent pour Turenne ; les autres, au nombre de 1,500, élurent des officiers, traversèrent le Neckar et se dirigèrent sur la Tauber. Il les suivit, les atteignit à Kœnigshofen, les chargea, en tua 300, en prit 300 ; leurs débris se retirèrent sur le Main ; un grand nombre s'enrôlèrent dans l'armée suédoise. Cette expédition terminée, il repassa le Rhin et se porta en toute hâte dans le pays de Luxembourg, où il arriva au commencement de septembre. Il reçut l'ordre de s'arrêter ; ce qui décida l'archiduc à faire un détachement de son armée de Flandre pour garder le Luxembourg.

Le duc de Bavière viola sa parole : il joignit son

armée à l'armée impériale, qui alors fut supérieure à l'armée suédoise, battit celle-ci, la chassa au delà du Weser, arriva sur le Rhin et assiégea Worms. Turenne reçut l'ordre de manœuvrer contre lui, dans les premiers jours de décembre; il fit lever le siège de Worms et écrivit au duc de Bavière que, nonobstant la convention d'Ulm, il allait le traiter en ennemi.

Observation. — Les armées françaises ont toujours été jouées par ces petits princes du corps germanique. Il aurait été plus utile à la France que l'Allemagne, outre l'Autriche et la Prusse, eût été partagée en trois autres monarchies assez puissantes pour défendre leur territoire, faire respecter la neutralité et contenir l'ambition de l'Autriche, de la Prusse et de la France même ; car cette puissance, que nous supposons bornée par le Rhin et les Alpes, ne peut avoir des intérêts à démêler qu'en Italie. Si la péninsule était monarchique, le bonheur de l'Europe voudrait qu'elle formât une seule monarchie, qui tiendrait l'équilibre entre l'Autriche et la France, et, sur mer, entre la France et l'Angleterre. L'Europe ne sera tranquille que lorsque les choses seront ainsi : les limites naturelles.

IV

CAMPAGNES DE 1649 A 1651.

Observation. — 1° La conduite de Turenne, dans cette circonstance, est peu honorable : sujet du roi, il ne devait pas prendre les armes contre son maître. La raison de la minorité ne pouvait en être une, il avait reconnu la régente; depuis nombre d'années il commandait ses armées; il était comblé de ses bienfaits : en prenant parti pour la Fronde, il suivit l'impulsion du chef de sa maison, le duc de Bouillon, son frère, et, sous ce point de vue, il pourrait être excusable. Dans ce cas, il fallait qu'il quittât le commandement de l'armée que lui avait confiée la régente, et que ce fût comme particulier qu'il allât se ranger sous les drapeaux de la Fronde. Mais pratiquer son armée, c'est une infidélité qui ne peut être justifiée ni par les principes de la morale ni par les règlements militaires; il en fut cruellement puni, puisque ses soldats l'abandonnèrent et restèrent fidèles à la voix du devoir et à leur serment.

2° Après la paix de Rueil, Turenne prit de nouveau parti contre la cour; alors il n'était pas employé, il suivit les conseils et les impulsions du chef de sa maison et l'influence qu'exerçait sur lui la duchesse de Longueville; il se retira à Stenay et se déclara pour les princes que la cour tenait opprimés et en prison. Il y a cette fois dans la conduite de Turenne quelques circonstances atténuantes; mais, quelques mois après, il est obligé de traiter avec les ennemis de la France, de se mettre à la tête des armées espagnoles pour les aider à prendre les places frontières et à ravager le sol de sa patrie. Ce grand crime est réprouvé par les principes de la religion, de la morale et de l'honneur. Rien ne peut excuser un général de profiter des lumières acquises au service de sa patrie pour la combattre et en livrer les boulevards aux nations étrangères.

V

CAMPAGNE DE 1652.

I. La cour séjourna une partie de l'hiver en Poitou et en Anjou, pour pacifier ces provinces; le maréchal d'Hocquincourt commandait son armée. Le cardinal en forma une nouvelle avec des troupes venues de Champagne, et en confia le commandement au maréchal de Turenne, qui dut agir de concert avec l'armée du maréchal d'Hocquincourt. Les deux armées réunies étaient peu considérables ; elles avaient à peine 9,000 hommes, la plus grande partie de cavalerie ; mais la cour craignait de se mettre à la discrétion d'un seul général. Elle remonta la Loire pour s'approcher de Paris ; toutes les villes riveraines lui ouvrirent leurs portes, à l'exception d'Orléans ; elle s'établit à Gien : pour se rendre dans cette ville, elle avait longé la Loire et couché à Sully. L'armée de la Fronde, forte de 14,000 hommes, commandée par le duc de Beaufort, était cantonnée entre Montargis et la Loire. Ce général, ayant eu connaissance du séjour de la cour, médita de l'enlever, et envoya à Jargeau le lieutenant général de Sirot, avec quatre régiments, pour s'assurer du pont de la Loire. De son côté, Turenne, inquiet des dangers que pouvait courir la cour aux approches du fleuve, se porta à Jargeau ; il s'y rencontra avec les troupes de Sirot, au moment même où elles y entraient : quoiqu'il n'eût que 200 hommes, il paya d'audace une partie de la journée, jusqu'au soir que son armée arriva. Ce combat, par lui-même insignifiant, fut d'un grand effet sur la régente. Le lieutenant général Sirot fut tué. Les armées royales passèrent la Loire ; elles se cantonnèrent à Briare et à Bléneau. On était en avril, les fourrages étaient rares, la dislocation de l'armée fut opérée.

Le prince de Condé était en Guyenne ; il laissa le

commandement et la direction des affaires de son parti dans cette province au prince de Conti ; il partit à franc étrier avec un petit nombre de ses officiers, et, après avoir couru mille dangers, il arriva au camp de Lorris, près Montargis, marcha le lendemain sur cette ville, s'en empara, retourna sur-le-champ contre les cantonnements du maréchal d'Hocquincourt, enleva plusieurs quartiers de dragons qui étaient cantonnés sur le canal, réunit son infanterie dans Bléneau, rallia tout ce qu'il put de sa cavalerie et fit sa retraite sur Saint-Fargeau. Turenne, à la première nouvelle qu'il en eut réunit ses cantonnements, se porta avec son infanterie sur Bléneau. Pendant cette marche de nuit, son armée et celle de Condé se côtoyèrent en marchant en sens inverse et sans s'apercevoir ; au jour, elles se découvrirent au bruit des clairons et des tambours.

L'armée de Turenne n'était que de 4,000 hommes. Comment tenir en échec une armée triple et commandée par Condé ? Il prit la position de l'étang de la Bouzinière ; c'était un défilé formé par l'étang sur la gauche et par un bois sur la droite ; il plaça ses troupes derrière ce défilé, établit une forte batterie pour battre au milieu, ne fit point occuper le bois par son infanterie, pour ne pas s'exposer à être engagé malgré lui, et passa le défilé avec six escadrons. Aussitôt que l'armée de Condé s'approcha, il repassa le défilé. Ce prince, fort étonné de rencontrer l'armée royale en position, se déploya et s'empara du bois; cependant il parut indécis; enfin il entra dans le défilé. Le vicomte de Turenne fit alors volte-face avec sa cavalerie, culbuta la tête de la colonne ennemie avant qu'elle pût se déployer. Au moment même il démasqua sa batterie, qui porta le désordre dans les rangs de Condé; il repassa le défilé et prit position. Il avait marché toute la nuit. Dans la soirée, le maréchal d'Hocquincourt rejoignit Turenne avec tout ce qu'il avait sauvé et rallié de son armée. Malgré cette jonction et l'arrivée de quelques renforts envoyés de Gien, l'armée royale était encore inférieure; mais la disproportion n'était plus la même. Peu de jours après, le prince de Condé retourna à Paris, où l'appelaient les affaires de son parti; il laissa son armée sous les ordres de Tavannes.

La cour se rendit quelques semaines après à Saint-Germain, sur la rive gauche de la Seine, par Auxerre, Sens, Fontainebleau et Melun; les deux maréchaux firent une marche de quarante lieues pour la couvrir; ils campèrent successivement à la Ferté-Alais, à Chartres. L'opinion du maréchal était qu'elle osât et entrât dans Paris; mais Mazarin craignit pour sa personne et s'y opposa. L'armée du prince de Condé était concentrée à Étampes, pendant que ce prince était à Paris. Sur ces entrefaites, Mademoiselle traversa les deux armées pour se rendre d'Orléans à Paris ; Turenne voulut profiter de l'occasion pour surprendre l'ennemi ; il ne réussit pas entièrement, cependant il défit plusieurs régiments, fit un grand nombre de prisonniers et obtint un avantage qui eût été plus important sans les fausses manœuvres d'Hocquincourt. Le cardinal le sentit ; il envoya en Flandre ce général, sous prétexte que les Espagnols faisaient des mouvements, et confia toute l'armée à Turenne.

II. Les esprits étaient fort divisés à Paris, et le parti des mécontents avait une grande confiance dans l'armée qui était à Etampes ; pour la discréditer et pour lui ôter l'honneur des armes, la régente ordonna le siège de cette ville. Turenne l'investit ; n'ayant point d'armée à redouter en campagne, il ne fit pas de lignes de circonvallation, mais il établit des lignes de contrevallation à portée de fusil de la place ; il se flattait que le défaut de vivres lui en rendrait promptement raison, lorsqu'il apprit que le duc de Lorraine entrait en Champagne, qu'il marchait sur la capitale, qu'il était d'intelligence avec les Frondeurs, et que son but principal était de faire lever le siège d'Etampes. Il résolut alors de brusquer l'attaque, et donna plusieurs assauts qui n'eurent point un succès complet. Il était tellement dépourvu des objets nécessaires, que la cour fut obligée de lui envoyer ses chevaux pour le service de l'armée. Ayant appris que le duc de Lorraine était arrivé à Charenton et se disposait à passer la Seine, il ne perdit pas un moment, leva le siège, se porta sur Corbeil. Les chevaux de la cour furent employés pour traîner l'artillerie des batteries qu'il évacua. Il traversa la forêt de Senard, passa la petite rivière d'Yerres à Brunoy, fit une marche de nuit autour de Gros-Bois, et arriva à la pointe du jour sur le camp du duc de Lorraine, qui appuyait sa gauche à Villeneuve-Saint-Georges et sa droite aux premiers bois de la Grange, et s'était couvert de six redoutes qu'il avait élevées et palissadées dans la nuit; son armée était de 10,000 hommes. Turenne établit son camp vis-à-vis de Villeneuve-Saint-Georges.

Le principal engagement qu'avait pris avec les Frondeurs le duc de Lorraine était de faire lever le siège d'Étampes; son but était rempli. Ce prince n'avait plus d'État : la Lorraine était tout entière occupée par une armée du roi; il ne possédait plus que son armée, qu'il ne voulut pas exposer à sa ruine dans un engagement sérieux. Il avait toujours dans son camp des négociateurs de Mazarin ; le prétendant d'Angleterre s'y rendit. Enfin, au moment où l'armée de Turenne n'était plus éloignée que d'une portée de canon, il signa l'*ultimatum*, consentit à cesser sur-le-champ les hostilités, à livrer son pont sur la Seine et à quitter la France sous quinze jours. Il se mit en marche à cet effet; il passa l'Yerres. Une heure après, l'armée des princes arriva sur la Seine, de l'autre côté de Villeneuve-Saint-Georges et, au lieu de l'armée de Lorraine, aperçut sur l'autre rive l'armée du roi. Si la jonction se fût faite avec le duc de Lorraine, la supériorité numérique des Frondeurs eût été telle que la cour n'aurait plus eu d'autre parti à prendre que celui de se retirer sur Lyon, ne pouvant compter sur la Bourgogne.

III. Condé accourut en toute hâte de Paris, se mit à la tête de son armée; il la ramena entre Saint-Cloud et Suresnes, gardant le pont de Saint-Cloud. Le 1er juillet, Turenne passa la Marne à Meaux, se porta sur Épinay; le maréchal de la Ferté le joignit; la cour s'établit à Saint-Denis. Il jeta un pont vis-à-vis Épinay, profitant d'une île formée par la Seine, afin de pouvoir attaquer Condé sur les deux rives; mais ce prince leva son camp, traversa le bois de Boulogne et se présenta à la barrière de la Conférence. Les Parisiens lui refusèrent l'entrée de leur ville; il tourna les murailles. Turenne, qui suivait son mouvement, marcha sur la Chapelle; il arriva à temps pour charger l'arrière-garde. L'intention de Condé était de se porter sur Charenton; mais, vivement poussé, il se jeta dans le faubourg Saint-Antoine, derrière les retranchements que les bourgeois avaient construits autour de leur faubourg pour se mettre à l'abri des maraudeurs qui infestaient les environs de la capitale, et qui s'appuyaient, d'un côté, au pied des collines de Charonne et, de l'autre, à la Seine;

ils avaient 1800 toises de circuit. Ce faubourg formait une patte d'oie; les principales rues aboutissaient à la porte de la ville, sous la Bastille, dont le canon dominait tout le faubourg et enfilait les trois débouchés; indépendamment de cela, des barricades furent élevées au milieu de ces trois rues, et le prince de Condé fit occuper et créneler les principales maisons par des détachements d'infanterie. Turenne attaqua ce faubourg, il pénétra par trois points : la droite, sous les ordres du marquis de Saint-Mégrin, entra par la rue de Charonne ; le centre, où se trouvait le maréchal, s'empara de la barrière du Trône, et la gauche, sous le marquis de Navailles, longea la rivière, se dirigeant sur la place d'armes. Les retranchements n'opposèrent pas de résistance ; on se battit aux barrières : Saint-Mégrin s'empara de celle de Charonne et mit en déroute les troupes qui lui étaient opposées ; sa cavalerie se lança imprudemment dans la rue et arriva jusqu'à la place du marché ; elle fut chassée par Condé, qui la battit avec une cinquantaine d'officiers d'élite. A la gauche, les troupes royales parvinrent jusqu'à la barrière ; elles s'emparèrent même du jardin de Rambouillet; mais les ducs de Beaufort et de Nemours s'avancèrent à la tête de la jeunesse de Paris et les repoussèrent. Navailles avait eu la précaution de faire occuper solidement les têtes des rues, ce qui lui donna les moyens de conserver la barrière. Turenne pénétra lui-même dans la principale rue ; il arriva à l'abbaye Saint-Antoine, mais il fut repoussé par le prince, qui accourut à la tête de quelques officiers de sa maison et le ramena jusqu'au delà de la barrière. Peu d'instants après, Turenne rentra dans la rue avec des troupes fraîches. Un grand nombre de petits combats singuliers signalaient la bravoure des deux partis, lorsque enfin le maréchal de la Ferté arriva avec l'artillerie : Turenne en plaça aussitôt une batterie près de l'abbaye de Saint-Antoine, et en envoya également à l'attaque de droite et à celle de gauche. Profitant d'ailleurs de la grande supériorité de ses troupes, il enleva plusieurs grosses maisons où s'étaient crénelés les Frondeurs, qui, se voyant forcés de tous côtés, perdirent courage et se sauvèrent en désordre sur la place d'armes, en avant de la porte Saint-Antoine. Dans ce moment, Mademoiselle apporta aux bourgeois de service à cette porte l'ordre de l'Hôtel de Ville de l'ouvrir à l'armée de Condé, qui, ranimée par cette heureuse nouvelle, rentra dans Paris avec assez d'ordre, et alla se camper et se retrancher sur l'autre rive de la Seine, derrière la petite rivière des Gobelins. Au même moment, Mademoiselle fit tirer le canon de la Bastille, ce qui empêcha l'armée du roi de poursuivre dans la capitale l'ennemi vaincu, qui lui échappait. Ce combat fut fort opiniâtre ; l'animosité était grande de part et d'autre, surtout parmi les officiers. La cour en avait été spectatrice des hauteurs de Charonne, où elle s'était placée dès le matin. Dans la nuit elle retourna à Saint-Denis.

IV. Quelques semaines après cette bataille, une armée de 20,000 Espagnols, auxquels s'était joint le duc de Lorraine, entra en Picardie et marcha sur la capitale au secours de la Fronde. A cette nouvelle, l'alarme fut extrême à la cour, qui était toujours à Saint-Denis; elle courait le danger de se trouver entre l'armée espagnole et Paris. Rouen et Dijon se refusaient à la recevoir; il ne paraissait plus lui rester de ressource que de se réfugier à Lyon; mais Turenne s'opposa fortement à ce parti désespéré, qui eût entraîné la perte de toutes les places de Picardie, donné une nouvelle activité à la guerre civile et accrédité la Fronde, dont les partisans diminuaient à Paris. En effet, après l'entrée du prince dans cette capitale, des massacres avaient eu lieu à l'Hôtel de Ville, ce qui avait accru le désir des habitants de voir se terminer la guerre civile et le roi revenir dans son palais. Turenne conseilla à la régente d'établir sa cour à Pontoise, où avec sa garde elle serait en sûreté; il paraît d'ailleurs que les Frondeurs portaient de grands ménagements au séjour du roi. Le maréchal se porta avec l'armée sur Compiègne pour s'opposer à la marche de l'armée espagnole, qui était double de la sienne, mais qui n'avait aucun intérêt à frapper des coups décisifs. En effet, l'archiduc s'approcha de l'Oise, eut quelques succès sur le duc d'Elbeuf, qui se laissa cerner avec 5 à 600 hommes; puis il retourna en Flandre, laissant le duc de Lorraine avec un détachement de l'armée espagnole pour hiverner en Champagne. Cet orage ainsi conjuré, Turenne se rapprocha de Paris et campa à Gonesse, où il séjourna un mois. Il ne tarda pas à apprendre que le duc de Lorraine marchait de nouveau sur la capitale; il marcha à sa rencontre et campa à Brie-Comte-Robert, où ayant pensé que le projet du duc de Lorraine était de se joindre, à Villeneuve-Saint-Georges, à l'armée du prince de Condé, il s'y porta en hâte, et arriva au moment où les fourriers de l'ennemi entraient pour marquer le logement de leur armée. Le duc de Lorraine, ayant ainsi manqué sa jonction à Villeneuve-Saint-Georges, se porta sur Ablon, où quelques jours après il effectua sa jonction avec le prince de Condé. Turenne prit la position de Villeneuve-Saint-Georges, la gauche appuyée au village, la droite au bois de la Grange, le front couvert par les six redoutes qu'avait fait construire, quelques mois auparavant, le duc de Lorraine, et qu'il réunit par des courtines. Il jeta deux ponts sur la Seine et les couvrit par une bonne tête de pont. Condé, sans profiter de l'avantage du nombre qu'il avait acquis par sa jonction avec l'armée de Lorraine, prit position à Limeil et se retrancha à une portée de canon du camp de l'armée royale. Le duc de Lorraine campa à Brie-Comte-Robert, tenant l'armée du roi comme enveloppée ; celle-ci ne pouvait pas tirer de vivres de la rive droite de la Seine ; mais, moyennant la possession de Corbeil et de sa tête de pont, elle fourrageait sur la rive gauche et se maintenait toujours dans l'abondance. Enfin, au bout de six semaines, pendant lesquelles il ne se passa rien d'important, les choses parurent mûres dans Paris. Mazarin céda à l'orage et se retira à Bouillon ; ce qui concilia à la cour les esprits de la capitale ; ils n'étaient plus retenus que par la pensée que Turenne était cerné dans son camp. La régente lui envoya, en conséquence, l'ordre d'en sortir pour l'accompagner dans son entrée dans sa capitale. Condé était tombé malade et s'était fait transporter à Paris. Turenne fit jeter quatorze ponts sur l'Yerres, la passa dans la soirée du 8 octobre, marcha sur Corbeil, sur Chaumes, passa la Marne à Meaux et campa près de Senlis. La cour quitta Meulan, où elle s'était rendue, alla à Saint-Germain, y séjourna quatre jours et fit son entrée à Paris le 21 octobre, passant par Saint-Cloud et le bois de Boulogne. Le roi était à cheval ; il traversa le faubourg Saint-Honoré. Toutes les villes du royaume suivirent l'exemple de la capitale. Les deux partis du parlement, celui de Pontoise et celui resté à Paris, se réunirent ; la guerre civile fut terminée. Condé, avec l'armée espagnole et celle de Lorraine, se retira en Champagne ; il continua à servir contre sa patrie. Louis XIV fut accueilli à Paris avec enthousiasme. Le duc d'Orléans, son oncle, se retira à Blois; le coadjuteur fut arrêté quelques mois après. Aussitôt que Turenne vit le roi rétabli dans sa capitale, il en partit avec l'armée pour se porter en Champagne; il chassa Condé et l'armée ennemie du royaume et assiégea Bar-le-Duc. Mazarin se rendit à son camp; depuis qu'il avait quitté le royaume, il avait habité Sedan. La basse ville de Bar-le-Duc fut emportée d'assaut; la haute ville soutint douze jours le siège. Le prince de Condé vint avec la cavalerie jusqu'à Vaubecourt. Ligny se rendit dans le même temps au maréchal de la Ferté. Le maréchal voulait qu'on assiégeât Sainte-Menehould et Rethel; mais on était dans le cœur de l'hiver, et autour de ces villes il n'y avait pas de quoi mettre l'armée à couvert. Château-Porcien ouvrit ses portes après sept jours de siège; mais, pendant ce temps, Condé prit Vervins, ce qui décida Turenne à continuer la campagne et à porter le siège devant cette ville, qu'il reprit; l'armée entra ensuite en quartiers d'hiver en février. Le soldat, pendant cette arrière-campagne, témoigna hautement son mécontement contre le cardinal : il manquait de vivres, l'hiver était très froid; il fut souvent réduit à manger de la chair de cheval et des trognons de choux, qu'il appelait *le pain du cardinal.*

VI

CAMPAGNE DE 1653.

Observation. — Cette campagne s'est passée en manœuvres; elle est fort intéressante. Le prince de Condé ne commandait pas l'armée espagnole; c'était l'archiduc, qui ne voulait pas compromettre son armée. Son dessein était de prendre quelques places pour arrondir la frontière de la Flandre, de nourrir la guerre en Picardie et en Champagne, et, si l'occasion se présentait belle, de battre l'armée française à coup sûr; c'était ce que l'intérêt de l'Espagne lui conseillait. Marcher à Paris, quelque chose qu'il en pût coûter, relever le parti de la Fronde, encourager la révolte de Bordeaux, accroître les mécontents, déjà très nombreux dans le royaume : voilà ce que désirait le prince de Condé.

Dans de pareilles circonstances, le parti que prit Turenne était convenable, mais il eût été bien dangereux dans toute autre conjoncture. Côtoyer une armée double en force est une opération bien difficile; il est bien peu de positions assez fortes pour pouvoir protéger une armée si inférieure en nombre;

il ne paraît pas d'ailleurs qu'il ait eu le soin de prendre tous les soirs un camp choisi ; au contraire, il a souvent campé dans de mauvaises positions, où son armée était compromise, telles qu'à Mont-Saint-Quentin. Il dut au hasard la bonne position qu'il occupa quelques heures après, et elle n'était pas telle qu'il n'y eût été forcé si le prince de Condé avait été le maître.

2° Surpris à Mont-Saint-Quentin, la première pensée qu'aurait eue un général ordinaire eût été de se couvrir de la Somme en la repassant à Péronne, dont il n'était éloigné que d'une demi-lieue ; mais que fût-il arrivé ? L'ennemi eût aussi passé la Somme ; il eût fallu rester en position et risquer une affaire pour l'arrêter. Cependant ce mouvement de retraite eût influé sur le moral des troupes et sur celui des ennemis en sens inverse. Passer la Somme, c'eût été ajourner, mais accroître la difficulté ; on eût paré au mal du moment en empirant l'état des affaires. Turenne paya d'audace, marcha à la rencontre des ennemis ; il était sûr que par ce mouvement il les déconcerterait, qu'il accroîtrait leur irrésolution et gagnerait la journée, parce qu'il faudrait qu'ils changeassent quelque chose à leur marche, qui avait été dirigée dans la supposition qu'il occupait Mont-Saint-Quentin. Pendant la nuit, il serait temps, après avoir vu l'ennemi et observé sa contenance, de prendre un parti ; il était probable d'ailleurs que, dans ces pays de collines, l'armée trouverait une bonne position, susceptible d'être retranchée en peu d'heures, et alors on aurait maintenu la réputation des armes, cette partie si essentielle de la force d'une armée. Turenne se retrancha ; ce grand capitaine faisait usage fréquemment des ouvrages de campagne. Cependant son armée avait trop de cavalerie et, en proportion trop peu d'infanterie pour qu'il tirât tout le parti possible de la science de l'ingénieur. Dans cette guerre de marches, de manœuvres, il eût fallu se retrancher tous les soirs et se placer toujours dans une bonne défensive. Les positions naturelles que l'on trouve ordinairement ne peuvent pas mettre une armée à l'abri d'une armée plus forte sans le secours de l'art.

Il est des militaires qui demandent à quoi servent les places fortes, les camps retranchés, l'art de l'ingénieur ; nous leur demanderons à notre tour comment il est possible de manœuvrer avec des forces inférieures ou égales sans le secours des positions, des fortifications et de tous les moyens supplémentaires de l'art. Il est probable que, si le prince de Condé eût commandé, il eût attaqué le soir même du jour de son arrivée ; ce qui eût déconcerté Turenne, qui avait une armée inférieure et avait adopté un plan de campagne d'observation qui voulait qu'il ne se compromît jamais.

Achille était fils d'une déesse et d'un mortel : c'est

l'image du génie de la guerre ; la partie divine, c'est tout ce qui dérive des considérations morales, du caractère, du talent, de l'intérêt de votre adversaire, de l'opinion, de l'esprit du soldat, qui est fort et vainqueur, faible et battu, selon qu'il croit l'être ; la partie terrestre, ce sont les armes, les retranchements, les positions, les ordres de bataille ; tout ce qui tient à la combinaison des choses matérielles.

VII

CAMPAGNE DE 1654.

Observation. — 1° Le maréchal a attaqué les lignes des Espagnols de nuit, afin de masquer son mouvement ; mais les marches et les opérations de nuit sont si incertaines, que, si elles réussissent quelquefois, elles échouent le plus souvent. Le prince de Condé, qui était au quartier le plus éloigné du point d'attaque, arriva cependant à temps pour tenir les Français en échec ; et, si les Espagnols eussent eu son caractère ou se fussent trouvés sous ses ordres, il est douteux que l'issue de l'attaque eût été la même. La principale défense des lignes consiste dans le feu. L'armée de l'archiduc était en supériorité de cavalerie; elle était double de celle de Turenne lors de son arrivée et avant la jonction de la Ferté et d'Hocquincourt. Il n'est pas concevable que l'archiduc n'ait pas attaqué et battu l'armée de Turenne ; il espéra prendre la place en sa présence, sans risquer une bataille.

2° Une armée qui assiège une place doit-elle se couvrir par des lignes de circonvallation ? Doit-elle attendre dans ses lignes l'attaque d'une armée de secours ? Doit-elle se partager en deux armées, l'une chargée du siège et l'autre de le protéger, appelées *armée de siège* et *armée d'observation ?* A quelle distance ces deux corps d'armée doivent-ils se tenir l'un de l'autre ?

Les Romains et les Grecs, les grands capitaines des quinzième et seizième siècles, le duc de Parme, Spinola, le prince d'Orange, le grand Condé, Turenne, Luxembourg, le prince Eugène, couvraient leurs sièges par des lignes de circonvallation. L'exemple des anciens ne peut être une autorité pour nous ; nos armes sont trop différentes des leurs. Celle des grands généraux des quinzième et seizième siècles est plus respectable; cependant les armées menaient alors en campagne peu de canons, on ne connaissait pas l'usage des obusiers.

Les militaires qui ne veulent aucune ligne, point ou très peu d'ouvrages de campagne, conseillent au général qui doit faire un siège de battre d'abord l'armée ennemie, de se rendre maître de la campagne. Ce conseil est sans doute excellent; mais le siège peut durer quelques mois, et l'ennemi revenir, au moment le plus décisif, au secours de la place. Mais un général peut vouloir s'emparer d'une place forte sans vouloir courir les chances d'une bataille; dans ce cas, quelle conduite doit-il tenir?

Une armée qui veut faire un siège devant une armée ennemie doit être assez forte pour pouvoir contenir l'armée de secours et faire en même temps e siège. Les ingénieurs demandent que le corps d'armée chargé du siège soit sept fois plus nombreux que la garnison : si l'armée de secours est de 80,000 hommes, la garnison de 10,000, il faudrait donc avoir 150,000 hommes pour assiéger une place.

VIII

CAMPAGNE DE 1658.

1. Pendant l'hiver, le maréchal d'Hocquincourt trahit son roi et sa patrie : sur les prétextes les plus frivoles, il passa à l'ennemi. Le siège de Dunkerque avait été résolu par les cours de Paris et de Londres; les bourgeois lâchèrent les écluses :

tout le pays jusqu'à Bergues ne fut plus qu'un lac. La garnison était de 3,000 hommes d'élite. Turenne se porta d'abord devant Cassel, passa la Lys à Saint-Venant, s'approcha de la Colme, la passa sans obstacle et s'avança sur Dunkerque, en traversant l'inondation par un grand nombre de fascines, de claies et de planches. L'inondation était peu profonde ; l'infanterie la traversa les armes hautes, n'ayant de l'eau que jusqu'à la ceinture. Ce siège fut d'autant plus difficile qu'il n'y avait aucun bois autour de la ville ; mais l'escadre anglaise, qui croisait dans la rade, transporta par mer tout ce qui était nécessaire. Turenne n'oublia pas d'établir des lignes de circonvallation et de contrevallation qui, à l'est et à l'ouest, s'appuyaient à la mer. Le plus difficile était de fermer l'estran ; il y établit une estacade, derrière laquelle il plaça des chaloupes canonnières. Ces travaux étaient achevés, quand l'amiral anglais débarqua 6,000 Anglais, qui formèrent la brigade de Morgan, officier de réputation. L'armée française recevait tous les jours des renforts. La tranchée fut ouverte par deux attaques, l'une par les Français, l'autre par les Anglais.

Ces nouvelles se succédèrent rapidement à Bruxelles, et remplirent d'étonnement la cour de l'archiduc. Dunkerque était pour l'Espagne d'une haute importance ; il résolut de tout risquer pour sauver cette place. Son armée se réunit le 10 juin à Ypres, et le 13 parut à la vue de Dunkerque. Elle prit position sur les dunes, à une lieue des lignes de l'assiégeant, la droite à la mer, la gauche au canal de Furnes. Elle comptait tellement que sa seule présence dégagerait la place, qu'elle se présenta sans artillerie et sans outils pour se retrancher, son parc ayant éprouvé quelques retards dans sa marche. Le maréchal d'Hocquincourt, ayant été reconnaître les lignes françaises, fut tué dans une escarmouche : digne punition de son crime.

II. Le 14 juin, à la pointe du jour, Turenne mit son armée en bataille hors des lignes ; la gauche, formée par les Anglais, s'appuya à la mer ; la droite commandée par le marquis de Créqui, s'appuya au canal de Furnes. Il rangea l'armée sur trois lignes : la première, de dix bataillons et vingt-huit escadrons, dont quatorze à l'aile gauche et quatorze à la droite, l'artillerie en tête ; la deuxième, de six bataillons et vingt escadrons, dont dix à la droite, dix à la gauche ; et la troisième, en réserve, de dix escadrons. L'armée, rangée ainsi, occupait une lieue. Plusieurs frégates et chaloupes armées, anglaises, longèrent la côte et inquiétèrent le flanc des Espagnols. L'armée de Turenne était en tout de 18,000 hommes, dont 6,000 de cavalerie ; l'armée espagnole était de 14,000 hommes, dont 8,000 chevaux. Don Juan se plaça à la droite, le prince de Condé à la gauche ; toute l'infanterie, composée de quinze bataillons, se mit sur une seule ligne ; la cavalerie de la droite se rangea sur deux lignes derrière l'infanterie ; celle de gauche sur six lignes, disposition nécessitée par le terrain. Cette armée n'avait pas d'artillerie ; sa droite fut rompue par les Anglais. Le prince de Condé fit plus de résistance à la gauche ; un moment même il menaça de pénétrer dans la place, et courut personnellement beaucoup de dangers ; mais enfin il fut rompu, et la victoire des Français complète. Les fuyards furent poursuivis jusque sur les remparts de Furnes. L'armée française fit 4,000 prisonniers ; sa perte fut légère. Turenne rentra dans ses lignes, poussa vivement le siège. Le 24 juin la place se rendit : c'était dix jours après la bataille et après dix-huit jours de tranchée ouverte. Turenne cerna aussitôt Bergues, qui, après quelques jours de siège, demanda à capituler, mais, comme il ne voulut point accorder à la garnison de rentrer à son armée, elle se débanda, et une grande partie se sauva au travers des marais. L'armée française entra dans la place.

III. Les Espagnols tinrent conseil à Nieuport ; don Juan proposa de placer l'armée le long du canal entre Nieuport et Dixmuyden, pour en disputer le passage ; d'autres furent d'avis de disloquer l'infanterie dans les places et de traîner la guerre en longueur. Ce projet fut adopté ; le prince de Condé se jeta dans Ostende, le marquis de Caracena dans Nieuport, don Juan dans Bruges, et le prince de Ligne dans Ypres. Turenne s'empara le 3 juillet de Furnes, qui ne fit pas de résistance. De là il se porta devant Dixmuyden : les Espagnols travaillaient depuis dix jours à en réparer les fortifications ; cependant la place se rendit le 6 juillet. Ces succès furent suspendus pendant quelques jours par une maladie dangereuse qui menaça les jours du roi, qui alors se trouvait à Calais. Ce délai fut très-favorable aux Espagnols. Le 4 août le maréchal de la Ferté assiégea Gravelines ; Turenne en couvrit le siège, qui dura vingt-six jours. Après la chute de cette place, il prit Oudenarde. A ce siège il ne fit pas de lignes ; il est vrai qu'il n'en méritait pas : Oudenarde ne résista que quarante-huit heures.

La saison n'était pas encore trop avancée ; on croyait que l'armée marcherait sur Bruxelles ; mais Turenne préféra se rapprocher des villes maritimes. Il se porta sur Menin, tailla en pièces un détachement de 2,000 hommes que commandait le prince de Ligne devant Ypres, dont il se saisit, ainsi que d'un bon nombre d'autres places ; et, après avoir conquis tout le pays entre la Lys et l'Escaut, il laissa 5,000 hommes d'infanterie en garnison dans les places prises, et ramena son armée en France, où il prit ses quartiers d'hiver.

La paix des Pyrénées ne fut signée que le 7 novembre 1659 ; mais elle fut précédée d'une trêve entre les deux couronnes, qui fut signée dès le commencement de l'année. Cette paix mit fin à une guerre qui durait depuis vingt-quatre ans. L'Alsace, le Roussillon, l'Artois, furent définitivement cédés à la France.

IV. *Observation.* — 1° La bataille des Dunes est l'action la plus brillante de Turenne. Il avait trois grands avantages : 1° la supériorité du nombre, 15,000 hommes sur le champ de bataille contre 14,000 ; 9,000 hommes d'infanterie contre 6,000 et un terrain peu propre à la cavalerie, ce qui rendit inutile la supériorité des Espagnols en cavalerie ; 2° il avait de l'artillerie, et son ennemi n'en avait pas ; 3° les bâtiments anglais qui mouillaient dans la rade canonnèrent le flanc droit des Espagnols, et balayèrent l'estran avec d'autant plus d'effet que don Juan n'avait pas de canon pour tenir éloignées les chaloupes anglaises. Turenne fut et devait être vainqueur.

2° Son ordre de bataille était parallèle ; il n'a fait ni manœuvre ni rien qui soit hors de la marche ordinaire. Aussitôt qu'il fut instruit que l'ennemi s'approchait des lignes, il prit la résolution de l'attaquer, avant de savoir qu'il arrivait sans artillerie ; ce qui lui était arrivé à Valenciennes lui avait profité. Décidé à attaquer, il ne dut pas retarder d'un seul jour, pour ne pas laisser aux Espagnols le temps de se retrancher.

3° Don Juan a bien mérité sa défaite, pour s'être avancé à la vue de Turenne sans artillerie ni outils pour se retrancher. Ce n'est pas avec cette coupable négligence que Turenne s'était présenté devant les lignes d'Arras.

IX

CAMPAGNE DE 1672.

I. La Hollande était arrivée au plus haut degré de prospérité ; maîtresse du commerce des Indes, elle avait plus de douze cents navires de haut bord ; Amsterdam était le magasin du monde et le centre du commerce. Elle conclut avec l'Angleterre et la Suède le traité de la *triple alliance*, dirigé contre la France, et négocia dans toutes les cours de l'Europe pour étendre cette ligue. Après de longues négociations, la France conjura cet orage ; elle parvint à détacher l'Angleterre et la Suède de la triple alliance et à s'allier avec l'évêque de Münster et l'électeur de Cologne, ennemis de la Hollande : elle s'assura de la neutralité de l'Autriche et de la Suède, et, de concert avec l'Angleterre, déclara la guerre à la Hollande. Dans le courant d'avril 1672, le roi se rendit à Charleroi ; son armée, forte de 110,000 hommes, était réunie sur la Sambre. Le duc de Luxembourg fut détaché avec un corps d'armée pour se porter en Westphalie, s'y réunir aux troupes de l'évêque de Münster et attaquer l'Ost-Frise ; 30,000 hommes furent mis sous les ordres du prince de Condé ; le reste de l'armée fut commandé par Turenne, sous les ordres immédiats du roi.

A l'aspect de cet orage qui menaçait la république, les partis s'agitèrent violemment ; les Orangistes l'emportèrent, et le prince d'Orange fut proclamé capitaine général et grand amiral. Il équipa une flotte de soixante et douze vaisseaux de haut bord, qu'il confia à Ruyter ; il leva des corps nombreux de milice, dont il garnit les places fortes, et réunit une armée active de 25,000 hommes. L'Espagne lui envoya un secours de 6,000 hommes d'infanterie, qui débarquèrent à Ostende. Un corps de cavalerie espagnole entra dans Maestricht, ce qui porta la garnison à 12,000 hommes.

Turenne ne fut pas d'opinion de perdre son temps au siége de cette place, mais de la négliger et de marcher sur le bas Rhin, en longeant la rive gauche par les États de l'électeur de Cologne. Ce plan adopté, il partit avec 20,000 hommes, cerna la petite ville de Maaseyk, ce qui coupait les communications de Maestricht avec la Hollande, et y laissa 5,000 hommes pour contenir les 12,000 de la garnison de Maestricht. Le prince de Condé passa le Rhin ; le roi et Turenne le descendirent par la rive gauche ; les places de l'électeur de Cologne ouvrirent leurs portes à l'armée française. Au commencement de juin, Wesel, Büderich, Rheinberg, furent investis et se rendirent en peu de jours. Le prince de Condé assiégea et prit Emmerich. Le prince d'Orange s'établit sur l'Yssel ; la saison était très sèche, les eaux du Rhin très basses ; au point où l'Yssel se sépare du Rhin, et après qu'il s'est appauvri du Waal, vis-à-vis le fort de Tolhus, il y avait un gué praticable : le prince de Condé le passa avec sa cavalerie, culbuta les troupes hollandaises qui défendaient la rive gauche. Le lendemain, l'armée passa sur un pont. Condé, blessé d'un coup de feu à la main, quitta le commandement. Le roi, avec le gros de l'armée, se porta sur l'Yssel vis-à-vis Doesburg ; Turenne, en peu de semaines, s'empara de tout le pays jusqu'à Naarden et Utrecht ; le duc de Luxembourg occupa toute la Frise ; Groningen, Deventer, Zwolle tombèrent en son pouvoir. Amsterdam s'entoura d'inondations ; elle trouva son salut sous les eaux. Le prince d'Orange couvrit aussi longtemps qu'il le put la position importante d'Utrecht, mais enfin il fut contraint de la céder. Le 5 juillet, le roi y fit son entrée.

Cependant ces conquêtes inouïes portèrent l'alarme à la cour de Londres et en Allemagne ; le roi d'Angleterre envoya des plénipotentiaires au camp de Louis XIV, et, de concert avec des plénipotentiaires français, ils offrirent la paix à la république. Les conditions étaient : le payement d'un subside à la France et à l'Angleterre pour le remboursement des frais de la guerre ; la reconnaissance du salut, comme du pavillon anglais, et la cession à la France des places qu'elle avait prises sur la Meuse. La république refusa ces propositions. L'Angleterre continua à faire cause commune avec la France.

II. Le roi quitta l'armée le 12 juillet, pour rentrer dans sa capitale, et en laissa le commandement à Turenne. Peu de jours après, une furieuse insurrection éclata à la Haye ; le peuple massacra le grand pensionnaire de Witt et son frère ; le prince d'Orange fut déclaré stathouder. Cependant l'empereur, l'électeur de Brandebourg et plusieurs princes d'Allemagne, alarmés des progrès des armées françaises et des dangers qui menaçaient la Hollande, coururent aux armes. Montecuccoli et le duc de Bournonville partirent d'Egra, à la fin d'août, à la tête de 18,000 hommes dont 6,000 de cavalerie, et campèrent à Erfurt le 13 septembre ; l'électeur de Brandebourg, surnommé le *grand électeur*, partit de Potsdam et arriva dans le même temps à Lippstadt. Les deux armées se réunirent à Mülhausen en Thuringe, à neuf lieues du Weser, elles montaient ensemble à 40,000 hommes. Turenne, pénétré de l'importance de soutenir, pour l'honneur des armes du roi, l'évêque de Münster et l'électeur de Cologne, quitta la Hollande avec 12,000 hommes, remonta le Rhin jusqu'à Wesel, mit garnison dans cette place, ainsi qu'à Emmerich, à Rees et à Neuss, et, le 10 septembre, entra dans le pays de Münster. Peu de jours après, il reçut un renfort de 4,000 hommes ; ce qui, joint aux troupes de Münster et de Cologne, lui forma une armée égale à l'armée impériale qui marchait vers le Rhin, paraissant vouloir porter la guerre sur la rive gauche de ce fleuve. Le prince de Condé avec 18,000 hommes, était en Alsace, et le duc de Duras sur la Meuse, avec un corps d'observation. Turenne remonta le Rhin, traversa le duché de Berg et se porta sur la Lahn. L'ennemi s'était avancé sur le Main. Les deux armées restèrent en présence jusqu'au 12 octobre, où les Impériaux prirent position sur la rive gauche de la Lahn ; le grand électeur mit son quartier à Giessen, où il fut joint par le duc de Lorraine. Turenne se décida à repasser le Rhin à Andernach et étendit son armée dans l'électorat de Trèves, qui secrètement était allié de l'empereur, et il le mit à contribution. Montecuccoli, étant tombé malade dès le commencement de la campagne, était retourné à Vienne : le grand électeur commandait l'armée. Il parut d'abord vouloir pénétrer sur la rive gauche du Rhin par le pont de Coblenz, que l'électeur de Trèves lui avait livré. Peu après il changea de démonstration et se dirigea sur le pont de Mayence ; mais le passage lui fut refusé. Le prince avait, ainsi que l'électeur palatin, adopté le système de neutralité. Le grand électeur se porta alors à marches forcées sur Strasbourg; Condé le prévint, lança quelques barques chargées d'artifices sous le pont et le brûla. Enfin, le 3 novembre, le grand électeur jeta un pont à une portée de canon au-dessous de Mayence, passa sur la rive gauche et pénétra dans le pays de Luxembourg. Turenne, manœuvrant sur ses communications, le décida à repasser le Rhin.

Tant de marches et de contre marches n'eurent d'autre résultat que de ruiner les électorats de Mayence, de Trèves et le Palatinat ; ce qui excita les plus vives réclamations de ces princes. Ainsi se termina la campagne de 1672.

La France protégea ses alliés, l'électeur de Cologne et l'évêque de Münster, défendit l'Alsace et la rive gauche du Rhin.

III. *Observation*. — Louis XIV entra en campagne avec 100,000 hommes, les trois quarts en infanterie, 'ayant un équipage de siège et de campagne ; cela forme une nouvelle ère de l'art militaire.

1° La Hollande n'avait pour sa défense que des milices et 25,000 hommes de troupes de ligne; comment eût-elle pu faire tête à 130.000 hommes ? L'électeur de Cologne et l'évêque de Münster faisaient cause commune avec la France.

2° Le passage du Rhin est une opération militaire du quatrième ordre, puisque dans cet endroit le fleuve est guéable, appauvri par le Waal, et n'était d'ailleurs défendu que par une poignée d'hommes.

3° L'armée a pris soixante places en peu de jours ; mais *à vaincre sans péril on triomphe sans gloire* ; ces places n'avaient pour garnisons que des milices à peine armées.

4° Maître d'Utrecht, de Naarden, on pouvait s'emparer d'Amsterdam, ce qui eût terminé la guerre : on ne sut pas profiter des circonstances.

5° Louvois voulut renvoyer 20,000 prisonniers, qui furent aussitôt réarmés et accrurent l'armée du prince d'Orange.

6° Il fit disséminer l'armée dans cinquante places fortes ; ce qui l'affaiblit au point qu'elle ne put plus rien faire. Il fallait démolir quarante-cinq de ces places, en transporter toute l'artillerie en France et en garder quatre ou cinq pour servir aux communications de l'armée.

7° Turenne avait la principale confiance du roi ; on doit lui attribuer ces fautes. On ne voit pas qu'il ait insisté avec force et publiquement pour empêcher qu'on les commît. Il eût pu entrer à Amsterdam le jour même où ses troupes entraient à Naarden.

Louis XIV fut un grand roi ; c'est lui qui a élevé la France au premier rang des nations de l'Europe ; c'est lui qui, le premier, a eu 400,000 hommes sur pied et cent vaisseaux en mer ; il a accru la France de la Franche-Comté, du Roussillon, de la Flandre ; il a mis un de ses enfants sur le trône d'Espagne.

Mais la révocation de l'édit de Nantes, mais les dragonnades, mais la bulle *Unigenitus*, mais les 200 millions de dettes, mais Versailles, mais Marly, ce favori sans mérite! mais madame de Maintenon, Villeroi, Tallard, Marcin, etc., etc.! — Eh! le soleil n'a-t-il pas lui-même des taches? Depuis Charlemagne, quel est le roi de France qu'on puisse comparer à Louis XIV sur toutes les faces?

X

CAMPAGNE DE 1675.

I. Le roi mit cette année six armées sur pied. Le prince de Condé commandait en Flandre, et Turenne en Allemagne; son armée était de vingt-cinq mille hommes. Montecuccoli commandait l'armée ennemie; il avait ordre de réduire l'Alsace et de réparer la pusillanimité qu'avait montrée le grand électeur l'année précédente. Il avait des intelligences dans Strasbourg, dont les magistrats lui étaient dévoués. Le 27 mars, Turenne campa sous les murs de cette place, afin d'imposer à la bourgeoisie. Montecuccoli se mit en opération, descendit le Rhin par la rive droite, publia qu'il allait assiéger Philippsburg, mais jeta un pont à Spire et passa sur la rive gauche. Turenne, négligeant cette initiative du général ennemi, passa lui-même sur la rive droite. Il fit à cet effet jeter un pont à Ottheim, à quatre lieues plus haut que Strasbourg, et se porta sur la Kinzig; il campa à Willstedt, la droite à ce village et à la Kinzig, et la gauche à Eckartsweier, au ruisseau de Schutter, couvrant ainsi Strasbourg, dont il était à deux lieues, et son pont d'Ottenheim, dont il était à quatre lieues, et où il avait construit une tête de pont qu'il gardait par plusieurs bataillons. Après quelques jours d'hesitation, Montecuccoli fut obligé d'obéir au mouvement de Turenne; il repassa sur la rive droite, prolongea sa gauche le long de la Kinzig, son aile gauche étant éloignée d'une lieue et demie du camp français. Montecuccoli, dont l'armée était un peu plus nombreuse que l'armée française, menaçait, par la position qu'il avait prise, le pont d'Ottenheim; il continua son mouvement, il marcha sur l'abbaye de Schuttern, étendant sa gauche jusqu'à Lahr. Il voulait en menaçant le pont d'Ottenheim, obliger Turenne à repasser le Rhin ou à découvrir Strasbourg. La position du maréchal était assez compliquée; il avait à la fois à défendre son pont d'Ottenheim et celui de Strasbourg : s'il quittait son camp de Willstedt, Montecuccoli entrait dans Strasbourg et y passait le Rhin; cependant, s'il ne persistait pas à occuper Willstedt, son pont d'Ottenheim et sa retraite étaient compromis. Il détacha le comte de Lorges avec une division pour prendre position à Altenheim, à mi-chemin du camp d'Ottenheim. Ce mouvement dissémina ses forces; il le sentit, et, le 22 juin, il leva son pont et le descendit vis-à-vis Altenheim, où il ne se trouvait plus qu'à deux lieues de Strasbourg, et dès lors était plus facile à défendre. Montecuccoli désespéra alors de réussir dans son plan; il changea de batterie, il retourna à son camp d'Offenburg, et le 28, se porta à Urloffen, menaçant de surprendre Strasbourg; Turenne se porta à Bodersweier. Montecuccoli renonça de nouveau à surprendre le pont de Turenne ou celui de Strasbourg; il commanda un pont de bateaux aux magistrats de Strasbourg et des munitions de guerre; il descendit le Rhin avec son armée et campa dans la plaine de Scherzheim, espérant y recevoir le convoi de Strasbourg. Turenne le suivit et campa dans la plaine de Freistett, s'appuyant au Rhin. Il se trouvait, par cette position, placé entre Strasbourg et l'ennemi; mais le Rhin est fort large en cet endroit et couvert d'une grande quantité d'îles; il était à craindre que Montecuccoli reçût son pont et son convoi. Ces îles sont effectivement en grand nombre vis-à-vis Wantzenau, mais il n'y a que trois courants propres à la navigation. Turenne fit faire une estacade, occuper les îles et construire plusieurs redoutes armées de grosse artillerie; ce qui ôta toute espérance à Montecuccoli de recevoir son pont et son convoi. Cependant Turenne était dans une position pénible; la saison étant très pluvieuse et les eaux du Rhin très hautes, son camp était marécageux et malsain; celui des Allemands, au contraire, était parfaitement placé; ils tiraient une grande partie de leurs vivres d'Offenburg. Le 15 juillet, Turenne se mit en marche, passa la Fench à un gué peu connu, coupa Montecuccoli d'Offenburg et même d'avec Caprara, ce qui obligea Montecuccoli à lever son camp et à se porter derrière Sasbach, couvert par un petit ruisseau, pour y faire sa jonction avec Caprara. Turenne suivit son mouvement, campa vis-à-vis Sasbach et se proposait de l'attaquer, lorsque, le 27 juillet, un coup de canon termina la vie de ce grand homme. Après sa mort, les lieutenants de Lorges et de Vaubrun commandèrent l'armée, et ne furent pas d'accord : l'un voulait se retirer sur le pont d'Altenheim, l'autre sur le camp de Willstedt; mais enfin ils se décidèrent à jeter à l'eau les farines réunies à Willstedt et se retirèrent sur Altenheim. Les Impériaux les suivirent et les attaquèrent; le combat fut long et opiniâtre; le champ de bataille resta aux Français, qui perdirent trois mille hommes; l'ennemi en perdit cinq mille; mais, dès le lendemain, l'armée repassa sur la rive gauche du Rhin.

II. *Observation.* — 1° Cette campagne a duré deux mois, tout l'avantage a été pour Turenne. Montecuccoli voulait porter la guerre en Alsace par le pont de Strasbourg, dont les habitants lui étaient vendus. Turenne voulait garantir l'Alsace qu'il avait conquise la campagne précédente, et obliger Montecuccoli à repasser la Forêt-Noire. Quand il fut tué, Montecuccoli repassait les montagnes; Turenne a donc triomphé.

2° Montecuccoli prit l'initiative, passa sur la rive gauche du Rhin pour y porter la guerre. Turenne resta insensible à cette initiative; il la prit lui-même, passa le Rhin et obligea Montecuccoli à revenir sur la rive droite. Cette première victoire de la campagne était réelle.

3° Le maréchal se campa à Willsted, couvrant Strasbourg, qui était à deux lieues derrière son camp, et son pont d'Ottenheim, qui était à quatre lieues sur la droite. Montecuccoli se plaça derrière la Kinzig, à une lieue et demie de l'armée française, appuyé à la place d'Offenburg, où il avait garnison. La position de Turenne était mauvaise; il devait plutôt livrer bataille que de s'exposer à perdre le pont d'Ottenheim et sa retraite, ou le pont de Strasbourg.

4° Si Montecuccoli eût voulu se porter en six heures de nuit tout d'un trait sur Ottenheim, prenant sa ligne d'opération sur Fribourg, il eût forcé le pont d'Ottenheim avant que toute l'armée de Turenne eût pu le couvrir. Cependant il n'en fit rien; il tâtonna, se contenta de se prolonger; il crut que des manœuvres seraient suffisantes pour décider

Turenne à abandonner son camp de Willstedt et découvrir Strasbourg. Turenne le pénétra; il se contenta de prolonger sa droite près d'Ottenheim, ce qui rendit sa position fort mauvaise.

5° Il le comprit enfin, il compromettait son armée; il leva son pont d'Ottenheim, qu'il rapprocha de deux lieues de Strasbourg et de son camp de Willstedt; il le plaça à Altenheim. C'était encore trop loin de Strasbourg; il fallait le jeter à une lieue de cette ville. Ce grand capitaine fit dans cette campagne la faute d'établir son pont à quatre lieues de Strasbourg, et plus tard, lorsqu'il se leva, il fit celle de ne le rapprocher que de deux lieues.

6° Cependant Montecuccoli change de projet, et, résolu de passer le Rhin au-dessous de Strasbourg, il commande un équipage de pont dans cette ville, et se porte à Scherzheim pour le recevoir. Turenne prit position à Freistett, occupa les îles, fit faire une estacade; les projets de son ennemi furent encore déjoués.

7° Montecuccoli devait, lorsqu'il laissa pendant trois jours son adversaire jeter un pont, élever des retranchements sur la Rench. Si près de son camp, il se laissa couper d'avec le corps de Caprara et d'avec Offenburg. Turenne l'avait obligé à quitter la vallée du Rhin, lorsqu'un boulet tua ce grand homme.

8° Turenne se montra dans cette campagne incomparablement supérieur à Montecuccoli : 1° en l'obligeant à suivre son initiative ; 2° en l'empêchant d'entrer dans Strasbourg ; 3° en interceptant le pont de Strasbourg ; 4° en coupant sur la Rench l'armée ennemie ; mais il fit une faute qui eût pu entraîner la ruine de son armée, s'il eût eu affaire au prince de Condé : ce fut de jeter son pont à quatre lieues au-dessus de Strasbourg, au lieu de le placer seulement à une lieue de cette ville.

V

MÉMOIRES HISTORIQUES ET MILITAIRES

I

LE TREIZE VENDÉMIAIRE [1].

La chute de la municipalité du 31 mai 1793, du parti de Danton, de Robespierre, amenèrent la chute des Jacobins et la fin du gouvernement révolutionnaire.

[1]. Dicté par Napoléon à M. de Las Cases, à Sainte-Hélène, en 1816. Les passages imprimés en italique sont les corrections faites de la main même de l'empereur sur le manuscrit original.

Reproduit dans le *Panthéon littéraire* de l'éditeur Gustave Barba et dans le *Napoléon* du bibliophile Jacob. (1840.)

Depuis, la Convention fut successivement gouvernée par des factions qui ne surent acquérir aucune prépondérance ; ses principes variaient chaque mois. Une épouvantable réaction *affligea* l'intérieur de la République ; les domaines cessèrent de se vendre, et le discrédit des assignats croissant chaque jour, les armées se trouvaient sans solde ; les réquisitions et le *maximum* y avaient seuls maintenu l'abondance. Les magasins se vidèrent, le pain même du soldat ne lui fut plus assuré.

Le recrutement, dont les lois avaient été exécutées avec la plus grande rigueur sous le gouvernement révolutionnaire, cessa. Les armées continuèrent d'obtenir de grands succès, parce que jamais elles n'avaient été plus nombreuses ; mais les armées éprouvaient des pertes journalières ; il n'y avait plus de moyen de les réparer. Le parti de l'étranger, qui s'et ait du prétexte du rétablissement des Bourbons, acquérait chaque jour de nouvelles forces. Les salons étaient ouverts ; on y discourait sans crainte ; les communications étaient devenues plus faciles avec l'extérieur : la perte de la république se tramait publiquement.

La révolution était vieille ; elle avait froissé bien des intérêts : une main de fer avait pesé sur les individus. Bien des crimes avaient été commis ; ils furent tous relevés avec acharnement, et chaque jour davantage on excita l'animadversion publique contre tous ceux qui avaient gouverné, administré ou participé d'une manière quelconque aux succès de la révolution.

Pichegru avait été gagné : c'était le premier général de la république. Fils d'un laboureur de Franche-Comté et frère minime dans sa jeunesse au collège de Brienne, il se vendit au parti royal et lui livra les succès des opérations de son armée.

Les prosélytes des ennemis de la république ne furent pas nombreux dans l'armée ; elle resta fidèle aux principes de la révolution, pour lesquels elle avait versé tant de sang et remporté tant de victoires.

Tous les partis étaient fatigués de la Convention ; elle l'était d'elle-même. Sa mission avait été l'établissement d'une constitution : elle vit enfin que le *salut de la patrie*, le sien propre, exigeait que sans délai *elle remplit sa principale mission* : elle adopta la constitution connue sous le titre de constitution de l'an 3. Le gouvernement était confié à cinq personnes, sous le nom de directoire ; la législature à deux conseils, dit des Cinq-Cents et des Anciens. Cette constitution fut soumise à l'acceptation du peuple, réuni en assemblées primaires.

L'opinion était généralement répandue qu'il fallait attribuer la chute de la constitution de 91 à la loi de la Constituante, *qui excluait ses membres de la législature*. La Convention ne *tomba pas* dans la même faute ; elle joignit à la constitution deux lois additionnelles, par lesquelles elle prescrivit que les deux tiers de la législature nouvelle seraient composés des membres de la Convention, et que les assemblées électorales de département n'auraient à nommer *pour cette fois* qu'un tiers seulement des deux conseils. La Convention prescrivit de plus que ces deux lois additionnelles seraient soumises à l'acceptation du peuple, comme parties inséparables de la constitution.

Le mécontentement fut dès lors général. Le parti de l'étranger voyait surtout ses projets déjoués par ces dispositions. Il s'était flatté que les deux conseils auraient été entièrement composés d'hommes neufs et étrangers à la révolution, ou même au parti de ceux qui en avaient été victimes, et dès lors *il espérait* d'arriver à la contre-révolution par l'influence même de la législature.

Ce parti ne manquait pas de très bonnes raisons pour cacher les véritables motifs de son mécontentement, il alléguait que les droits du peuple étaient méconnus, puisque la Convention, qui n'avait eu de mission que pour établir une constitution, usurpait les pouvoirs d'un corps électoral en donnant elle-même à ses membres les pouvoirs d'un corps législatif; que la preuve que la Convention savait qu'elle agissait contre l'intention du peuple, c'est qu'elle imposait aux assemblées primaires la condition *ar-*

bitraire de voter à la fois sur l'ensemble de la constitution et ses lois additionnelles. La Convention ne devait vouloir que ce que voulait le peuple. Pourquoi ne le laissait-elle pas voter séparément sur la constitution et les lois additionnelles ? C'est qu'elle savait que ces lois additionnelles seraient unanimement rejetées. Quant à la constitution en elle-même, elle était préférable sans doute à tout ce qui existait, et sur ce point tous les partis étaient d'accord. Les uns, il est vrai, eussent voulu un président au lieu de cinq directeurs, les autres auraient désiré un conseil plus populaire ; mais, en général, on vit cette nouvelle constitution avec plaisir. Quant au parti de l'étranger, qui était dirigé par des comités secrets, il n'attachait aucune importance à des formes de gouvernement qu'il ne voulait pas maintenir ; il n'étudiait dans la constitution que le moyen d'en profiter pour opérer la contre-révolution, et tout ce qui tendait à ôter l'autorité des mains de la Convention et des conventionnels lui était agréable.

Les quarante-huit sections de Paris se réunirent ; ce fut quarante-huit tribunes dans lesquelles accoururent les orateurs les plus virulents, La Harpe, Serisy, Lacretelle jeune, Vaublanc, Regnault de Saint-Jean-d'Angely, etc. Il fallait peu de talent pour exciter les esprits contre la Convention, et *plusieurs* de ces orateurs en montrèrent beaucoup.

La capitale fut ainsi mise en fermentation. *Après*

le 9 thermidor, on avait organisé la garde nationale : on avait eu *en vue d'éloigner* les jacobins ; mais on était tombé dans l'excès contraire, et les contre-révolutionnaires s'y trouvaient en assez grand nombre.

Cette garde nationale était de plus de quarante mille hommes armés et habillés : elle partagea toute l'exaspération des sectionnaires contre la Convention, et les lois additionnelles furent rejetées dans Paris. Les factions se succédaient à la barre de la Convention et y transmettaient hautement leur opinion. La Convention cependant croyait encore que toute cette agitation se calmerait aussitôt que les provinces auraient manifesté leur opinion par l'acceptation de la constitution et des lois additionnelles ; elle croyait pouvoir comparer cette agitation de la capitale à ces commotions si communes à Londres, et dont Rome avait si souvent donné l'exemple au temps des comices. Elle proclama, le 23 septembre, l'acceptation de la constitution par la majorité des assemblées primaires : mais, dès le lendemain, les sections de Paris nommèrent des députés pour former une assemblé centrale d'électeurs qui se réunirent à l'Odéon.

Les sections avaient mesuré leurs forces, évalué la faiblesse de la Convention. Cette assemblée d'électeurs fut une assemblée d'insurgés. La Convention annula l'assemblée de l'Odéon, la déclara illégale, et ordonna à ses comités de la dissoudre par la force. Le 10 vendémiaire (2 octobre 1795), la force armée se porta à l'Odéon et exécuta cet ordre. Le peuple, rassemblé sur la place de l'Odéon, fit entendre quelques murmures, se permit quelques injures, mais n'opposa aucune résistance.

Le décret de la Convention qui fermait l'Odéon excita l'indignation de toutes les sections; celle Lepelletier, dont le chef-lieu était au couvent des Filles-Saint-Thomas, paraissait être à la tête de ce mouvement. Un décret de la Convention ordonna que le lieu des séances fût fermé, l'assemblée dissoute et la section désarmée.

Le 12 vendémiaire, à sept ou huit heures du soir, le général Menou, accompagné des représentants du peuple, commissaire près de l'armée de l'intérieur, se rendit, avec un corps nombreux de troupes, au lieu des séances de la section Lepelletier, pour y faire exécuter le décret de la Convention. Infanterie, cavalerie, artillerie, tout fut entassé dans la rue Vivienne, à l'extrémité de laquelle est le couvent des Filles-Saint-Thomas. Les sectionnaires occupaient les fenêtres des maisons de cette rue. Plusieurs de leurs bataillons se rangèrent en bataille dans la cour du couvent, et la force militaire que commandait le général Menou se trouva compromise.

Le comité de la section s'était déclaré représentant du peuple souverain dans l'exercice de ses fonctions;

il refusa d'obéir aux ordres de la Convention, et après une heure d'inutiles pourparlers, le général Menou et les commissaires de la Convention se retirèrent par une espèce de capitulation, sans avoir désarmé ni dissous ce rassemblement.

La section, demeurée victorieuse, se constitua en permanence, envoya des députations à toutes les autres sections, vanta ses succès et pressa l'organisation qui pouvait assurer sa résistance. On se prépara à la journée du 13 vendémiaire.

Le général Bonaparte, attaché depuis quelques mois à la direction des mouvements des armées de la république, était dans une loge à Feydeau lorsque de ses amis le prévinrent de la scène singulière qui se passait. Il fut curieux d'observer les détails d'un si grand spectacle. Voyant les troupes conventionnelles repoussées, il courut aux tribunes de l'assemblée pour y juger l'effet de cette nouvelle et suivre les développements de la couleur qu'on y donnerait.

La Convention était dans la plus grande agitation. Les représentants auprès de l'armée, pour se disculper, se hâtèrent d'accuser Menou. On attribua à la trahison ce qui n'était dû qu'à la malhabileté : il fut mis en arrestation.

Alors différents représentants se montrèrent successivement à la tribune ; ils peignirent l'étendue du danger : les nouvelles qui à chaque instant arrivaient des sections ne faisaient voir que trop combien il était grand. Chacun des membres proposa le général qui avait sa confiance. Ceux qui avaient été à Toulon, à l'armée d'Italie, et les membres du comité de salut public qui avaient des relations journalières avec le général Bonaparte le proposèrent comme plus capable que personne de les tirer de ce pas dangereux par la promptitude de son coup d'œil et l'énergie de son caractère. On l'envoya chercher dans la ville.

Bonaparte, qui avait tout entendu et savait ce dont il était question, délibéra près d'une demi-heure avec lui-même sur ce qu'il avait à faire. Une guerre à mort éclatait entre la Convention et Paris, qui se disait parler au nom de toute la France. *Etait-il sage de se déclarer ?* Qui oserait descendre seul dans l'arène pour se faire le champion de la Convention ? La victoire même aura quelque chose d'odieux, tandis que la défaite voue à l'exécration des races futures.

Comment se dévouer ainsi à être le bouc émissaire de tant de crimes auxquels on fut étranger ? Pourquoi s'exposer bénévolement à aller grossir en peu d'heures le nombre de ces noms qu'on ne prononce qu'avec horreur ?

Mais, d'un autre côté, si la Convention succombe, que deviennent les grandes vérités de notre révolution ? Nos nombreuses victoires, notre sang si souvent versé, ne sont plus que des actions honteuses ;

l'étranger, que nous avons tant vaincu, triomphe et nous accable de son mépris ; une race incapable, un entourage insolent et dénaturé, reparaissent triomphants, nous reprochent nos crimes, exercent la vengeance et nous gouvernent en ilotes par la main de l'étranger. Ainsi la défaite de la Convention ceindrait le front de l'étranger et scellerait la honte et l'esclavage de la patrie.

Ces sentiments, vingt-cinq ans, la confiance en sa force, sa destinée, le décidèrent. Il alla se présenter au comité, auquel il peignit vivement l'impossibilité de pouvoir diriger une opération aussi importante avec trois représentants, qui, dans le fait, exerçaient tous les pouvoirs et gênaient toutes les opérations du général. Il ajouta qu'il avait été témoin de l'événement de la rue Vivienne, que les commissaires avaient été les plus coupables et s'étaient pourtant trouvés au sein de l'assemblée des accusateurs triomphants.

Frappé de ces raisons, mais dans l'impossibilité de destituer les commissaires sans une longue discussion dans l'assemblée, le comité, pour tout concilier, *car on n'avait pas de temps à perdre*, détermina de prendre le général dans l'assemblée même. Dans cette vue, il proposa Barras à la Convention comme général en chef, et donna le commandement à Bonaparte, qui par là se trouvait débarrassé des trois commissaires, sans qu'ils eussent à se plaindre.

Aussitôt que le général Bonaparte se trouva chargé du commandement des forces qui devaient protéger l'assemblée, il se transporta dans un des cabinets des Tuileries où était Menou, afin d'obtenir de lui les renseignements nécessaires sur les forces et les positions des troupes et de l'artillerie. L'armée n'était que de cinq mille hommes de toutes armes, avec quarante pièces de canon alors aux Sablons, sous la garde de quinze hommes. Il était une heure après minuit. Bonaparte expédia aussitôt un chef d'escadron du 21ᵉ chasseurs (Murat), avec trois cents chevaux, pour se rendre en toute diligence aux Sablons et ramener l'artillerie au jardin des Tuileries. Un moment plus tard il n'était plus temps. Cet officier arrivant à deux heures aux Sablons s'y trouva avec la tête d'une colonne de la section Lepelletier qui venait saisir le parc; mais il était à cheval, on était en plaine; la section se retira, et, à six heures du matin, les quarante pièces entrèrent aux Tuileries.

Depuis six heures jusqu'à neuf, Bonaparte courut tous les postes et plaça cette artillerie à la tête du pont Louis XVI, du Pont-Royal, de la rue de Rohan, au cul-de-sac Dauphin, dans la rue Saint-Honoré, au Pont-Tournant, etc., etc. Il en confia la garde à des officiers sûrs. La mèche était allumée partout, et la petite armée distribuée aux différents postes ou en réserve au jardin et au Carrousel.

La générale battait partout, et les gardes nationales se formaient à tous les débouchés, cernant ainsi le palais et le jardin. Leurs tambours portaient l'audace jusqu'à venir battre la générale sur le Carrousel et sur la place Louis XV.

Le danger était imminent. Quarante mille gardes nationales bien armées, organisées depuis longtemps, se présentaient animées contre la Convention. Les troupes de ligne chargées de la défendre étaient peu nombreuses et pouvaient être facilement entraînées par le sentiment de la population qui les environnait. La Convention, pour accroître ses forces, donna des armes à quinze cents individus dits *les Patriotes de 89*. C'étaient des hommes qui, depuis le 9 thermidor, avaient perdu leurs emplois et quitté leurs départements, où ils étaient poursuivis par l'opinion. On forma trois bataillons, que l'on confia au général Berruyer. Ces hommes se battirent avec la plus grande valeur ; ils entraînèrent la troupe de ligne et furent pour beaucoup dans le succès de la journée.

Un comité de quarante membres, sous la présidence de Cambacérès et composé des comités de salut public et de sûreté générale, dirigeait toutes les affaires. On discutait beaucoup, on ne décidait rien, et le danger devenait à chaque instant plus pressant.

Les uns voulaient qu'on posât les armes et qu'on reçût les sections comme les sénateurs romains avaient reçu les Gaulois ; d'autres voulaient qu'on se retirât sur les hauteurs de Saint-Cloud, au camp de César, pour y être joint par l'armée des côtes de l'Océan ; d'autres voulaient qu'on envoyât des députations aux quarante-huit sections *pour leur faire diverses propositions*. Pendant ces vaines discussions, à deux heures après-midi, un nommé Lafond déboucha sur le Pont-Neuf, venant de la section Lepelletier à la tête de trois ou quatre bataillons, dans le temps qu'une autre colonne de même force venait de l'Odéon à sa rencontre. Ils se réunirent place Dauphine.

Le général Carteaux qui avait été placé au Pont-Neuf avec quatre cents hommes et quatre pièces de canon, ayant l'ordre de défendre les deux côtés du pont, quitta son poste et se replia sous les guichets. En même temps un bataillon de gardes nationales venait occuper le jardin de l'Infante : il se disait affectionné à la Convention et pourtant saisissait ce poste sans ordre. D'un autre côté, Saint-Roch, le Théâtre-Français et l'hôtel de Noailles étaient occupés en force par les gardes nationales. Les postes opposés n'étaient séparés que de douze à quinze pas ; les sectionnaires envoyaient des femmes à chaque instant ou se présentaient eux-mêmes, sans armes et les chapeaux en l'air, pour fraterniser avec la ligne.

A chaque instant les affaires empiraient. A trois

heures, Danican, général des sections, envoya un parlementaire sommer la Convention d'éloigner les troupes qui menaçaient le peuple, de désarmer les terroristes. Ce parlementaire traversa les postes les yeux bandés avec toutes les formes de la guerre. Il fut introduit ainsi au milieu du comité des quarante, qu'il émut beaucoup par ses menaces. On le renvoya vers les quatre heures : la nuit approchait, et il n'était pas douteux qu'elle ne dût être favorable aux sectionnaires, vu leur grand nombre. Ils pouvaient se faufiler de maison en maison dans toutes les avenues des Tuileries, déjà étroitement bloquées. A peu près à la même heure, on apporta dans la salle de la Convention sept cents fusils, des gibernes et des cartouches, pour armer les conventionnels eux-mêmes comme corps de réserve, ce qui en alarma plusieurs, qui ne comprirent qu'alors *la grandeur du danger* où ils étaient.

Enfin à quatre heures un quart, des coups de fusil furent tirés à l'hôtel de Noailles, où s'étaient introduits les sectionnaires. Les balles arrivaient jusqu'au perron des Tuileries. Au même moment, la colonne de Lafond déboucha par le quai Voltaire, marchant sur le Pont-Royal.

Alors on donna l'ordre aux batteries de tirer : une pièce de huit, au cul-de-sac Dauphin, commença le feu et servit de signal pour tous les postes. Après plusieurs décharges, Saint-Roch fut enlevé. La colonne Lafond, prise en tête et en écharpe par l'artillerie placée sur le quai à la hauteur du guichet du Louvre et à la tête du Pont-Royal, fut mise en déroute. La rue Saint-Honoré, celle Saint-Florentin et les lieux adjacents furent balayés. Une centaine d'hommes essayèrent de résister au théâtre de la République : quelques obus les délogèrent en un instant. A six heures tout était fini. Si l'on entendait *dans la nuit*, de loin en loin, quelques coups de canon, c'était pour empêcher les barricades, que quelques *habitants* avaient cherché à établir avec des tonneaux.

Il y eut environ deux cents tués ou blessés du côté des sectionnaires et presque autant du côté des conventionnels, la plus grande partie de ceux-ci aux portes de Saint-Roch.

Trois représentants, Périn, Louvet et Sieyès, montrèrent *de la résolution*.

La section des Quinze-Vingts, faubourg Saint-Antoine, est la seule qui ait fourni deux cent cinquante hommes à la Convention, tant ses dernières oscillations politiques lui avaient *indisposé toutes les classes*. Toutefois, si les faubourgs ne se levèrent point en sa faveur, du moins ils n'agirent pas non plus contre elle.

Il est faux qu'on ait fait tirer à poudre au commencement de l'action : cela n'eût servi qu'à enhardir les sectionnaires et à compromettre les troupes.

Mais il est vrai que, le combat une fois engagé, le succès n'étant pas douteux, alors en effet on ne tira plus qu'à poudre.

Il existait encore des rassemblements dans la section Lepelletier, le 14 au matin. Des colonnes débouchèrent contre eux par les boulevards, la rue de Richelieu et le Palais-Royal. Des canons avaient été placés aux principales avenues. Les sectionnaires furent promptement délogés, et le reste de la journée fut employé à parcourir la ville, à visiter les chefs-lieux de section, ramasser les armes et lire des proclamations. Le soir tout était rentré dans l'ordre, et Paris se trouvait parfaitement tranquille.

Lorsque après ce grand événement les officiers de l'armée de l'intérieur furent présentés en corps à la Convention, celle-ci, par acclamation, nomma Bonaparte général en chef de cette armée, Barras ne pouvant cumuler plus longtemps le titre de représentant avec des fonctions militaires.

Le général Menou fut traduit à un conseil de guerre; on voulait sa mort. Le général en chef le sauva en disant aux juges que si Menou méritait la mort, les trois représentants qui avaient dirigé les opérations et parlementé avec les sectionnaires la méritaient aussi; que la Convention n'avait qu'à mettre en jugement les trois membres, et qu'alors on jugerait Menou. L'esprit de corps fut plus puissant que la voix des ennemis de Menou.

La même commission condamna plusieurs individus à mort par contumace, *entre autres Vaublanc*. Le nommé Lafond fut le seul exécuté. Ce jeune homme avait montré beaucoup de courage dans l'action ; la tête de sa colonne, sur le Pont-Royal, se reforma trois fois sous la mitraille avant de se disperser tout à fait. C'était un émigré. Il n'y eut pas moyen de le sauver, quelque désir qu'on en eût ; l'imprudence de ses réponses déjoua constamment les bonnes intentions de ses juges.

Après le 13 vendémiaire, Bonaparte eut à réorganiser la garde nationale, qui était un objet de la plus haute importance, comptant jusqu'à cent quatre bataillons.

Il forma en même temps la garde du directoire et *réorganisa* celle du corps législatif. Ces mêmes éléments se trouvèrent précisément dans la suite une des causes de son succès à la fameuse journée du 18 brumaire. Il avait laissé de tels souvenirs parmi ces corps qu'à son retour d'Égypte, bien que le directoire eût recommandé à ses soldats de ne point lui rendre d'honneurs militaires qu'il ne fût en grand uniforme, rien ne put les empêcher de battre aux champs de quelque manière qu'il parût.

Le peu de mois que Bonaparte commanda l'armée de l'intérieur se trouvèrent remplis de difficultés et d'embarras : ce furent l'installation d'un gouvernement nouveau, dont les membres étaient divisés entre eux et souvent en opposition avec les conseils ; une fermentation sourde parmi les anciens sectionnaires, qui composaient la majorité de Paris ; la turbulence active des jacobins, qui se reformaient sous le nom de Société du Panthéon ; les agents du royalisme, qui formaient un parti puissant ; le discrédit des finances et du papier-monnaie, qui mécontentait les troupes à l'extrême ; mais, plus que tout cela encore, l'horrible famine qui, à cette époque, désola la capitale. Dix ou douze fois les subsistances manquèrent, et les faibles distributions journalières que le gouvernement avait été contraint d'établir furent interrompues. Il fallait une dextérité peu commune pour surmonter tant d'obstacles et maintenir le calme dans la capitale, en dépit de circonstances si fâcheuses et si graves. La Société du Panthéon donnait chaque jour plus d'inquiétude au directoire : sa police n'osait aborder cette société de front. Le général en chef fit mettre le scellé sur le lieu de ses assemblées, et ses membres ne bougèrent plus tant qu'il demeura présent. Ce ne fut qu'après son départ qu'ils parurent de nouveau sous l'influence de Babeuf, Antonelle et autres et qu'ils éclatèrent au camp de Grenelle.

Il eut souvent à haranguer à la halle, dans les rues, aux sections et dans les faubourgs, et une remarque singulière à ce sujet, c'est que de toutes les parties de la capitale, le faubourg Saint-Antoine est celui qu'il a toujours trouvé le plus facile à entendre raison et à recevoir des impulsions généreuses.

Ce fut pendant le commandement de Paris que Bonaparte fit la connaissance de madame de Beauharnais.

On avait exécuté le désarmement général des sections. Il se présenta à l'état-major un jeune homme de dix ou douze ans qui vint supplier le général en chef de lui faire rendre l'épée de son père, qui avait été général de la république. Ce jeune homme était Eugène de Beauharnais, depuis vice-roi d'Italie. Bonaparte, touché de la nature de sa demande et des grâces de son âge, lui accorda ce qu'il demandait. Eugène se mit à pleurer en voyant l'épée de son père. Le général en fut touché et lui témoigna tant de bienveillance que madame de Beauharnais se crut obligée de venir le lendemain lui en faire des remerciments. Bonaparte s'empressa de lui faire sa visite. Chacun connaît la grâce extrême de l'impératrice Joséphine, ses manières douces et attrayantes. La connaissance devint bientôt intime et tendre, et ils ne tardèrent pas à se marier.

On reprochait à Schœrer, commandant l'armée d'Italie, de ne pas avoir su profiter de la bataille de Loano. Depuis on était peu satisfait de sa conduite; on voyait à son quartier général de Nice beaucoup plus d'employés que de militaires. Ce général demandait de l'argent pour solder ses troupes et réorganiser les différents services; il demandait des chevaux pour remplacer les siens, qu'on avait laissés périr faute de subsistances. Le gouvernement ne pouvait donner ni l'un ni l'autre. On lui fit des réponses dilatoires; on l'amusa par de vaines promesses. Il fit connaître alors que si on tardait davantage il serait forcé d'évacuer la rivière de Gênes, de revenir sur la Roya et peut-être même de repasser le Var. Le directoire résolut de le remplacer.

Un jeune général de vingt-cinq ans ne pouvait rester plus longtemps à la tête de l'armée de l'intérieur. Le sentiment de ses talents et la confiance que l'armée d'Italie avait en lui *le désignèrent* comme le seul capable de la tirer de la fâcheuse position où elle se trouvait. Les conférences qu'il eut avec le directoire à ce sujet et des projets qu'il lui présenta ne laissèrent plus aucun doute. Il partit pour Nice; et le général Hatry, âgé de soixante ans, vint de l'armée de Sambre-et-Meuse le remplacer à l'armée de l'intérieur, laquelle avait perdu son importance depuis que la crise des subsistances était passée et que le gouvernement se trouvait assis.

II

NOTICE HISTORIQUE SUR MOREAU [1].

Le général Moreau a fait la campagne de 1794 et de 1795, sous les ordres des généraux Pichegru et Jourdan, comme Souham, Taponier, Michaud, etc.; il commanda en chef, pour la première fois, au mois de mai 1796, à l'armée du Rhin; il passa ce fleuve au mois de juillet. Napoléon était alors maître de toute l'Italie.

La campagne en Allemagne de 1796 ne fait honneur ni aux talents militaires de ceux qui en ont conçu le plan ni au général qui en a eu la principale armée. 1° Il passa sur la rive droite du Danube et du Lech après la bataille de Neresheim, le 11 août, tandis qu'en marchant devant lui sur l'Athmuhl, par la rive gauche du Danube, il se fût joint en trois marches avec l'armée de Sambre-et-Meuse, qui était sur

---

1. Moreau (Jean-Victor), général en chef des armées de la République, né à Morlaix le 11 août 1763; mort à Tann, en Bohême, le 2 septembre 1813, des suites d'un coup de canon qui lui avait emporté les deux jambes à la bataille de Dresde.
Cette notice a été écrite, sous la dictée de l'empereur, par le général Montholon, à Sainte-Hélène.

la Rednitz, et eût, par ce mouvement, décidé de la campagne. 2° Il resta inactif six semaines, pendant août et septembre, en Bavière, pendant que l'archiduc battait l'armée de Sambre-et-Meuse et la rejetait au delà du Rhin. 3° Il laissa assiéger Kehl pendant plusieurs mois, par une armée inférieure, à la vue de la sienne, et il le laissa prendre.

Dans la campagne de 1799, il servit d'abord en Italie sous Schœrer, comme général de division; il y montra autant de bravoure que d'habileté, à la tête d'une ou deux divisions; mais, appelé au commandement en chef de cette même armée, à la fin d'avril, par le rappel de Schœrer, il ne fit que des fautes et ne montra pas plus de connaissances du grand art de la guerre qu'il n'en avait montré dans la campagne de 1796. 1° Il se fit battre à Cassano par Suwarow; il y perdit la plus grande partie de son artillerie et laissa cerner et prendre la division Serrurier. 2° Il fit sa retraite sur le Tésin, tandis qu'il eût dû la faire sur la rive droite du Pô, par le pont de Plaisance, afin de se réunir à l'armée de Naples, que commandait Macdonald, et qui était en marche pour s'approcher du Pô : cette réunion faite, il était maître de l'Italie. 3° Du Tésin, il fit sa retraite sur Turin, laissant Suwarow maître de se porter sur Gênes et de le couper entièrement de l'armée de Naples. Il s'aperçut à temps de cette faute, revint en toute hâte par la rive droite du Pô sur Alexandrie;

mais, quelques jours après, il commit la même faute en marchant sur Côni et abandonnant entièrement l'armée de Naples et les hauteurs de Gênes. 4° Pendant qu'il marchait à l'ouest, Macdonald arrivait avec l'armée de Naples sur la Spezia; au lieu d'opérer sa jonction avec ce général sur Gênes, derrière l'Apennin, et de déboucher réunis par la Bocchetta pour faire lever le siège de Mantoue, Moreau prescrivit à Macdonald de passer l'Apennin et d'entrer dans la vallée du Pô pour opérer sa jonction sur Tortone; il arriva ce qui devait arriver : l'armée de Naples seule eut à supporter tous les efforts de l'ennemi aux champs de la Trebbia, et l'Italie alors fut véritablement perdue.

En 1799, Moreau ne jouissait d'aucun crédit, ni dans l'armée ni dans la nation; sa conduite en fructidor 1797 l'avait discrédité dans tous les partis; il avait gardé pour lui les papiers trouvés dans le fourgon de Klinglin, qui prouvaient les correspondances de Pichegru avec le duc d'Enghien et les Autrichiens, ainsi que les trames des factions de l'intérieur, pendant que Pichegru, masqué par la réputation qu'il avait acquise en Hollande, exerçait une grande influence sur la législature. Moreau trahit son serment et viola ses devoirs envers son gouvernement en lui dérobant la connaissance de papiers d'une si haute importance et auxquels pouvait être attaché le salut de la république; si c'était son amitié pour Pichegru qui le portait à ce coupable ménagement, il fallait alors ne pas communiquer ces papiers au moment où leur connaissance n'était plus utile à l'État, puisque après la journée du 18 fructidor, le parti était abattu et Pichegru dans les fers. La proclamation de Moreau à l'armée et sa lettre à Barthélemy furent un coup mortel qui priva Pichegru et ses malheureux compagnons de la seule consolation qui reste aux malheureux, l'intérêt public.

Moreau n'avait aucun système, ni sur la politique ni sur le militaire ; il était excellent soldat, brave de sa personne, capable de bien remuer sur un champ de bataille une petite armée, mais absolument étranger aux connaissances de la grande tactique. S'il se fût mêlé dans quelques intrigues pour faire un 18 brumaire, il eût échoué. Il se serait perdu, ainsi que le parti qui se serait attaché à lui. Lorsqu'au mois de novembre 1799, le corps législatif donna un dîner à Napoléon, un grand nombre de députés ne voulurent point y assister parce que Moreau devait y occuper un rang distingué et qu'ils ne voulaient rendre aucun témoignage de considération au général qui avait trahi la république en fructidor. Ce fut dans cette circonstance que ces deux généraux se virent pour la première fois. Quelques jours avant le 18 brumaire, pressentant qu'il se tramait quelques changements, Moreau se mit à la disposition de Napoléon et lui dit qu'il suffisait de le prévenir une heure d'avance, qu'il viendrait à cheval près de lui, avec ses officiers et ses pistolets, sans autre condition. Il ne fut pas dans le secret du 18 brumaire. Il se rendit, le 18, à la pointe du jour, chez Napoléon, comme un grand nombre d'autres généraux et officiers qu'on avait prévenus dans la nuit et sur l'attachement desquels on avait droit de compter.

Le 18 brumaire à midi, après que Napoléon eut pris le commandement de la 17e division militaire et des troupes qui étaient à Paris, il donna celui des Tuileries à Lannes, celui de Saint-Cloud à Murat, celui de la chaussée de Paris à Saint-Cloud à Serrurier, celui de Versailles à Macdonald, et celui du Luxembourg à Moreau. Quatre cents hommes de la 96e furent destinés à marcher sous ses ordres pour garder ce palais ; ils s'y refusèrent, disant qu'ils ne voulaient pas marcher sous les ordres d'un général qui n'était pas patriote. Napoléon dut s'y rendre lui-même et les haranguer pour lever ces difficultés.

Après brumaire, les Jacobins continuèrent à remuer et à chercher des appuis dans les armées de Hollande et d'Helvétie. Masséna était plus propre que personne pour commander dans la rivière de Gênes, où il n'y avait pas un sentier qu'il ne connût. Brune, qui commandait en Hollande, fut envoyé dans la Vendée ; on rompit ainsi toutes les trames qui pouvaient exister dans ces armées : d'ailleurs, le premier consul n'eut jamais qu'à se louer de Moreau jusqu'au moment de son mariage, qui eut lieu pendant l'armistice de Pahrsdorf, en juillet 1800.

Ce serait avoir des idées bien fausses de l'état de l'esprit public alors, que de supposer qu'il y eût aucun partage dans l'autorité : la république était une ; Napoléon, premier magistrat, était l'homme de la France, il était tout : les autorités constituées, le sénat, le tribunal, le corps législatif avaient leur influence ; tout individu qui n'exerçait pas d'influence sur ces corps n'était rien. Moreau ne commandait pas d'armées, elles étaient toutes entre les mains d'une faction opposée. Masséna, qui venait de sauver la France à Zurich ; Brune, qui venait de battre le duc d'York et de sauver la Hollande, jouissaient alors d'une grande réputation. Moreau, qui à la tache de fructidor joignit celles des défaites de Cassano et de la Trebbia, auxquelles on attribuait la perte de l'Italie, était peu en faveur ; mais c'est justement parce qu'il était alors peu accrédité, que le danger ne pouvait venir, s'il y en avait du côté des armées, que de la part du parti opposé, que le gouvernement consulaire accorda une grande confiance à ce général et lui confia une armée de cent quarante mille hommes, dont le commandement s'étendit de la Suisse au bord du Mein.

Il n'y eut aucune discussion sur le plan de campagne de 1800 entre Moreau et le ministre de la guerre. Napoléon, en considérant la position de la

France, reconnut que les deux frontières sur lesquelles on allait se battre, celle d'Allemagne, celle d'Italie, la première était la frontière prédominante ; celle d'Italie était la frontière secondaire. En effet, si l'armée de la république eût été battue sur le Rhin et victorieuse en Italie, l'armée autrichienne eût pu entrer en Alsace, en Franche-Comté ou en Belgique, et poursuivre ses succès sans que l'armée française victorieuse en Italie pût opérer aucune diversion capable de l'arrêter, puisque, pour s'asseoir dans la vallée du Pô, il lui fallait prendre Alexandrie, Tortone et Mantoue, ce qui exigeait une campagne entière ; toute diversion qu'elle eût voulu opérer sur la Suisse eût été sans effet. Du dernier col des Alpes, on peut entrer en Italie sans obstacle ; mais des plaines d'Italie, on eût trouvé à tous les pas des positions si on eût voulu pénétrer dans la Suisse. Si l'armée française était victorieuse sur la frontière prédominante, tandis que celle sur la frontière secondaire d'Italie serait battue, tout ce qu'on pouvait craindre était la prise de Gênes, une invasion en Provence ou peut-être le siège de Toulon ; mais un détachement d'Allemagne qui descendrait de Suisse dans la vallée du Pô arrêterait court l'armée victorieuse en Italie et en Provence. Il conclut de là qu'il ne fallait pas envoyer à l'armée d'Italie au delà de ce qui était nécessaire pour la porter à quarante mille hommes, et qu'il fallait réunir toutes les forces de la république à partir de la frontière prédominante : en effet, cent quarante mille hommes furent réunis depuis la Suisse jusqu'à Mayence, et une deuxième armée, celle de réserve, fut réunie entre la Saône et le Jura, en deuxième ligne. L'intention du premier consul était de se rendre, au mois de mai, en Allemagne avec ces deux armées réunies, et de porter d'un trait la guerre sur l'Inn ; mais les événements arrivés à Gênes au commencement d'avril le décidèrent à faire commencer les hostilités sur le Rhin, lorsque l'armée de réserve se réunissait à peine. Le succès sur cette frontière n'était pas douteux ; tous les efforts de l'Autriche avaient été dirigés sur l'Italie. Le maréchal Kray avait une armée très inférieure en nombre et surtout en qualité à l'armée française, puisqu'il avait beaucoup de troupes de l'empire.

Le plan de campagne que le premier consul dicta au ministre de la guerre et que celui-ci envoya à Moreau fut le suivant : réunir les quatre corps d'armée par des mouvements masqués sur la rive gauche du Rhin, entre Schaffhouse et Stein ; jeter quatre ponts sur le Rhin et passer à la fois, dans le même jour, sur la rive droite, de manière à se mettre en bataille la gauche du Rhin et la droite du Danube ; acculer le général Kray dans les défilés de la Forêt-Noire et dans la vallée du Rhin ; saisir tous ses magasins, empêcher ses divisions de se rallier ; arriver avant lui sur l'Ulm, lui couper la retraite de l'Inn et ne laisser à ses débris, pour tout refuge, que la Bohême. Ce mouvement eût, en quinze jours, décidé de la campagne. Il ne pouvait y avoir aucune circonstance plus favorable, car il ne fut jamais un meilleur rideau qu'une rivière aussi large que le Rhin pour masquer des mouvements : le succès était infaillible ; Moreau ne le comprenait pas : il voulait que la gauche débouchât par Mayence, ce à quoi le premier consul ne voulut pas consentir ; mais les circonstances de la république ne lui ayant pas permis de se rendre à l'armée, il dit alors à son ministre qu'il serait impossible d'obliger un général en chef à exécuter un plan qu'il n'entendait pas ; qu'il fallait donc lui laisser diriger ses colonnes à sa volonté, pourvu qu'il n'eût qu'une seule ligne d'opération et ne manœuvrât que sur la rive droite du Danube.

Moreau ouvrit la campagne, sa gauche commandée par Sainte-Suzanne, par le pont de Kehl. Saint-Cyr passa le pont de Neu-Brissach ; la réserve passa à Bâle, et Lecourbe, cinq jours après, passa à Stein. A peine Sainte-Suzanne est-il passé que Moreau s'aperçut que ce corps était compromis ; il le fit repasser à Neu-Brissach. Cette ouverture de campagne est contraire aux premières notions de la guerre. Il fit manœuvrer son armée dans le cul-de-sac du Rhin, dans le défilé des Montagnes-Noires, devant une armée qui était en position. Moreau manœuvra comme si la Suisse avait été occupée par l'ennemi ou eût été neutre ; il ne sentit pas le parti que l'on pouvait tirer de cette importante position en débouchant par le lac de Constance. Le général Kray, ainsi prévenu, réunit ses troupes à Stockach et à Engean avant l'armée française ; il n'éprouva aucun mal ; il eût été perdu sans ressource si Moreau eût pu comprendre qu'il fallait que toute son armée débouchât par où déboucha Lecourbe. Le détail d'opérations si mal conduites faisait dire souvent au premier consul : « Que voulez-vous ! ils n'en savent pas davantage ; ils ne connaissent pas les secrets de l'art ni les ressources de la grande tactique. »

Nous n'avons pas besoin de réfuter l'assertion que le premier consul voulait déboucher des montagnes de la Suisse en Italie sans prendre l'offensive sur le Rhin : cela est trop absurde. Bien loin de là, il ne croyait pas que la diversion par le Saint-Gothard fût possible si, au préalable, on n'avait battu et rejeté l'armée autrichienne au delà du Lech, car l'opération de l'armée de réserve eût été une insigne folie si, au moment où elle fût arrivée sur le Pô, l'armée autrichienne d'Allemagne eût pris l'offensive et battu l'armée française. S'il eût voulu à toute force, et conduit par la passion, prendre d'abord l'Italie, qui l'eût empêché de laisser l'armée d'Helvétie dans la situation où elle se trouvait en janvier 1800, et d'envoyer les quarante mille hommes dont il la renforçait à Gênes, ce qui aurait permis à Masséna de s'avancer sur le

Pô ? Napoléon savait bien que l'Italie n'était pas la conséquence d'une victoire en Allemagne, que c'était le corollaire du succès obtenu sur la frontière prédominante.

Rewbel, ayant eu occasion d'entretenir le premier consul en 1800, lui dit : « Vous réunissez une belle armée sur le Rhin ; vous avez là toutes les troupes de la France : ne craignez-vous pas des inconvénients de mettre tant de troupes dans une seule main ? Cette considération politique m'a toujours fait maintenir les deux armées du Rhin-et-Moselle et de Sambre-et-Meuse ; peut-être cet inconvénient est-il moindre vis-à-vis de vous, que le soldat regarde comme le premier général. Cependant, croyez-moi, allez à cette armée vous-même ; sans cela, vous en éprouverez de grands inconvénients. Je sais que Moreau n'est pas dangereux ; mais les factieux, les intrigants de ce pays, quand ils s'attachent à un homme, suppléent à tout. »

Pendant l'armistice de Pahrsdorf, Moreau ayant fait un voyage à Paris, descendit aux Tuileries ; il n'était pas attendu. Comme il était avec le premier consul, le ministre de la guerre Carnot arriva avec une paire de pistolets de Versailles, couverts de diamants d'un très haut prix ; ils étaient destinés pour le premier consul, qui les prit et les remit à Moreau en disant : « *Ils viennent à propos.* » Cette scène n'était pas arrangée ; cette générosité frappa le ministre;

L'impératrice Joséphine maria Moreau avec mademoiselle Hulot, créole de l'Ile-de-France. Cette demoiselle avait une mère ambitieuse ; elle dominait sa fille et bientôt domina son gendre. Elle changea son caractère ; ce ne fut plus le même homme : il se mêla dans les intrigues ; sa maison fut le rendez-vous de tous les malveillants. Non seulement il s'opposa mais il conspira contre le rétablissement du culte et du concordat en 1801. Il tourna en ridicule la Légion d'honneur. Plusieurs fois le premier consul voulut ignorer ces inadvertances : mais enfin il dit : « Je m'en lave les mains : qu'il se casse le nez contre les piliers du palais des Tuileries. » Cette conduite de Moreau était contraire à son caractère. Il était Breton, détestait les Anglais, avait les chouans en horreur, une grande répugnance pour la noblesse ; c'était un homme incapable d'une grande contention de tête ; il était naturellement loyal et bon vivant. La nature ne l'avait pas fait pour les premiers rôles. S'il eût fait un autre mariage, il eût été maréchal, duc, eût fait les campagnes de la grande armée, eût acquis une nouvelle gloire, et si sa destinée était de tomber sur le champ de bataille, il eût été frappé par un boulet russe, prussien ou autrichien : il ne devait pas mourir par un boulet français.

Au mois d'octobre 1813, lorsque plusieurs corps de l'armée française descendirent de Dresde vis-à-vis Wittemberg et passèrent l'Elbe, un courrier du quartier général de l'armée de Bohême, se rendant en Angleterre, fut intercepté, et tous les papiers de Moreau furent pris. Le général Rapatel, son aide de camp et son compatriote, renvoyait à madame Moreau ses papiers; elle était très bourboniste : elle lui reprochait dans toutes ses lettres son éloignement pour les Bourbons, son défaut d'intrigues, et lui donnait des conseils sur la manière dont il devait se faire valoir à la cour de Russie et d'Autriche. Moreau répondait à toutes : « Vous êtes folle avec vos Bourbons..... Au surplus, vous connaissez mes sentiments ; quant à moi, je ne demande pas mieux de les aider ; mais au fond de mon cœur, je vous assure que je crois cet ordre de choses fini à jamais, etc. » La première pensée de l'empereur fut de faire imprimer cette correspondance ; mais il se reprochait d'avoir laissé exister des phrases dans un bulletin relatif à la mort de ce général : il lui semblait que des mots de regret qu'il avait prononcés en apprenant cette nouvelle eussent dû être recueillis de préférence ; il jugea inconvenant de troubler sa cendre en dévoilant des sentiments secrets écrits d'abandon à sa femme et dans une correspondance confidentielle. Moreau avait rendu des services et avait de belles pages dans l'histoire de la guerre de la Révolution. Ses opinions politiques avaient toujours été fort sages, et quelquefois Napoléon a laissé percer des regrets de sa fin déplorable..... « Ces femmes l'ont perdu ! »

III

BATAILLE D'ARCOLE[1].

(*De l'offensive d'Alvinzi, le 2 novembre 1796 jusqu'au 21 novembre du même mois, espace de dix-neuf jours.*)

I. *Le maréchal Alvinzi prend le commandement de la nouvelle armée autrichienne ; sa force.* — Les armées françaises du Rhin et de Sambre-et-Meuse avaient été battues en Allemagne ; elles avaient repassé le Rhin. Ces succès consolaient la cour de Vienne de ses pertes en Italie. Ils lui donnaient la facilité d'humilier l'orgueil des Français dans cette partie. Elle donna des ordres pour former une armée, dégager Mantoue, délivrer Wurmser, et réparer les affronts qu'elle avait reçus de ce côté. Elle assembla quatre divisions *d'infanterie et de cavalerie* dans le Frioul, et deux dans le Tyrol, faisant ensemble soixante mille hommes. Ces troupes se composaient de forts détachements des armées victorieuses d'Allemagne, des cadres recrutés de l'armée de Wurmser, et d'une levée extraordinaire de quinze mille Croates. Le commandement général fut donné au ma-

---

[1]. Chapitre dicté à Sainte-Hélène à M. Emmanuel de Las Cases, en 1815. Revu et remanié par Napoléon en 1816, publié par M. le comte de Las Cases. Les mots en italique sont ceux ajoutés sur le manuscrit original de la main même de l'empereur.

réchal Alvinzi, et l'on confia le corps particulier du Tyrol d'environ dix-huit mille hommes au général Davidowich. Le sénat de Venise secondait en secret les Autrichiens. Il lui demeurait démontré que les succès de la cause française seraient la ruine de son aristocratie. Il voyait chaque jour l'esprit de ses peuples de terre ferme se détériorer, et appeler à grands cris une révolution. La cour de Rome avait levé le masque : se trouvant compromise depuis les affaires de Wurmser, elle n'espérait plus son salut que dans les succès de l'Autriche. Elle n'exécutait aucune des conditions de l'armistice de Bologne ; elle s'apercevait avec effroi que le général français temporisait, et que, par une feinte modération et des négociations prolongées, il ajournait l'instant du châtiment. Elle était exaltée d'ailleurs par les succès d'Allemagne, et instruite à point du petit nombre de Français et du grand nombre de leurs malades ; elle mettait en mouvement ses moyens physiques en levant des troupes, et ses moyens moraux en persuadant les esprits, à l'aide des couvents et des prêtres, de la faiblesse des Français et de la force irrésistible des Autrichiens.

II. *Bon état de l'armée française ; l'opinion des peuples d'Italie appelle ses succès.* — Le général français s'était flatté longtemps de recevoir de nouveaux renforts. Il avait fortement représenté au Directoire, ou que les armées du Nord devaient repasser le Rhin, ou qu'il fallait qu'on lui envoyât cinquante mille hommes. On lui fit des promesses qu'on ne réalisa pas ; et tous les secours qu'on lui donna se réduisirent à quatre régiments détachés de la Vendée : l'esprit de cette province s'était amélioré. Ces régiments, composant environ huit mille hommes, arrivèrent successivement dans un intervalle de deux mois. Ils furent d'un grand secours, compensèrent les pertes éprouvées *les mois précédents*, et maintinrent l'armée active à son nombre habituel de trente mille combattants. Les lettres du Tyrol, du Frioul, de Venise, de Rome, ne cessaient *de parler* des grands préparatifs qui se faisaient contre les Français ; mais cette fois l'esprit plus prononcé des peuples et d'autres circonstances, donnaient une tout autre physionomie à l'Italie et aux affaires. Ce n'était plus *comme* avant Lonato et Castiglione. Les prodiges accomplis par les Français, les nombreuses défaites éprouvées par les Autrichiens avaient tourné l'opinion. Alors les trois quarts de l'Italie pensaient qu'il était impossible que les Français pussent conserver leur conquête. Aujourd'hui les trois quarts de cette même Italie ne croyaient pas qu'il fût au pouvoir des Autrichiens de jamais la leur arracher. On fit sonner bien haut l'arrivée de quatre régiments venant de France. Leur mouvement se fit par bataillons, ce qui composa douze colonnes. On prit toutes les mesures pour que le pays et une partie de l'armée crussent qu'on s'était renforcé de douze régiments.

On croyait que les vivres manquaient dans Mantoue et que cette place tomberait infailliblement avant que l'armée autrichienne pût recommencer la lutte, de sorte que nos troupes *entendaient parler* des préparatifs de l'*Autriche* avec confiance : *elles semblaient sûres* de la victoire. L'armée était bien nourrie, bien payée, bien vêtue ; son artillerie était nombreuse et bien attelée ; sa cavalerie faible en nombre, à la vérité, mais ne manquant de rien, et en aussi bon état que possible.

La population de tous les pays occupés par nos armées faisait à présent cause commune avec nous. Elle appelait nos succès de tous ses vœux. La disposition des pays au delà du Pô était telle qu'il pouvait même suffire à contenir les levées que le cardinal secrétaire d'Etat de Rome appelait l'armée du pape. Cette misérable cour, sans esprit, sans courage, sans talents, sans bonne foi, n'était pas autrement redoutable.

III. *Combat de la Brenta.* — *Vaubois évacue le Tyrol en désordre.* — Au commencement de novembre, le quartier général de l'armée autrichienne était à Conégliano, et de nombreux *postes* garnissaient la rive *gauche* de la Piave. Dans le Tyrol, des corps opposés à chacun des nôtres se formaient sur la ligne du Lavisio ; partout l'ennemi se montrait en force. Le projet d'Alvinzi n'était pas douteux ; il ne voulait pas, comme Wurmser, attaquer par le Tyrol ; il craignait de s'engager dans les montagnes. Il attribuait à l'intelligence du soldat français, à sa plus grande dextérité, les succès de *Lonato et de Castiglione*. Il résolut donc de faire sa principale attaque par la plaine, et d'arriver sur l'Adige par le Véronais, le Vicentin et le Padouan. Le 2 novembre, ce général jeta deux ponts sur la Piave, et se porta sur Bassano avec quarante-neuf à cinquante mille hommes. Masséna, en observation, contint toutes ses colonnes, l'obligea de déployer toutes ses forces, gagna quelques jours, et se replia sur Vicence, où il fut joint par le général français, qui amenait avec lui la division Augereau, une brigade de Mantoue, et se trouvait dès lors avoir sous sa main vingt à vingt-deux mille hommes. Le projet de Napoléon était de battre Alvinzi, et de se porter ensuite sur Trente, par un mouvement inverse à celui qu'il avait fait il y avait peu de temps, et de prendre à dos l'armée qui opérait dans le Tyrol. Alvinzi, qui avait passé la Brenta, fut attaqué le 5 et culbuté. Toutes ses divisions furent jetées au delà de cette *rivière*.

Mais Vaubois, qui était aux mains avec l'ennemi depuis le 2 novembre, n'avait pu se maintenir ni à Trente ni dans aucune position intermédiaire. Sa division, ne disputant plus le terrain, revenait en désordre sur Vérone. Tout paraissait faire craindre que la position de la Corona et du Montebaldo *ne pourrait arrêter l'ennemi. On craignit pour le siége de*

Mantoue. Le général en chef *fut donc obligé* de rétrograder sur Vérone et d'y arriver assez à temps pour rallier Vaubois et *assurer* les positions de Montebaldo et de Rivoli. Il passa la revue de la division Vaubois sur le plateau de Rivoli. « Soldats, leur dit-il d'un ton sévère, je ne suis pas content de vous. Vous n'avez marqué ni discipline ni constance. Vous avez cédé au premier échec. Aucune position n'a pu vous rallier. Il en était dans votre retraite qui étaient inexpugnables. Soldats du 85ᵉ et du 39ᵉ, vous n'êtes pas des soldats français. Que l'on me donne ces drapeaux et que l'on écrive dessus : Ils ne sont plus de l'armée d'Italie ! » Un morne silence régnait dans tous les rangs ; la consternation était peinte sur toutes les figures. Des sanglots se font entendre ; de grosses larmes coulent de tous les yeux, et l'on voit ces vieux soldats, dans leur émotion, déranger leurs armes pour essuyer leurs pleurs. Le général en chef fut obligé de leur adresser quelques paroles de consolation. « Général, lui criaient-ils, *mets-nous à l'avant-garde*, et tu verras si nous sommes de l'armée d'Italie !!! » Effectivement, ces régiments qui avaient été le plus grondés furent mis à l'avant-garde et s'y couvrirent de gloire.

IV. *Bataille de Caldiero, 12 novembre.* — Les opérations d'Alvinzi se trouvèrent couronnées des plus heureux succès : déjà il était maître de tout le Tyrol et de tout le pays entre la Brenta et l'Adige ;

mais le plus difficile lui restait encore *à faire* ; c'était de passer l'Adige de vive force devant l'armée française. Le chemin de Vérone à Vicence longe l'Adige pendant trois lieues, et ne quitte la direction du *fleuve qu'à* Ronco, où il tourne perpendiculairement à gauche pour *se diriger* sur Vicence, à Villa-Nova ; la petite rivière de l'Alpon coupe la grande route, et se jette, après avoir traversé Arcole, dans l'Adige, entre Ronco et Albaredo. Sur la gauche de Villa-Nova se trouvent des hauteurs offrant de très belles positions connues sous le nom de Caldiero. En occupant ces positions on garde une partie de l'Adige, on couvre Vérone, et l'on se trouve en mesure de tomber sur les derrières de l'ennemi si celui-ci se dirigeait sur le bas Adige.

Le général français eut à peine *assuré* la défense de Montebaldo et raffermi les troupes de Vaubois, qu'il voulut occuper Caldiero comme donnant plus de chances à la défensive et plus d'énergie à son attitude. Il déboucha le 11 de Vérone la brigade de Verdier en tête, culbuta l'avant-garde ennemie, et parvint bientôt au pied de Caldiero : mais Alvinzi lui-même avait occupé cette position, qui est *bonne* également contre Vérone. Le 12, à la pointe du jour, on vit toute son armée couronner ces hauteurs, qu'il avait couvertes de formidables batteries. Le terrain reconnu, Masséna dut attaquer la hauteur et forcer la droite de l'ennemi ; cette hauteur enlevée, et l'ennemi la gardait mal, la bataille se trouvait décidée. Le général Launay marcha avec sa demi-brigade et s'empara de la hauteur ; mais il ne put s'y maintenir et fut fait prisonnier. Cependant la pluie tombait par torrents ; le chemin devint bientôt impraticable pour notre artillerie, pendant que nous étions écrasés par celle de l'ennemi. Nous avions trop de désavantage à gravir contre un ennemi en position. L'attaque fut contremandée et l'on se contenta de soutenir la bataille tout le reste du jour. Comme la pluie dura toute la journée et celle du lendemain, le général français prit le parti de retourner au camp de Vérone.

Les pertes dans cette affaire avaient été égales, cependant l'ennemi s'attribua avec raison la victoire, ses avant-postes s'approchèrent de Saint-Michel, et la situation des Français devint critique.

V. *Murmures et sentiments divers qui agitent l'armée française.* — Vaubois, battu en Tyrol, avait fait des pertes considérables ; il n'avait plus que six mille hommes. Les deux autres divisions, après s'être vaillamment battues sur la Brenta, s'étaient vues en retraite sur Vérone, ayant manqué leur opération sur Caldiero. Le sentiment des forces de l'ennemi était dans toutes les têtes. Les soldats de Vaubois, pour justifier leur retraite dans le Tyrol, disaient s'y être battus un contre trois. Les soldats mêmes demeurés sous les yeux de Napoléon trouvaient les ennemis trop nombreux. Les deux divisions, après leurs pertes, ne comptaient pas plus de treize mille hommes sous les armes.

L'ennemi avait perdu aussi sans doute, mais il avait eu l'avantage; il avait acquis le sentiment de sa supériorité, il avait pu compter à son aise le petit nombre des Français; aussi ne doutait-il déjà plus de la délivrance de Mantoue ni de la conquête de l'Italie. Il avait fait ramasser une grande quantité d'échelles, et en faisait faire beaucoup d'autres, voulant enlever Vérone d'assaut. A Mantoue, la garnison s'était réveillée; elle faisait de fréquentes sorties qui harcelaient sans cesse les assiégeants; et les troupes se trouvaient trop faibles pour contenir une si forte garnison. Tous les jours on était instruit que quelque nouveau secours arrivait à l'ennemi : nous ne pouvions en espérer aucun! Enfin les agents de l'Autriche, ceux de Venise et du pape, faisaient sonner très haut les avantages obtenus par Alvinzi et sa supériorité sur nous. Nous n'étions plus en position de prendre l'offensive nulle part : d'un côté, la position de Caldiero, que nous n'avions pu enlever; de l'autre, les gorges du Tyrol, qui venaient d'être le théâtre de la fuite de Vaubois. Mais eussions-nous occupé des positions qui eussent permis d'entreprendre sur Alvinzi, il avait trop de supériorité par le nombre. Tout interdisait pour l'instant toute offensive; il fallait donc laisser l'initiative à l'ennemi, et attendre froidement ce qu'il voudrait entreprendre. La saison était extrêmement mauvaise, la pluie tombait par torrents, et tous les mouvements se faisaient dans la boue. L'affaire de Caldiero, celle du Tyrol, avaient sensiblement baissé le moral de l'armée. On avait bien encore le sentiment de la supériorité sur l'ennemi à nombre égal, mais on ne croyait pas pouvoir lui résister, dans l'infériorité où l'on se trouvait. Un grand nombre de braves avaient été blessés deux ou trois fois à différentes batailles depuis l'entrée en Italie. La mauvaise humeur s'en mêlait.

« Nous ne pouvons pas seuls, disaient-ils, rem-
» plir la tâche de tous: l'armée d'Alvinzi qui se
» trouve ici est celle devant laquelle les armées du
» Rhin et de Sambre-et-Meuse se sont retirées, et
» elles sont oisives dans ce moment: pourquoi est-ce
» à nous à remplir leur tâche? On ne nous envoie
» aucun secours; si nous sommes battus, nous re-
» gagnerons les Alpes en fuyards et sans honneur.
» Si au contraire nous sommes vainqueurs, à quoi
» aboutira cette dernière victoire? on nous opposera
» une autre armée semblable à celle d'Alvinzi,
» comme Alvinzi lui-même a succédé à Wurmser;
» et, dans cette lutte constamment inégale, il faudra
» bien que nous finissions par être écrasés. »

Napoléon faisait *répondre*: « Nous n'avons plus
» qu'un effort à faire, et l'Italie est à nous. Alvinzi
» est sans doute plus nombreux que nous, mais la

» moitié de ses troupes sont de véritables recrues, et,
» lui battu, Mantoue succombe, nous demeurons maî-
» tres de l'Italie, nous voyons finir nos travaux, car
» non seulement l'Italie, mais encore la paix géné-
» rale sont dans Mantoue. Vous voulez aller sur les
» Alpes, vous n'en êtes plus capables. De la vie dure
» et fatigante de ces stériles rochers, vous avez
» bien pu venir conquérir les délices de la Lombar-
» die ; mais des bivouacs riants et fleuris de l'Italie,
» vous ne vous éleveriez plus aux rigueurs de ces
» âpres sommets, vous ne supporteriez plus long-
» temps sans murmurer les neiges ni les glaces des
» Alpes. Des secours nous sont arrivés ; nous en at-
» tendons encore ; beaucoup sont en route. Que
» ceux qui ne veulent plus se battre, qui sont as-
» sez riches, ne nous parlent pas de l'avenir. Bat-
» tez Alvinzi, et je vous réponds du reste !!! »
Ces paroles, répétées par tout ce qu'il y avait de
cœurs généreux, relevaient les âmes et faisaient passer successivement à des sentiments opposés. Ainsi,
tantôt l'armée, dans son découragement, eût voulu
se retirer ; tantôt, remplie d'enthousiasme, elle par-
lait de courir aux armes.

Lorsque l'on apprit à Brescia, Bergame, Milan,
Crémone, Lodi, Pavie, Bologne, que l'armée avait
essuyé un échec, les blessés, les malades sortirent
des hôpitaux encore mal guéris et vinrent se ranger
dans les rangs la blessure encore sanglante. Ce spec-

tacle était touchant et remplit l'armée des plus vives émotions.

VI. *Marche de nuit de l'armée sur Ronco; elle y passe l'Adige sur un pont de bateaux.* — Enfin le 14 novembre, à la nuit tombante, *le camp de Vérone* prit les armes. Les colonnes se mettent en marche dans le plus grand silence : on traverse la ville, et l'on vient se former sur la rive droite. L'heure à laquelle on part, la direction qui est celle de la retraite, le silence qu'on garde, contre l'habitude constante d'apprendre, par l'ordre du jour, qu'on va se battre; la situation des affaires, tout enfin ne laisse aucun doute qu'on se retire. Ce premier pas de retraite, qui entraîne nécessairement la levée du siège de Mantoue, *présage* la perte de toute l'Italie. Ceux des habitants qui plaçaient dans nos victoires l'espoir de leurs nouvelles destinées suivent inquiets et le cœur serré les mouvements de cette armée qui emporte toutes leurs espérances.

Cependant l'armée, au lieu de suivre la route de Peschiera, prend à gauche et longe l'Adige : on arrive avant le jour à Ronco. Andreossy achevait d'y jeter un pont; et l'armée, aux premiers rayons du soleil, se voit avec étonnement, par un simple à gauche, sur l'autre rive. Alors les officiers et les soldats, qui du temps qu'ils poursuivaient Wurmser avaient traversé ces lieux, commencèrent à deviner l'intention du général. Il voit que ne pouvant enlever

Caldiero, il le tourne ; qu'avec douze mille hommes ne pouvant rien en plaine contre quarante-cinq mille, il les attire sur de simples chaussées, dans de vastes marais, où le nombre ne sera plus rien, mais où le courage des têtes de colonne sera tout. Alors l'espoir de la victoire ranime tous les cœurs, et chacun promet de se surpasser pour seconder un plan si beau et si hardi.

Kilmaine était resté dans Vérone avec quinze cents hommes de toutes armes, les portes étroitement fermées, les communications sévèrement interdites. L'ennemi ignorait parfaitement notre mouvement.

Le pont de Ronco fut jeté sur la droite de l'Alpon, à peu près à un quart de lieue de son embouchure. S'il l'eût été sur la rive gauche, du côté d'Albaredo, on se fût trouvé en plaine, tandis qu'on voulait se placer dans des marais, où le nombre demeurait sans effet. D'un autre côté, on craignait qu'Alvinzi, instruit, ne marchât subitement à Vérone et ne s'en emparât, ce qui eût obligé le corps de Rivoli de se retirer à Peschiera, et eût compromis celui de Ronco. Il fallut donc se placer sur la rive droite de l'Alpon, de manière à pouvoir tomber sur les derrières de l'ennemi qui attaquerait Vérone, et par là soutenir cette place par la rive gauche, ce que l'on n'eût pu faire si l'on eût jeté le pont sur la rive gauche de l'Alpon, parce que l'ennemi aurait pu border la rive droite de cette rivière, et, sous cette protection, enlever Vérone. Cette double raison avait donc déterminé le placement du pont. Or, trois chaussées partaient de Ronco, où ce pont avait été jeté, et toutes étaient environnées de marais. La première se dirige sur Vérone en remontant l'Adige; la deuxième conduit à Villa-Nova, et passe devant Arcole, qui a un pont à une lieue et demie de l'Adige, sur la petite rivière de l'Alpon; la troisième descend l'Adige et va sur Albaredo.

VII. *Bataille d'Arcole, première journée,* 15 *novembre.* — Trois colonnes se dirigèrent sur ces trois chaussées. L'une, à gauche, *remonta l'Adige* jusqu'à l'extrémité des marais; *de là* l'on communiquait sans obstacle avec Vérone: ce point était des plus importants. Par là, plus de craintes de voir l'ennemi attaquer Vérone, puisqu'on se fût trouvé sur ses derrières. La colonne de droite prit vers Albaredo et occupa jusqu'à l'Alpon. Celle du centre se porta sur Arcole, où nos tirailleurs parvinrent jusqu'au pont sans être aperçus. Il était cinq heures du matin, et l'ennemi ignorait tout. Les premiers coups de fusil se tirèrent sur le pont d'Arcole, où deux bataillons de Croates, avec deux pièces de canon, bivouaquaient comme corps d'observation pour garder les derrières de l'armée où étaient tous les parcs, et surveiller les partis que la garnison de Legnago aurait pu jeter dans la campagne. Cette place n'était qu'à trois lieues: l'ennemi avait eu la négligence de ne pas pousser des postes jusqu'à l'Adige ; il regardait cet espace comme des marais impraticables. L'intervalle d'Arcole à l'Adige n'était point gardé ; on s'était contenté d'ordonner des patrouilles de hussards, qui, trois fois par jour, parcouraient les digues et éclairaient l'Adige. La route de Ronco à Arcole rencontre l'Alpon à deux milles, et de là remonte pendant un mille la rive droite de ce petit ruisseau jusqu'au pont, qui tourne perpendiculairement à droite et entre dans le village d'Arcole. Des Croates étaient bivouaqués, *la droite* appuyée au village, et la gauche vers l'embouchure. Par ce bivouac ils avaient devant leur front *la digue*, dont ils n'étaient séparés que par le ruisseau ; tirant devant eux, ils prirent en flanc la colonne dont la tête était sur Arcole. Il fallut se replier en toute hâte jusqu'au point de la chaussée, qui ne prêtait plus son flanc à la rive gauche. On instruisit Alvinzi que quelques coups de fusil avaient été tirés au pont d'Arcole ; il y fit peu d'attention. Cependant, à la pointe du jour, on put observer de Caldiero et des clochers voisins le mouvement des Français. D'ailleurs les reconnaissances des hussards, qui tous les matins longeaient l'Adige pour s'assurer des événements de la nuit, furent reçues à coups de fusil de toutes les digues et poursuivies par la cavalerie française. Alvinzi acquit donc de tout côté la certitude que les Français avaient passé l'Adige et se trouvaient en force sur toutes les digues. Il lui parut insensé d'imaginer qu'on pût jeter ainsi toute une armée dans des marais impraticables. Il pensa plutôt que c'était un détachement posté de ce côté pour l'inquiéter lorsqu'on l'attaquerait en force du côté de Vérone. Cependant ses reconnaissances du côté de Vérone lui ayant rapporté que tout y était tranquille, Alvinzi crut important de rejeter ces troupes françaises au delà de l'Adige, pour tranquilliser ses derrières. Il dirigea une division sur la digue d'Arcole, et une autre vers la digue qui *longe* l'Adige, avec ordre de tomber tête baissée sur ce qu'elles rencontreraient, et de *tout* jeter dans *la rivière*. Vers les neuf heures *du matin*, ces deux divisions attaquèrent en effet vivement. Masséna, qui était chargé de la digue de gauche, ayant laissé engager l'ennemi, courut sur lui au pas de charge, l'enfonça, lui causa beaucoup de pertes, et lui fit un grand nombre de prisonniers. On en fit autant sur la digue d'Arcole : on attendit que l'ennemi eût dépassé le coude du pont. On l'attaqua au pas de charge, on le mit en déroute, et on lui fit beaucoup de prisonniers. Il devenait de la plus haute importance de s'emparer d'Arcole, puisque de là on débouchait sur les derrières de l'ennemi et qu'on pouvait s'y établir avant que l'ennemi pût être formé. Mais ce pont d'Arcole, par sa situation, résistait à toutes nos attaques. Napoléon essaya un dernier effort de sa personne : il saisit un drapeau, s'élança vers le pont et *l'y plaça*. La colonne qu'il conduisait l'avait à moitié franchi, lorsque le feu de flanc fit manquer l'attaque. Les grenadiers de la tête, abandonnés par la queue, hésitent, ils sont entraînés dans la fuite, mais ils ne veulent pas se dessaisir de leur général ; ils le prennent par le bras, les cheveux, les habits, et l'entraînent dans leur fuite, au milieu des morts, des mourants et de la fumée. *Le général en chef est précipité dans un marais* ; il y enfonce jusqu'à la moitié du corps ; *il est au milieu des ennemis* ; mais les Français s'aperçoivent que leur général n'est point avec eux. Un cri se fait entendre : « Soldats, en avant pour sauver le général ! » Les braves reviennent aussitôt au pas de course sur l'ennemi, le repoussent jusqu'au *delà du pont*, et Napoléon est sauvé. Cette journée fut celle du dévouement militaire. Le général Lannes était accouru de Milan ; il avait été blessé à *Governolo* ; il était encore souffrant dans ce moment : il se plaça entre l'ennemi et Napoléon, le couvrit de son corps et reçut trois blessures, ne voulant jamais le quitter. Muiron, aide de camp du général en chef, fut tué couvrant de son corps son général.... Mort héroïque et touchante !... Belliard, Vignoles furent blessés en ramenant les troupes en *avant*. Le brave *général* Robert y fut tué.

On fit jeter un pont à l'embouchure de l'Alpon, afin de prendre Arcole à revers ; mais pendant ce temps Alvinzi, instruit du véritable état des choses, et concevant les plus vives alarmes sur le *danger* de sa position, avait abandonné Caldiero, défait ses batteries et fait repasser l'Alpon à tous ses parcs, ses bagages et ses réserves. Les Français, du haut du clocher de Ronco, virent avec douleur cette proie leur échapper ; et c'est alors, et dans les mouvements précipités de l'ennemi, qu'on put juger toute l'étendue et les conséquences du plan du général français. Chacun vit quels auraient pu être les résultats d'une combinaison si profonde et si hardie : l'armée ennemie échappait à sa destruction. Ce ne fut que vers les quatre heures que le général Guieux put marcher sur Arcole par la rive gauche *de l'Alpon*. Le village fut enlevé sans coup férir ; mais alors il n'y avait plus rien d'utile ; il était six heures trop tard, l'ennemi s'était mis en position naturelle. Arcole n'était plus qu'un poste intermédiaire entre le front des deux armées. Le matin, ce village était sur les derrières de l'ennemi.

Toutefois, de grands résultats avaient couronné cette journée : Caldiero était évacué et Vérone ne courait plus de dangers. Deux divisions d'Alvinzi avaient été défaites avec des pertes considérables. De nombreuses colonnes de prisonniers et grand nombre de trophées qui défilèrent *au travers du camp*, remplirent d'enthousiasme les soldats et les officiers, et chacun reprit la confiance et le sentiment de la victoire.

VIII. *Seconde journée, 16 novembre.* — Cependant Davidowich, avec son corps du Tyrol, avait attaqué, dès la veille, les hauteurs de Rivoli. Il en avait chassé Vaubois, et l'avait contraint de se retirer sur Castel-Novo. Déjà les coureurs ennemis paraissent aux portes de Vérone. Kilmaine, débarrassé d'Alvinzi et de toutes craintes sur la rive gauche, par l'évacuation de Caldiero, avait dirigé toute *son attention* sur la rive droite; mais il était à craindre que si l'ennemi marchait vigoureusement sur Castel-Novo, il ne forçât Vaubois, n'arrivât à Mantoue, ne surprît l'armée assiégeante, ne se joignît à la garnison, ne coupât la retraite au quartier général et à l'armée qui était à Ronco. Il fallait donc être, à la pointe du jour, en mesure de soutenir Vaubois, protéger Mantoue et ses communications, et battre Davidowich, s'il s'était avancé dans la journée. Il était nécessaire, pour la réussite de ce projet, de calculer les heures. Il se résolut donc, dans l'incertitude de ce qui se serait passé dans la journée, de supposer que tout avait été mal du côté de Vaubois. Il fit évacuer Arcole, qui avait coûté tant de sang; replia toute son armée sur la rive droite de l'Adige, ne laissant sur la rive gauche qu'une brigade et quelques pièces de canon. Il ordonna, dans cette position, qu'on fît la soupe, en attendant ce qui se serait passé du côté de Vaubois pendant cette journée. Si l'ennemi avait marché sur Castel-Novo, il fallait lever le pont de l'Adige, disparaître de devant Alvinzi, se trouver à dix heures derrière Vaubois à *Castel-Novo, et culbuter l'ennemi sur Rivoli*. On avait laissé à Arcole des bivouacs allumés, ainsi que des piquets de grand'garde pour qu'Alvinzi ne s'aperçût de rien. A quatre heures après minuit, l'on battit pour prendre les armes, afin d'être prêt à marcher. Mais dans le moment on apprit que Vaubois *était encore en* position à moitié chemin de Rivoli à Castel-Novo, et qu'il garantissait de tenir toute la journée. Davidowich était le même général qui avait commandé une des divisions que Wurmser avait fait déboucher par la Chiesa : il se souvenait des résultats, il n'avait garde de se compromettre. Cependant vers trois heures du matin, Alvinzi, instruit de la marche rétrograde des Français, fit occuper Arcole sur-le-champ, dirigea au jour deux colonnes sur les digues de l'Adige et d'Arcole pour marcher sur nous. La fusillade s'engagea à deux cents toises de notre pont ; les troupes le repassèrent au pas de charge, tombèrent sur l'ennemi, le rompirent, le poursuivirent jusqu'aux débouchés des marais qu'ils remplirent de leurs morts. Des drapeaux, du canon et des prisonniers, furent les trophées de cette journée, où deux nouvelles divisions d'Alvinzi furent défaites.

Sur le soir, le *général français*, par les mêmes motifs et les mêmes combinaisons, fit le même mouvement que la veille. Il concentra toutes ses troupes sur la rive droite de l'Adige, ne laissant qu'une avant-garde sur la rive gauche.

IX. *Troisième journée, 17 novembre*. — Cependant Alvinzi, induit en erreur par un espion qui assurait que le général avait repassé l'Adige, marché sur Mantoue et n'avait laissé qu'une arrière-garde à Ronco, déboucha à la pointe du jour, avec l'intention d'enlever le pont de Ronco. Un moment avant le jour, on apprit que rien n'avait bougé du côté de Vaubois, que Davidowich n'avait point fait de mouvements. On revint sur l'autre bord de l'Adige. Les têtes de nos colonnes se rencontrèrent à moitié des digues avec deux autres divisions d'Alvinzi. Il se livra un combat opiniâtre, nos troupes furent *alternativement en avant et en arrière. Pendant un moment*, les balles arrivaient sur le pont. La 75ᵉ avait été rompue ; le général en chef plaça la 32ᵉ en embuscade ventre à terre dans un petit bois de saules, le long *de la digue* d'Arcole. Cette demi-brigade se releva, fit une décharge, marcha à la baïonnette et culbuta dans les marais une colonne ennemie, épaisse de toute sa longueur; c'étaient trois mille Croates, et ils y périrent tous. Masséna, sur la gauche, éprouvait des vicissitudes ; mais il marcha *à la tête de sa division*, son chapeau au bout de son épée en signe de drapeau, et fit un horrible carnage de la division *qui lui était* opposée.

Après midi, *le général français* jugea qu'enfin le moment d'en finir était venu. Car si Vaubois *avait été* battu le *jour encore* par Davidowich, il serait obligé de se porter, *la nuit prochaine,* à son secours et à celui de Mantoue. Dès lors Alvinzi se porterait sur Vérone, il recueillerait l'honneur et les résultats de la victoire ; tant d'avantages remportés dans trois journées seraient perdus. Il fit compter soigneusement le nombre des prisonniers, récapitula les pertes de l'ennemi ; il conclut qu'il s'était affaibli *dans ces trois jours* de plus de vingt mille hommes, qu'ainsi désormais ses forces en bataille ne seraient pas *beaucoup plus d'un tiers au-dessus des nôtres. Il donna ordre de sortir des marais et d'aller attaquer l'ennemi en plaine.*

Les circonstances de ces trois journées avaient tellement changé le moral des deux armées, que la victoire nous était assurée. L'armée passa le pont jeté à l'embouchure de l'Alpon. Elliot, *aide de camp* du général en chef, chargé d'en construire un second, y fut tué. A deux heures *après-midi*, l'armée française était en bataille, sa gauche à Arcole et sa droite dans la direction de Porto-Legnano ; elle avait en face l'ennemi, dont la droite s'appuyait sur l'Alpon et la gauche à des marais. *L'ennemi était à cheval* sur la route de Montebello. L'adjudant Lorcet était parti de Legnago avec six à sept cents hommes, quatre pièces de canon et deux cents chevaux, pour tourner les marais auxquels l'ennemi appuyait sa gauche.

Vers les trois heures, au moment où ce détachement de la garnison de Legnago se portait sur l'ennemi, que la canonnade était vive sur toute la ligne, et que les tirailleurs en étaient aux mains, *le général français* ordonna au chef d'escadron Hercule de se porter, avec cinquante guides et quatre ou cinq trompettes, au travers des roseaux, et de charger sur l'extrémité de la gauche de l'ennemi, au même moment que la garnison de Legnago commencerait à la canonner par derrière ; ce qu'il exécuta avec intelligence, et qui contribua beaucoup au succès de la journée. L'ennemi fut culbuté partout ; sa ligne fut rompue, il laissa beaucoup de prisonniers. Alvinzi avait échelonné sept à huit mille hommes sur ses derrières, pour assurer sa retraite et pour escorter ses parcs, et par là sa ligne de bataille ne se trouva pas plus forte que la nôtre. Il fut mené battant tout le reste de la soirée. Toute la nuit il continua sa retraite sur Vicence. Notre cavalerie le poursuivit au delà de Montebello.

Arrivé à Villa-Nova, Napoléon s'arrêta pour avoir les rapports de la poursuite de l'ennemi et de la contenance que faisait son arrière-garde. Il entra dans le couvent de Saint-Boniface ; l'église avait servi d'ambulance ; il y trouva quatre ou cinq cents blessés, la plus grande partie morts ; *il en sortait une odeur de cadavre*, il recula d'horreur ! Il s'entendit appeler par son nom : deux malheureux soldats français blessés étaient depuis trois jours au milieu des morts, sans avoir mangé ; ils n'avaient point été pansés, ils désespéraient d'eux-mêmes ; mais ils furent rappelés à la vie par la vue de leur général ; tous les secours furent prodigués.

Le général français visita les hauteurs de Caldiero et se remit en marche vers Vérone. A mi-chemin, il rencontra un officier d'état-major autrichien que Davidowich envoyait à Alvinzi. Ce jeune homme se croyait au milieu des siens. D'après ses dépêches, il y avait trois jours que les deux armées ne s'étaient communiquées. Davidowich ignorait tout.

X. *L'armée française rentre triomphante dans Vérone par la rive gauche.* — Napoléon entre triomphant dans Vérone par la porte de Venise, trois jours après en être sorti mystérieusement par la porte de Milan. On se peindrait difficilement l'étonnement et l'enthousiasme des habitants ; nos ennemis mêmes les plus déclarés ne purent rester froids, et joignirent leurs hommages à ceux de nos amis. Le général français passe *sur la rive droite de l'Adige* et court sur Davidowich qui était encore à Rivoli. Il est chassé de poste en poste et poursuivi l'épée dans les reins jusqu'à Roveredo. De ses soixante à soixante-dix mille hommes, on calcule qu'Alvinzi en perdit de trente à trente-cinq mille dans ces affaires, et que ce fut l'élite de ses troupes.

Cependant de si grands résultats ne s'étaient pas obtenus sans pertes, et l'armée avait plus que jamais besoin de repos. Le général français ne jugea pas devoir reprendre le Tyrol et s'étendre jusqu'à Trente. Il se contenta de faire occuper Montebello, la Corona, les gorges de la Chiusa et de l'Adige. Alvinzi se rallia à Bassano et Davidowich à Trente. Cependant on devait croire qu'on obtiendrait bientôt Mantoue avant que le général autrichien pût recevoir une nouvelle armée. Les fréquentes sorties de Wurmser pour obtenir quelques vivres, le grand nombre de déserteurs qui étaient maigres et depuis un mois à la demi-ration, le dénûment de ses hôpitaux et le grand nombre de ses malades, tout dut donner l'espoir d'une prompte reddition.

FIN DU TOME TROISIÈME

TABLE
DU TOME TROISIÈME

HARANGUES ET DISCOURS
(SUITE)

Conversations célèbres : Conversation avec Decrès. .	3
Conversation avec Murat, Junot et Coulaincourt	4
Conversation avec Fontanes.	5
Conversation avec Rœderer	8
Conversation avec Caulaincourt.	10
Conversation avec Ségur	12
Conversation avec les délégués des Chambres de commerce	15
Conversation avec Metternich.	13
Conversation avec Caulaincourt.	23
Conversation avec Ney et Macdonald	27
Conversation avec Bausset	28

PROCLAMATIONS

Proclamations aux armées : A l'armée d'Italie (*campagne d'Italie*, 1796).	33
A l'armée d'Italie (1797).	40
Aux marins de l'escadre du contre-amiral Brueys. . . .	44
A l'armée d'Italie (1797).	45
A l'armée d'Orient (*campagne d'Egypte*, 1798).	47

A l'armée d'Orient (*campagne de Syrie*, 1799). 52
A l'armée d'Egypte (1799). 54
A l'armée de Paris. 55
Aux soldats français. 56
A l'armée de Paris (1799). 57
A l'armée de l'Ouest (1800). 58
A l'armée de réserve (2º *campagne d'Italie*, 1800). 60
A la Grande Armée (1804). 61
A la Grande Armée (*campagne d'Autriche*, 1805). 62
A l'armée d'Italie (1805). 69
A la Grande Armée (*campagne de Prusse*, 1806). 71
A la Grande Armée (*campagne de Pologne*, 1806-1807). . . 74
A l'avant-garde de l'armée d'Espagne (1808). 78
A la Grande Armée (2ª *campagne d'Autriche*) 1809. . . . 79
A l'armée d'Italie (1809). 82
A la Grande Armée (*campagne de Russie*, 1812). 84
A la Grande Armée (*campagne d'Allemagne*, 1813) 87
A la Grande Armée (*campagne de France*, 1814). 89
A l'armée (1815). 90
A l'armée (*campagne de Belgique*, 1815). 93
A l'armée (1815). 95
ALLOCUTIONS ET ORDRES DU JOUR : Ordre au chef d'état-major de l'armée d'Italie (1797). 97
Ordre du jour (1798). 98
Ordre du jour (1800). 99
Ordre du jour à la garde consulaire (1802) 100
Allocution, dite d'Austerlitz (1805). 101
Ordre du jour (1814). 102
Dernière allocution à la garde impériale (1814). 104
Allocution au 4º régiment d'artillerie (1815). 106
Allocution à l'armée (1815). 108
PROCLAMATIONS POLITIQUES : A la république cisalpine 110
Au peuple français (1799). 112
Aux Français (1799). 117
Aux Français (1801) 119
Aux Français (1802). 123
Aux 10 cantons de la république helvétique (1802). . . . 127
Aux Bavarois (1805). 130
Aux peuples de l'Espagne (1808). 131
Aux Espagnols (1808). 133

Au peuple français (1815).................. 137
Aux habitants des Hautes et Basses-Alpes....... 141
Aux habitants de l'Isère................. 141
Aux habitants de Lyon................... 143
Au Conseil d'État...................... 143
A la Cour de cassation.................. 144
A la Cour d'appel..................... 145
Aux fédérés de Paris (1815)............... 145

LÉGISLATION ET POLITIQUE

PROJETS DE CONSTITUTION : Lettre au citoyen Talleyrand. 149
Entretien avec Benjamin Constant............ 154
DÉBAT SUR LE DIVORCE.................. 157
ACTES POLITIQUES : Serment de l'Empereur Napoléon... 170
Acte constitutif de la famille Impériale......... 171
Décret constitutif du blocus continental......... 174
Première abdication.................... 178
Préambule de l'acte additionnel aux constitutions de l'Empire............................ 179
Seconde abdication.................... 181

MÉMOIRES MILITAIRES

PREMIERS ÉCRITS MILITAIRES : Mémoire sur le luxe des écoles militaires..................... 185
Mémoire pour la Convention................ 187
Note sur les moyens d'augmenter la puissance de la Turquie, contre l'envahissement des monarchies européennes.......................... 193
BULLETINS DE LA GRANDE ARMÉE : Capitulation d'Ulm.... 195
Bataille d'Austerlitz.................... 202
Plan de la bataille de Friedland............. 212
Bataille de Friedland.................... 214
Entrée à Madrid...................... 220
Bataille de Wagram................... 234
Plan de la bataille de la Moskowa............ 248
Bataille de la Moskowa.................. 249
Incendie de Moscou.................... 256
Retraite de l'armée.................... 259
Bataille de Lutzen..................... 268

Bataille de Bautzen	276
Bataille de Leipsick	290
Bataille de Montmirail	300
PRÉCIS DES GUERRES DE CÉSAR : Livre premier	308
Livre deuxième	311
Livre troisième	313
Livre quatrième	315
Livre cinquième	316
Livre sixième	325
Livre septième	326
Livre huitième	328
PRÉCIS DES GUERRES DE TURENNE. Campagne de 1644	329
Campagne de 1645	336
Campagne de 1647	342
Campagnes de 1649 à 1651	346
Campagne de 1652	347
Campagne de 1653	360
Campagne de 1654	363
Campagne de 1658	363
Campagne de 1672	371
Campagne de 1675	375
MÉMOIRES HISTORIQUES ET MILITAIRES : Le treize vendémiaire	385
Notice historique sur Moreau	405
Bataille d'Arcole	418

FIN DE LA TABLE DU TOME TROISIÈME

EN VENTE A LA MÊME LIBRAIRIE

Envoi franco au reçu du prix (mandats ou timbres-poste(

COLLECTION IN-18 JÉSUS A 3 FR. 50

EDOUARD DRUMONT

LA FIN D'UN MONDE, Etude psychologique et sociale.. 1 vol.

AUGUSTE CHIRAC

L'AGIOTAGE SOUS LA TROISIÈME RÉPUBLIQUE... 2 vol.

EUGÈNE BONTOUX

L'UNION GÉNÉRALE................................. 1 vol.

Dr S. BASCH

MAXIMILIEN AU MEXIQUE, souvenirs de son médecin particulier................................. 1 vol.

J. PÈNE-SIÉFERT

LA MARINE EN DANGER, 1870-1888............. 1 vol.

ŒUVRES DU COMTE LÉON TOLSTOÏ

DERNIÈRES NOUVELLES....................	1 vol.
QUE FAIRE ?.............................	1 vol.
CE QU'IL FAUT FAIRE.....................	1 vol.
MA CONFESSION..........................	1 vol.
POUR LES ENFANTS.......................	1 vol.
L'ÉCOLE DE YASNAÏA-POLIANA.............	1 vol.
LA LIBERTÉ DANS L'ÉCOLE................	1 vol.

EDGAR POË

DERNIERS CONTES........................	1 vol.

RÉCHETNIKOFF

CEUX DE PODLIPNAÏA.....................	1 vol.

D. GRIGOROVITCH

LES PARENTS DE LA CAPITALE.............	1 vol.

LERMONTOFF

UN HÉROS DE NOTRE TEMPS................	1 vol.

V. KRESTOVSKY

VÉRIAGUINE.............................	1 vol.

ŒUVRES DE J. H. ROSNY

NELL HORN..............................	1 vol.
LE BILATÉRAL...........................	1 vol.
L'IMMOLATION...........................	1 vol.

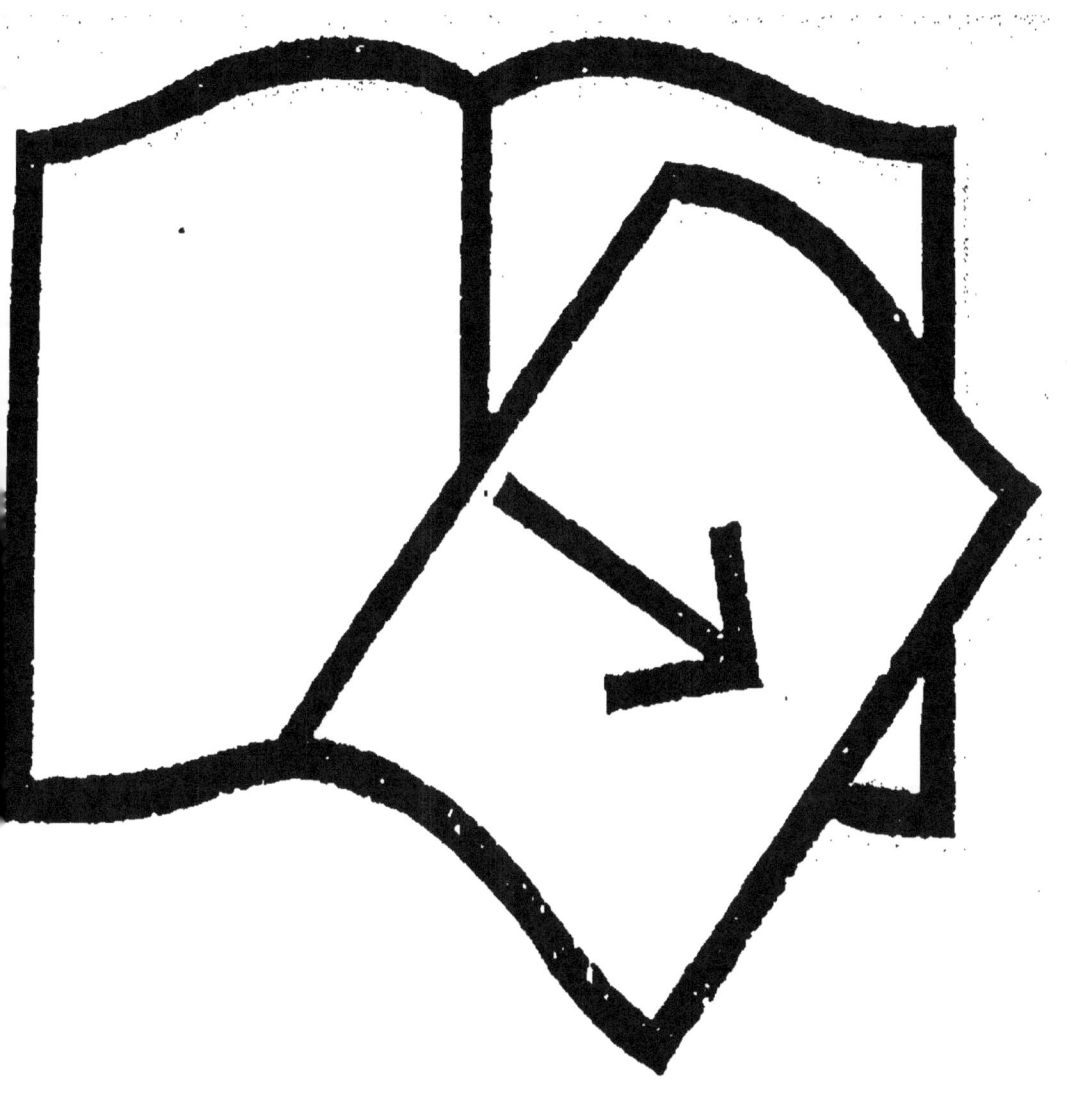

Documents manquants (pages, cahiers...)
NF Z 43-120-13

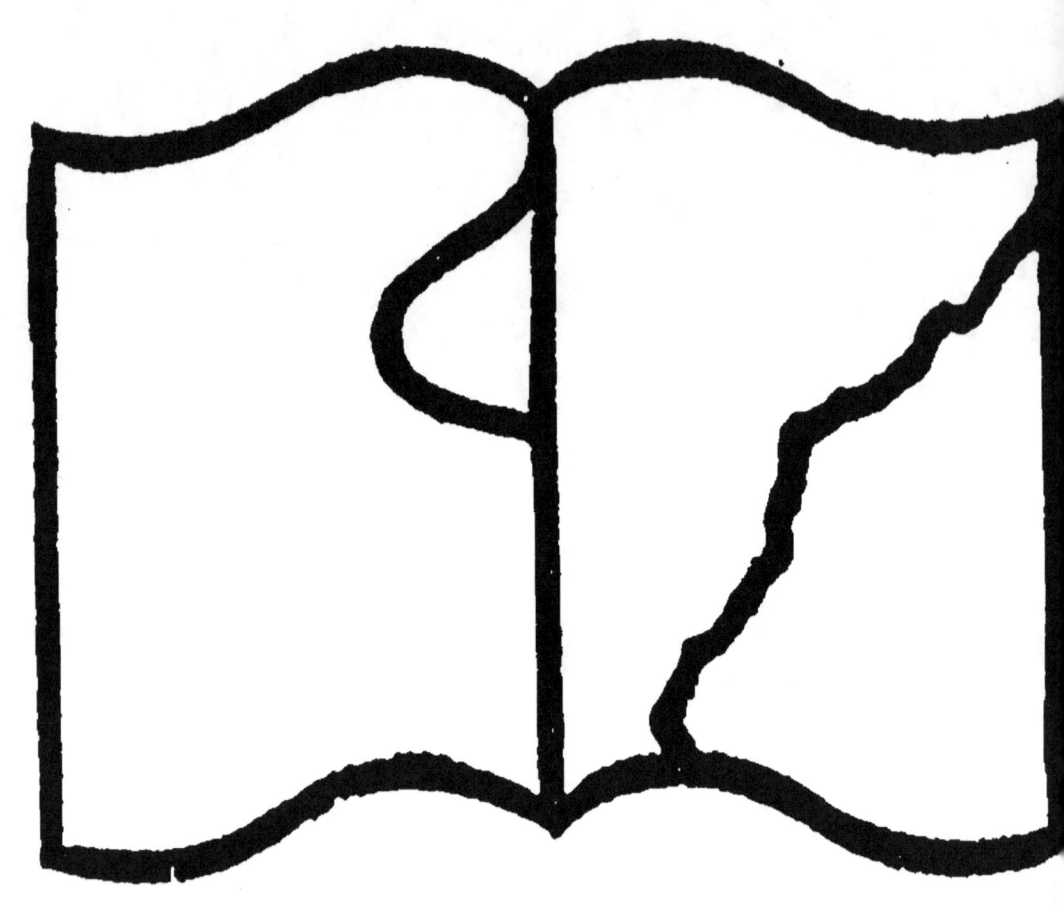

www.ingramcontent.com/pod-product-compliance
Lightning Source LLC
Chambersburg PA
CBHW070530230426
43665CB00014B/1638